普通高等教育“十三五”规划教材（物流管理专业）

物流成本管理
（第二版）

主　编　陈　洁

副主编　刘红宇

中国水利水电出版社
www.waterpub.com.cn
·北京·

内 容 提 要

本书以物流企业为研究对象，从物流成本管理角度出发，全面系统地介绍了物流企业成本管理的基本原理和实务操作，全书共分 10 章，主要包括绪论，物流成本计算方法，运输成本管理，流通加工成本管理，配送成本管理，包装成本管理，装卸搬运成本管理，仓储成本管理，物流成本分析、预测与决策，供应链物流成本管理。

本书主要作为物流及相关专业本科及以上学生的教科书、参考书，也可作为企业物流成本管理人员、专业财务人员的参考资料和决策指南用书。

图书在版编目（CIP）数据

物流成本管理 / 陈洁主编. -- 2版. -- 北京 : 中国水利水电出版社, 2019.6

普通高等教育“十三五”规划教材. 物流管理专业

ISBN 978-7-5170-7745-9

Ⅰ. ①物… Ⅱ. ①陈… Ⅲ. ①物流－成本管理－高等学校－教材 Ⅳ. ①F253.7

中国版本图书馆CIP数据核字(2019)第112858号

策划编辑：石永峰　责任编辑：张玉玲　加工编辑：韩莹琳　封面设计：李　佳

书　　名	普通高等教育“十三五”规划教材（物流管理专业） 物流成本管理（第二版） WULIU CHENGBEN GUANLI
作　　者	主　编　陈　洁 副主编　刘红宇
出版发行	中国水利水电出版社 （北京市海淀区玉渊潭南路 1 号 D 座　100038） 网址：www.waterpub.com.cn E-mail：mchannel@263.net（万水） sales@waterpub.com.cn 电话：（010）68367658（营销中心）、82562819（万水）
经　　售	全国各地新华书店和相关出版物销售网点
排　　版	北京万水电子信息有限公司
印　　刷	三河市航远印刷有限公司
规　　格	184mm×260mm　16 开本　13 印张　315 千字
版　　次	2010 年 1 月第 1 版　2010 年 1 月第 1 次印刷 2019 年 6 月第 2 版　2019 年 6 月第 1 次印刷
印　　数	0001—3000 册
定　　价	36.00 元

第二版前言

物流成本管理对国家经济、区域经济、城市经济中经济结构的整合、经济效率的提升和产业竞争力的改善都有着重要的作用。微观上，从最初的物流管理是企业的第三利润源泉的提出开始，物流管理从为企业提供高效率、低成本的服务，到对企业的核心竞争能力形成起到重要作用，都显示出物流成本管理的重要性。

本书是几位编者在多年从事物流管理理论及实践研究、物流管理教学的实践的基础上编写而成的，在借鉴国外经验的基础上，提出了比较适合我国物流管理状况的物流管理理论与方法。本书从物流企业成本管理的基本过程出发，系统地介绍了物流成本计算方法，运输成本管理，流通加工成本管理，配送成本管理，包装成本管理，装卸搬运成本管理，仓储成本管理，物流成本分析、预测与决策，供应链物流成本管理的相关内容。本书无论从物流管理的角度还是从成本管理的角度，都有较为完整的内容及体系。

编者在本书的编写过程中，参阅了大量的国内外教材、专著和期刊，并在参考文献中尽可能逐一列出，在此，特向这些作者表示深深的感谢。当然，由于编者的疏忽，极有可能出现一些遗漏，敬请见谅。

本书由陈洁（天津城建大学教授）担任主编，刘红宇（天津城建大学副教授）担任副主编。本书在第一版的基础上结合近年来物流管理领域的新方法和新理论进行了改版，并延续了第一版中原有的较为成熟的结构体系，同时吸收了理论界和实务界的新成果，对第一版书中部分章节内容进行调整和更新，对第一版中的第 10 章进行了重新编写。全书共分 10 章，其中第 1 章、第 6 章、第 7 章由陈洁、刘红宇、娄繁慧（天津经济技术开发区税务局）编写，第 2 章、第 8 章由刘学敏（中共天津市委党校副教授）、刘红宇编写，第 3 章由宗强（中共天津市委党校副教授）、陈洁编写，第 4 章由于冠华（天津市工会管理干部学院副教授）编写，第 5 章由王锡珍（天津恒安保险公司）编写，第 9 章、第 10 章由李勇（中共天津市委党校教授）、陈洁、刘红宇编写。全书的框架设计和全书的总纂工作由陈洁、刘红宇完成。

同时本书在资料整理、编写和校对的过程中，宋梦莹（天津城建大学硕士研究生）、张玉婵（天津农学院硕士研究生）和王伟（天津农学院硕士研究生）也进行了大量的工作。

物流成本管理的理论方法与实践还在不断地发展，本书的编者希望以本书的出版为契机，在物流成本管理的理论和方法不断完善的同时，能够不断充实本书的内容，欢迎各位读者的批评和指正。

编 者

2019 年 4 月

第一版前言

物流成本管理对国家经济、区域经济、城市经济中经济结构的整合、经济效率的提升和产业竞争力的改善都有着重要的作用。微观上，从最初的物流管理是企业的第三利润源泉的提出开始，物流管理从为企业提供高效率、低成本的服务，到对企业的核心竞争能力的形成起到重要作用，都显示出物流成本管理的重要性。

本书是几位编者多年在从事物流管理理论及实践研究、物流管理教学的实践的基础上编写而成的，在借鉴国外经验的基础上，提出了比较适合我国物流管理状况的物流管理理论与方法。本书从物流企业成本管理的基本过程出发，系统地介绍了物流成本计算方法，运输成本管理，流通加工成本管理，配送成本管理，包装成本管理，装卸搬运成本管理，仓储成本管理，物流成本分析、预测与决策，物流企业纳税筹划等内容。本书无论从物流管理的角度还是从成本管理的角度来看，都有较为完整的内容及体系。

编者在本书的编写过程中，参阅了大量的国内外教材、专著和期刊，并在参考文献中尽可能逐一列出，在此特向这些作者表示深深的感谢。当然，由于编者的疏忽，极有可能出现一些遗漏，敬请见谅。

本书由陈洁副教授（天津广播电视大学）担任主编，刘学敏副教授（中共天津市委党校）担任副主编。全书框架设计由陈洁副教授完成。全书共分 10 章，其中第 1 章由陈洁副教授编写，第 2 章、第 8 章由刘学敏副教授编写，第 3 章由宗强副教授（中共天津市委党校）编写，第 4 章由于冠华副教授（天津市工会管理干部学院）编写，第 5 章由王锡珍（天津恒安保险公司）编写，第 6 章、第 7 章由娄繁慧（天津市塘沽区国家税务局）编写，第 9 章、第 10 章由李勇副教授（中共天津市委党校）编写。上述参编人员对各自所写章节负责。

物流成本管理的理论方法与实践还在不断地发展，本书的编者希望以本书的出版为契机，在物流成本管理的理论和方法不断完善的同时，能够不断充实本书的内容，欢迎各位读者批评和指正。

编 者

2009 年 11 月

目　　录

第 1 章　绪论

知识点

- 物流的概念
- 物流成本的概念、构成、分类
- 物流成本管理的概念、内容、目的、意义、方法
- 效益背反理论、“黑大陆”学说、物流成本冰山理论、“第三利润源”理论

难　点

- 物流成本概念的理解
- 物流成本管理方法的应用
- 物流成本冰山理论的理解

要　求

熟练掌握以下内容：

- 物流成本的定义
- 物流成本的构成和分类
- 物流成本的特征和影响因素
- 物流成本管理的内容
- 物流成本管理的目的

了解以下内容：

- 物流成本管理的意义
- 物流成本管理的方法
- 物流成本管理的相关理论学说

1.1　物流成本概述

1.1.1　物流成本的概念

1. 物流的概念

物流是物品从供应地向接收地的实体流动过程。根据实际需要，对运输、储存、装卸、

搬运、包装、流通加工、配送、信息处理等基本功能实施有机结合[《物流术语》（GB/T 18354－2006）对物流的解释]。

2. 物流成本

物流成本（Logistics Cost），也称物流费用，定义为“物流活动中所消耗的物化劳动与活劳动的货币表现”[国家质量监督局 2001 年 4 月 17 日发布，2001 年 8 月 1 日实施的中华人民共和国国家标准《物流术语》（GB/T 18354－2001）]。物流成本的概念有狭义和广义之分。

注：本书各章节中的“物流成本”一词，在未加特殊注明的情况下，均指在微观物流概念下的狭义企业物流成本。

（1）狭义的物流成本。狭义的物流成本，是指在物流过程中企业为了提供有关的物流服务，所要占用和耗费的一定的活劳动和物化劳动中必要劳动的价值的货币表现，是物流服务价值的重要组成部分。具体来说，它是产品在实物运动过程中，如包装、搬运装卸、运输、储存、流通加工等各个活动中所支出的人力、物力和财力的总和。

随着生产的日益社会化，物流是一种广泛存在的经济活动，而物流成本存在于物流活动的全过程。在商品经济中，物流活动是创造时间价值、空间价值的过程，要保证生产和物流活动有秩序、高效率、低消耗地进行，需要耗费一定的人力和物力，投入一定的劳动。一方面，物流劳动同其他生产劳动一样，也会创造价值，狭义的物流成本在一定程度上，即在社会需要的限度内会增加商品价值，扩大生产耗费数量，成为生产一定种类及数量产品的社会必要劳动时间的一项内容，其总额必须在产品销售收入中得到补偿。另一方面，物流劳动又不完全等同于其他生产劳动，它并不增加产品使用价值总量；相反，产品总量往往在物流过程中因损坏、丢失而减少。同时，为进行物流活动，还要投入大量的人力、物力和财力。

（2）广义的物流成本。广义的物流成本，包括狭义的物流成本与客户服务成本。

物流活动是企业追求客户满意、提高客户服务水平的关键因素和重要保障。客户服务是连接和统一所有物流管理活动的重要方面。物流系统的每一组成部分都会影响客户是否在适当的时间、适当的地点、以适当的条件收到适当的产品。现实中常有企业因为物流服务水平低，造成客户不满意，而失去现有客户与潜在客户，这种情况所带来的损失就是客户服务成本。

3. 物流成本概念的理解

针对物流的研究分为社会物流和企业物流两大部分。社会物流是以社会为范畴，面向社会，是宏观性的物流；企业物流是各企业自身的，是微观性的物流。社会物流成本通常采用统计方法，企业物流成本则采用会计方法。从严格意义上来说，宏观物流成本应称为“社会物流支出”，企业物流成本应称为“物流成本或物流费用”。

4. 物流成本的特征

（1）物流成本的冰山理论。当人们读财务报表时，只注意到企业公布的财务统计数据中的物流费用，而这只能反映物流成本的一部分，因此有相当数量的物流费用是不可见的。

（2）物流成本削减的乘法效应。假定销售额为 100 亿元，物流成本为 10 亿元，如物流成本下降 1 亿元，就可得到 1 亿元的收益。现在假定物流成本占销售金额的 10%，如物流成本下降 1 亿元，销售金额将增加 10 亿元，这样，物流成本的下降会产生极大的效益。这个理论类似于物理学中的杠杆原理，物流成本的下降通过一定的支点，可以使销售额获得成倍的增长。物流成本是以物流活动的整体为对象的，是唯一基础性的、可以共同使用的基本数据。因此，它是进行物流管理、使物流合理化的基础。

（3）物流成本的效益背反。要使系统中任何一个要素增益，必将对系统中其他要素产生减损的作用。因此，设计和管理物流系统时，应把物流系统作为一个系统来研究。用系统的方法来管理物流系统时，系统追求的目标应是：以较少的物流成本、较好的物流服务为用户提供物品，同时，尽量减少外部环境中不经济因素的影响。

（4）物流成本的部分不可控性。物流成本中有不少是物流部门不能控制的。如保管费中包括了由于过去多进货或过多生产而造成积压的库存费用，以及紧急运输等例外发货的费用。

（5）物流成本计算方法和范围的不一致性。物流成本的计算范围、计算方法，各企业也均不相同，因此无法与其他企业进行比较，也很难计算行业的平均物流成本。目前，还不存在行业的标准物流成本计算方法和范围。

5. 影响物流成本的因素

（1）竞争因素。物流成本在很大程度上是由于日趋激烈的竞争而不断发生变化的，企业必须对竞争做出反应。从某种意义上来讲，优质的客户服务是决定竞争成败的关键，而高效物流系统是提高客户服务水平的重要途径，客户服务水平又直接决定物流成本的高低。影响客户服务水平的主要因素包括订货周期、库存水平、运输等。

（2）产品因素。产品的特征不同也会影响物流成本，主要的产品因素有产品价值、产品密度、产品废品率、产品破损率、特殊搬运要求等。

（3）环境因素。环境因素主要包括空间因素、地理位置、交通状况等。

（4）管理因素。管理成本与生产和流通没有直接的数量依存关系，但却直接影响着物流成本的大小，节约办公费、水电费、差旅费等管理成本可相应地降低物流成本总水平。另外，企业利用贷款开展物流活动必须要支付一定的利息（如果是自由资金，则存在机会成本问题），资金利用率的高低影响着利息支出的大小，从而也影响着物流成本的高低。

1.1.2　物流成本的构成

物流成本涵盖了生产、流通、消费全过程的物品实体与价值变化而发生的全部费用（从广义上说，还包括物流全过程中的客户服务成本）。它包括了从生产企业内部原材料的采购、供应开始，经过生产制造中的半成品、产成品的仓储、搬运、装卸、包装、运输及在消费领域发生的验收、分类、仓储、保管、配送、废品回收等所有的成本。其由三部分构成：第一，伴随着物资的物理性活动发生的费用以及从事这些活动所必需的设备、设施的费用；第二，物流信息的传送和处理活动发生的费用以及从事这些活动所必需的设备、设施的费用；第三，对上述活动进行综合管理的费用。

具体来说，物流成本由以下几个部分构成：物流活动中的物资消耗，主要包括电力、燃料、包装耗材、固定资产的损耗等；物资在物流活动中所发生的合理耗损；企业为了开展物流活动所产生的人力成本，包括职工工资、奖金、津贴及福利费用等；物流活动中发生的其他费用，包括与物流活动有关的办公、差旅支出；用于保证物流系统运作顺畅的资金成本，包括利息、手续费等；研究设计、重建与优化物流过程的费用。另外，在广义物流成本中还包括物流全过程中的客户服务成本。

从我国的财务管理过程看，由于处于社会再生产的不同领域，物流成本在具体核算时是按流通企业物流成本和生产企业物流成本分别核算的。作为生产企业，物流成本大多体现在所生产的产品成本中，具有与产品成本不可分割性，涉及原材料、零部件的供应，加工组装形成产成品，然后向市场销售等环节；而作为批发企业，涉及向供货方供货、保管、根据订单发货等工作，特别是当出现退货的状况时，还有最后的商品处理活动；零售企业，则是先从供货方订货，进行进货检查，再根据顾客的要求，进行个体配送服务。

然而在企业的各类财务报表中，所表现出来的物流费主要是销售费用，一般管理费用和制造成本明细表中的保管费、运输费等“对外支付的物流费”，这些费用并没有涵盖物流成本的全部费用。一般情况下，大多数企业发生的全部物流费用往往是表现出来的两倍或更多倍。在企业物流活动中，除了前面所说的直接支付的物流成本外，还有因使用本企业资源的物流活动而产生的“企业物流费用”，这表现为人员费、车辆费、折旧补偿费等。此外应对供应商要求而产生的费用，还包括销售成本或制造成本及库存资金利息等费用。这些隐藏的部分常称为物流冰山沉在水下的部分。

1.1.3 物流成本的分类

企业在进行物流成本管理时，通常只考虑狭义的物流成本，而对客户服务成本关注甚少，因而目前企业对物流成本的分类方法也主要是针对狭义物流成本。

在物流活动中发生的各种物流成本应按一定的标准进行分类，以便正确认识和分析物流成本的构成，加强企业物流成本的管理。

1. 按经济用途（职能）分类

企业物流成本按照经济用途可分为运输成本、流通加工成本、配送成本、包装成本、装卸搬运成本、仓储成本等。按经济用途的分类反映了企业不同职能的费用耗费，因而也称为按职能的分类。这种分类有利于成本的计划、控制和考核，便于对费用实行分部门管理和进行监督。

（1）运输成本。现代企业物流中，运输在经营业务中占有主导地位，物流运输费用则在整个物流业务中占有较大比例，因此，物流合理化在很大程度上依赖于运输合理化，而运输合理与否直接影响着物流运输费用的高低，进而影响物流成本的高低。运输成本主要包括人工费用，如工资、福利费、奖金、津贴和补贴等；营运费用，如营运车辆的燃料费、轮胎费、折旧费、维修费、租赁费、车辆牌照检查费、车辆清理费、养路费、过路过桥费、保险费、公路运输管理费等；其他费用，如差旅费、事故损失、相关税金等。

（2）流通加工成本。流通加工是物流中具有一定特殊意义的活动，即在商品从生产者向消费者流通的过程中，为了促进销售，维护商品质量，实现物流的高效率所采用的使商品发生形状和性质的变化，如组装加工、分装加工、冷冻加工等。流通加工成本主要包括流通加工设备费用、流通加工材料费用、流通加工劳务费用及流通加工的其他费用。除上述费用外，在流通加工中耗用的电力、燃料、油料及车间经营等费用，也应加到流通加工成本之中。

（3）配送成本。配送成本是企业的配送中心在进行分拣、配货、送货过程中所发生的各项费用的总和，主要包括配送运输费用、分拣费用和配装费用。

（4）包装成本。包装是生产的终点和物流的起点，其所发生的费用占流通费用的 10%，有的商品包装费用甚至高达 50%，因此加强包装费用的管理与核算可以有效降低物流成本，提高企业的经济效益。包装成本主要包括包装材料费用、包装机械费用、包装技术费用、包装辅助费用、包装的人工费用等。

（5）装卸搬运成本。装卸搬运是指在指定的地点，以人力或机械设备装入或卸下物品。

装卸搬运成本主要包括人工费用、固定资产折旧费、维修费、能源消耗费、材料费、装卸搬运合理损耗费用及其他诸如办公费、差旅费、保险费、相关税金等。

（6）仓储成本。在许多企业中，储存成本是物流总成本的一个重要组成部分，物流成本的高低常常取决于仓储管理成本的大小。仓储成本主要包括仓储持有成本、订货或生产准备成本、缺货成本和在途库存持有成本等。

2. 按物流阶段分类

企业的物流成本按照其所属的物流阶段可分为供应物流费、生产物流费、销售物流费、退货物流费、废弃物流费等。

（1）供应物流费，是指从原材料（包括容器、包装材料）采购到供应给购入者或制造业者这一物流过程中所需的费用。

（2）生产物流费，是指生产过程中所发生的物流相关费用。

（3）销售物流费，是指从确定向顾客销售到向顾客交货这一物流过程所需要的费用。

（4）退货物流费，是指随售出产品的退货而发生在物流活动过程中所需要的费用。

（5）废弃物流费，是指由于产品、包装或运输容器材料等的废弃而发生的费用。

3. 按经济内容分类

企业的生产经营过程，也是物化劳动（劳动对象和劳动手段）和活劳动的耗费过程，因而生产经营过程中发生的成本按经济内容分类，可划分为劳动对象方面的成本、劳动手段方面的成本和活劳动方面的成本三大类。企业物流成本按经济内容分为：

（1）固定资产折旧费，包括使用中的固定资产应计提的折旧费和固定资产修理费。

（2）材料费，包括一切材料、包装物、修理用备件和低值易耗品费用等。

（3）燃料动力费，包括各种固体、液体、气体燃料费，水费、电费等。

（4）工资，包括职工工资和企业根据规定按工资总额的一定比例计提的职工福利费、职工教育经费、工会经费等。

（5）利息支出，指企业应计入财务费用的借入款项的利息支出减去利息收入后的净额。

（6）税金，指应计入企业管理费用的各种税金，如房产税、车船使用税、土地使用税、印花税等。

（7）其他支出，指不属于以上各要素的费用支出，如差旅费、租赁费、委托物流费、外部加工费及保险费等。

按经济内容分类方式的优点：可反映企业一定时期内在生产经营中发生了哪些费用，数额各是多少，以此分析企业各个时期各种费用的构成和水平，还可以反映物质消耗和非物质消耗的结构和水平，有助于统计工业净产值和国民收入；反映了企业生产经营中材料和燃料动力及职工工资的实际支出，因而可以为企业核定储备资金定额，考核储备资金的周转速度，以及为编制材料采购资金计划和劳动工资计划提供资料。

按经济内容分类方式的缺点：这种分类不能说明各项成本的用途，因而不便于分析各种成本的支出是否节约、合理。

4. 按成本与业务量的关系分类

成本按其与业务量之间的依存关系可分为固定成本和变动成本两大类。

（1）固定成本。固定成本是指其总额在一定时期和一定业务范围内，不受业务量增减变动影响而保持不变的成本。例如，按直线法计算的固定资产折旧费、管理人员的工资、机器设备的租金等。

应当指出的是，固定成本的概念是就其总额而言的，固定成本总额只是在一定时期和一定业务量范围内才是固定的。这里所说的一定范围，通常称为相关范围。由于固定成本总额在一定时期和一定业务量范围内保持不变，那么随着业务量在一定范围内的增加或减少，单位业务量所分摊的固定成本就会相应地减少或增加。即从单位固定成本来看，它与业务量的增减成反比例变动。同样，如果业务量超过了相关范围，固定成本总额也会发生变动。所以固定成本，一是指总额，二是必须以一定时期、一定业务量为前提。

为了更好地对固定成本进行规划和控制，固定成本还可以进一步划分为“约束性固定成本”和“酌量性固定成本”。“约束性固定成本”也叫“经营能力成本”，是指同企业生产经营能力的形成及其正常维护相联系的固定成本，如厂房和机器设备的折旧费、保险费、企业管理人员的基本工资等。这类成本有很大的约束性，一般在短期内很难有重大改变。“酌量性固定成本”也叫“随意性固定成本”，是指由企业高层管理者按照经营方针的要求所确定的一定时期的预算固定成本，如广告费、研究开发费、职工培训费等。这类成本的发生及其数额的多少，服从于企业不同时期生产经营的实际需要，取决于管理当局对不同费用项目所做的具体预算。因此，它可以随经营方针的改变而改变，只能在某个特定的预算期内存在。

（2）变动成本。变动成本是指其总额随着业务量的变动而成正比例变动的成本。例如，直接材料、直接人工、包装材料等都属于变动成本。

应当指出的是，变动成本的概念，也是就其总额而言的，也存在着相关范围问题。单位业务量的变动成本是固定的，即它不受业务量增减变动的影响，也可以理解为变动成本相当于单位业务量的固定成本。另外，在相关范围之内变动成本总额与业务量之间保持着完全的线性关系，而在相关范围之外它们之间的关系可能是非线性的。

从成本习性（亦称成本性态）分析成本，是指成本与业务量之间的依存关系。研究成本与业务量之间的依存性，考察不同类型成本与业务量之间的特定数量关系，把握业务量变动对各类成本变动的影响，有利于进行本量利分析和短期决策，加强成本控制和科学地进行成本分析，可以简化成本的计算，对于正确地进行经营决策，挖掘内部潜力，提高企业经济效益有着重要的意义。

5. 按物流成本计入成本对象的方式分类

物流成本按其计入成本对象的方式可分为直接成本和间接成本。这种分类的目的是为了经济合理地把成本归属于不同的成本对象。

一项成本可能是直接成本，也可能是间接成本，要根据成本对象的选择而定。成本对象是指需要对成本进行单独测定的一项活动，它可以是一件产品、一项服务、一项设计、一个客户、一种商标、一项作业或一个部门等。

（1）直接成本。直接成本也称为可追溯成本，是指与某一特定的成本对象存在直接关系，它们之间存在明显的因果关系或受益关系，它为某一特定的成本对象所消耗，故可直接计入该成本对象的成本。一种成本是否属于直接成本，取决于它与成本对象是否存在直接关系，并且是否便于直接计入。因此，直接成本也可以说是与成本对象直接相关的成本中，可以用经济合理的方式追溯到成本对象的那一部分成本。大部分的直接材料和直接人工成本都属于直接成本。

（2）间接成本。间接成本同直接成本相反，是指与某一特定成本对象没有直接联系的成本，它为几种成本对象所共同消耗，不能直接计入某一特定成本对象的成本，即与成本对象相关联的成本中不能用一种经济合理的方式追溯的成本对象的那一部分成本。例如，厂房的折旧属于间接成本。

“不能用经济合理的方式追溯”有两种情况：一种是不能合理地追溯到成本对象，另一种是不能经济地追溯到成本对象。例如：总经理的工资很难分辨出每种成本对象应分担的数额，属于不能合理地追溯到成本对象；润滑油的成本可以通过单独计量追溯到个别成本对象，但是单独计量的成本较高，而其本身数额不大，更准确的分配实际意义不大，不如将其列入间接成本统一进行分配更经济。

间接成本应当先按地点或用途进行归集，然后按照适当合理的标准进行分配，计入各种成本对象的成本。小部分的直接材料、直接人工成本、制造费用和期间费用通常属于间接成本。

6. 按转化为费用的不同方式分类

在实务中，按照现行财务会计制度规定，生产经营成本按其可盘存性质可划分为产品成本和期间成本。按照配比原则的要求，收入和为换取收入的费用要在同一会计期间确认。产品成本在产品出售前与当期收入不能配比，应按“存货”报告，是“可存储的成本”；只有产品出售时才能与当期收入配比，因此在出售时将其成本转为费用。

特别要注意的是，“产品”在这里是广义的，不仅指企业的产成品，还可指企业提供的劳务，实际上是指企业的产出物，即最终的成本计算对象。

（1）产品成本。产品成本是指可计入存货价值的成本，包括按特定目的分配给一项产品的成本总和。对外财务报告使用的产品成本内容由统一的会计制度规定。在实务中，产品成本包括以下4个成本项目。

1）直接材料，指直接用于产品生产、构成产品实体的原料及主要材料、外购半成品，有助于产品形成的辅助材料及其他直接材料。

2）直接人工，指参加产品生产的工人工资及按生产工人工资总额和规定的比例计算提取的职工福利费。

3）燃料和动力，指直接用于产品生产的外购和自制的燃料及动力费。

4）制造费用，指为生产产品和提供劳务所发生的各项间接费用。

为了使生产成本项目能够反映企业生产的特点，满足成本管理的要求和制度，允许企业根据自己的特点和管理要求，对以上项目做适当的增减调整。如果直接用于产品生产的外购半成品成本比重较大，可以将“外购半成品”单独列为一个成本项目；外部加工费比较多的产品，可以将“外部加工费”单独列为一个成本项目；如果产品成本中燃料和动力费所占比重很小，也可以将其并入“制造费用”成本项目中。

（2）期间成本。期间成本是指不计入产品成本的生产经营成本，包括除产品成本以外的一切生产经营成本。期间成本在发生当期立即转为费用，是“不可储存的成本”，正因为期间成本的这一特性，所以也称之为“期间费用”。按照我国的企业会计制度的规定，企业的期间成本包括营业费用、管理费用和财务费用。

营业费用是指企业在销售商品过程中发生的费用，包括企业销售产品过程中发生的运输费、装卸费、包装费、保险费、展览费和广告费等，以及为销售本企业商品而专设的销售机构

（含销售网点、售后服务网点等）的职工工资及福利费，类似工资性质的费用、业务费等经营费用。另外，商品流通企业在购买商品过程中所发生的进货费用也包括在内。

管理费用是指组织和管理企业生产经营所发生的管理费用，包括企业的董事会和行政管理部门在企业的经营管理中发生的费用，或者应当由企业统一负担的公司经费（包括行政管理部门职工工资、修理费、物料消耗、低值易耗品摊销、办公费和差旅费等）、工会经费、失业保险费、劳动保险费、董事会费、聘请中介机构费、咨询费（含顾问费）、诉讼费、业务招待费、房产税、车船使用税、土地使用税、印花税、技术转让费、矿产资源补偿费、无形资产摊销、职工教育经费、研究与开发费、排污费、存货盘亏或盘盈（不包括应计入营业外支出的存货损失）、计提的坏账准备和存货跌价准备等。

财务费用是指企业为筹集生产经营所需资金等而发生的费用，包括应当作为期间费用的利息支出（减利息收入）和汇兑损失（减汇兑收益及相关的手续费等）。

产品成本和期间成本都必须从营业收入中扣除，因为它们都是对生产经营的耗费。不同的是，产品成本要待产品销售时才能扣除，期间成本则从当期收入中直接扣除，两者的扣除时间是不同的。产品成本和期间成本的划分是相对的，所有生产经营成本，如果不列入产品成本，就必须列入期间成本。计入产品成本的范围越大，期间成本的范围就越小，反之亦然。

7. 按物流功能分类

企业物流成本按物流功能可分为物资流通费、信息处理费、物流管理费等。

（1）物资流通费主要包括运输费、包装费、仓储费、装卸搬运费、流通加工费、配送费等。

（2）信息处理费主要包括订单处理、储存管理、客户服务等。

（3）物流管理费主要包括物流计划、控制、监督、考核等活动的费用。

8. 按物流管理性质分类

企业物流成本按物流管理性质可分为正常物流成本和非正常物流成本。

（1）正常物流成本是指完成物流服务的正常费用。

（2）非正常物流成本是指由于物流管理不善所引起的管理成本，主要包括：由于储存、装卸或运输不当引起货物质量受损，以及服务质量问题引起顾客索赔所发生的质量成本；由于时间控制不当、不合理配送、发错货、发漏货或过剩仓库空间引起的增加费用所产生的效率成本；由于计划不周而产生的缺货所产生的风险成本；过量库存引起的资金占用成本等。

9. 广义物流成本的分类

广义物流成本一般可分为客户服务成本、运输成本、仓储成本、订单处理成本与信息系统成本、批量成本、库存持有成本和包装成本等。这种分类方法是将物流看成一个完整的系统，并以给定企业的客户服务目标为前提，从各种物流活动和成本的关系出发，分析成本产生的原因，将总成本最小化，实现有效的物流管理和真正的成本节约。

特别要注意的是：客户服务成本是企业在进行物流成本管理时应考虑的成本因素，各类物流成本之间具有此消彼长的悖反关系，试图减少单个活动的成本也许会导致总成本增加，所以应考虑所有物流成本的总和，应将物流成本的管理视角扩展到广义物流成本的范畴，才能实现有效的管理和真正的成本节约。

1.2　物流成本管理概述

1.2.1　物流成本管理的概念

物流成本管理（Logistics Cost Control），就是通过成本去管理物流，即管理的对象是物流而不是成本，物流成本管理可以说是以成本为手段的物流管理方法。从本质上讲，物流成本管理是一个成本管理体系，但同时又兼有物流管理的特性。

物流成本管理，通过对物流活动的管理，从而在既定的服务水平上达到降低物流成本的目的。物流成本管理可以从两个方面进行理解，其一是从会计的角度考虑，通过建立物流管理会计系统，发挥会计职能来对物流成本进行计划、控制等；其二是利用物流管理方法，通过对物流各职能的优化，达到降低物流费用的目的。这两个方面是相辅相成的，所以企业在进行物流成本管理的过程中，需要从这两个方面同时进行。

1.2.2　物流成本管理的内容

从物流成本管理的内容来看，物流成本管理是以物流成本信息的产生和利用为基础，按照物流成本最优化的要求有组织地进行预测、决策、计划、控制、分析和考核等一系列的科学管理活动。

物流成本管理的具体研究内容可分为三大模块，即物流成本分析模块、物流成本决策模块、物流成本控制模块，具体包括物流成本核算、物流成本分析、物流成本预测、物流成本决策、物流成本计划、物流成本控制、物流成本信息反馈等。

1. 物流成本分析模块

物流成本分析模块主要包括物流成本核算和物流成本分析。该模块是进行物流成本决策和物流成本控制的基础。

（1）物流成本核算。物流成本核算是指在物流成本计划执行后，根据企业确定的物流成本计算对象，采用适当的物流成本计算方法，按规定的成本项目，通过一系列的物流费用归集与分配，计算出各物流活动成本计算对象的实际总成本和单位成本。

（2）物流成本分析。物流成本分析是在成本核算及其他有关资料的基础上，运用一定的方法，揭示物流成本水平的变动，进一步查明影响物流成本变动的各种因素。通过物流成本分析，检查和考核物流成本计划的完成情况，及时发现问题，总结经验，并提出改进的建议，采取有效的措施，及时发现并解决物流环节中的主要矛盾。

2. 物流成本决策模块

物流成本决策模块包括物流成本预测、物流成本决策和物流成本计划。

（1）物流成本预测。物流成本预测是在对本年度物流成本分析的基础上，根据有关物流成本数据和企业具体的发展情况，运用一定的技术方法，对未来的成本水平及其变动趋势作出科学的估计。物流成本预测是物流成本决策、物流成本计划和物流成本控制的基础，可以提高物流成本管理的科学性和预见性。

（2）物流成本决策。物流成本决策是在物流成本预测的基础上，结合其他有关资料，运用一定的科学方法，从若干个方案中选择确定最优方案的过程，如新建、改建、扩建配送中心的决策，装卸搬运设备、设施的决策，流通加工合理下料的决策等。进行物流成本决策、确定目标成本是编制成本计划的前提，也是实现物流成本的事前控制、提高经济效益的重要途径。

（3）物流成本计划。物流成本计划是根据成本决策所确定的方案、计划期的生产任务、降低成本的要求以及有关资料，通过一定的程序，运用一定的方法，以货币的形式规定计划期内物流各环节的耗费水平和成本水平，并提出保证成本计划顺利实现所采取的措施。通过物流成本计划管理，可以在降低物流各环节成本上给企业提出明确的目标，推动企业加强成本管理责任制，增强企业成本意识，控制物流环节的费用，挖掘降低物流成本的潜力，保证企业降低物流成本目标的实现。

3. 物流成本控制模块

物流成本控制模块包括物流成本控制和物流成本信息反馈。通过物流成本控制可以及时掌握物流成本信息和调整物流成本控制手段，以保证计划的顺利进行。

（1）物流成本控制。物流成本控制是根据物流成本计划目标，在物流活动过程中对影响物流成本的各种因素和条件主动施加影响，以保证物流成本计划的落实。从企业生产经营过程来看，物流成本控制包括事前控制、事中控制和事后控制。

（2）物流成本信息反馈。对物流过程中发生的有关成本方面的各种资料和数据进行收集、整理和汇总后，要及时传输给有关领导和部门，使其掌握情况，加强对物流成本的控制，保证物流成本目标的实现。有关领导和部门根据物流成本信息反馈的结果，及时调整最优方案，以指导物流成本控制工作，更好地进行物流成本管理。

1.2.3 物流成本管理的目的

企业在进行物流成本管理时，首先要明确管理目的，有的放矢。一般情况下，企业物流成本管理的目的是：

（1）通过掌握物流成本现状，发现企业物流中存在的主要问题。

（2）对各个物流相关部门进行比较和评价。

（3）依据物流成本计算结果，制订物流规划、确立物流管理战略。

（4）通过物流成本管理，发现降低物流成本的环节，强化总体物流管理。

1.2.4 物流成本管理的意义

物流成本管理的意义在于，通过对物流成本的有效把握，利用物流要素之间的效益背反关系，科学、合理地组织物流活动，加强对物流活动过程中费用支出的有效控制，降低物流活动中的物化劳动和活劳动的消耗，从而达到降低物流总成本、提高企业和社会经济效益的目的。很多企业中，物流成本占总成本的很大比重，物流成本的高低直接关系到企业利润水平的高低和竞争力的强弱，所以物流成本管理成为了企业物流管理的核心，人们对物流的关心首先是从关心物流成本开始的。加强对物流成本管理对降低物流成本、提高物流活动的经济效益具有非常重要的意义。具体来讲，物流成本管理的意义主要体现在宏观意义和微观意义两个方面。

1. 物流成本管理的宏观意义

（1）有利于调整商品价格。

（2）有利于加速产业结构调整。

（3）有利于节约大量的物质财富。

（4）有利于提高经济运行质量和总体竞争力。

2. 物流成本管理的微观意义

（1）有利于降低成本，提高利润。

（2）有利于增强企业竞争优势。

（3）有利于提高企业物流管理水平。

1.2.5 物流成本管理的方法

1. 物流成本横向管理法

物流成本横向管理即对物流成本进行预测和编制计划。物流成本预测是在编制物流计划之前进行的。它是对本年度物流成本进行分析，在充分挖掘降低物流成本潜力的基础上，寻求降低物流成本的有关技术经济措施，以保证物流成本计划的先进性和可靠性。物流成本计划按时间标准进行划分，有短期计划（半年或一年）、中期计划和长期计划。

2. 物流成本纵向管理法

物流成本纵向管理即对物流过程的优化管理。物流过程是一个创造时间性和空间性价值的经济活动过程。为使其能提供最佳的价值效能，就必须保证物流各个环节的合理化和物流过程的迅速、通畅。物流系统是一个庞大而复杂的系统，要对它进行优化，需要借助于先进的管理方法和手段。

（1）通过采用物流标准化进行物流管理。物流标准化是以物流作为一个大系统，制订系统内部设施、机械设备、专用工具等各个分系统的技术标准。制订系统内各个分领域（如包装、装卸、运输等方面）的工作标准，以系统为出发点，研究各分系统与分领域中技术标准与工作标准的配合性，统一整个物流系统的标准。物流标准化使货物在运输过程中的基本设备统一规范，如现有托盘标准与各种运输装备、装卸设备标准之间能有效衔接，大大提高了托盘在整个物流过程中的通用性，也在一定程度上促进了货物运输、储存、搬运等过程的机械化和自动化水平的提高，有利于提高物流配送系统的运作效率，从而降低物流成本。

（2）通过实现供应链管理，提高对顾客的物流服务管理水平来降低成本。实行供应链管理不仅要求本企业的物流体制实现效率化，也需要企业协调与其他企业以及客户、运输业者之间的关系，实现整个供应链活动的效率化。正因为如此，追求成本的效率化，不仅仅企业中物流部门或生产部门要加强控制，同时采购部门等各职能部门也都要加强成本控制。提高对顾客的物流服务管理水平可以确保企业利益，同时也是企业降低物流成本的有效方法之一。

（3）借助于现代信息系统的构筑降低物流成本。要实现企业与其他交易企业之间的效率化的交易关系，必须借助于现代信息系统的构筑，尤其是利用互联网等高新技术来完成物流全过程的协调、控制和管理，实现从网络前端到最终端客户的所有中间过程服务。一方面是各种物流作业或业务处理能正确、迅速地进行；另一方面，能由此建立起战略的物流经营系统。通过现代物流信息技术可以将企业订购的意向、数量、价格等信息在网络上进行传输，从而使生产、流通全过程的企业或部门分享由此带来的利益，充分应对可能发生的各种需求，进而调整不同企业间的经营行为和计划，企业间的协调和合作有可能在短时间内迅速完成，这可以从整体上控制物流成本发生的可能性。同时，物流管理信息系统的迅速发展，使混杂在其他业务中的物流活动的成本能精确地计算出来，而不会把成本转嫁到其他企业或部门。

（4）从流通全过程的视点来加强物流成本的管理。对于一个企业来讲，控制物流成本不单单是本企业的事情，即追求本企业的物流效率化，而应该考虑从产品制成到最终用户整个流通过程的物流成本效率化，即物流设施的投资或扩建与否要视整个流通渠道的发展和要求而定。例如，有些厂商是直接面对批发商经营的，因此，很多物流中心是与批发商物流中心相吻合的，以从事大批量的商品输送，然而，随着零售业界便民店、折扣店的迅速发展，客户要求厂商必须适应零售业这种新型的业态形式，展开直接面向零售店铺的物流活动。因而，在这种情况下，原来的投资就有可能沉淀，同时又要求建立新型的符合现代物流发展要求的物流中心或自动化的设备。显然，这些投资尽管从企业来看，增加了物流成本，但从整个流通过程来看，却大大提高了物流绩效。

（5）运用模拟技术对整个物流系统进行研究，实现物流系统的最优化。例如，克莱顿·希尔模型，是一种采用逐次逼近法的模拟模型。这个方法提出了物流系统的 3 项目标，即最高的服务水平、最少的物流费用、最快的信息反馈。在模拟过程中采用逐次逼近的方法来求解下列决策变量：流通中心的数目、对客户的服务水平、流通中心收发货时间的长短、库存分布、系统整体的优化。

（6）用线性规划、非线性规划制订最优运输计划，实现物品运输优化。物流过程中遇到最多的是运输问题。例如，某产品现由某几个企业生产，又需供应某几个客户，怎样才能使企业生产的产品运到客户所在地时总运费最少？假定这种产品在企业中的生产成本为已知，从某企业到消费地的单位运费和运输距离，以及各企业的生产能力和消费量都已确定，则可用线性规划来解决；如果企业的生产数量发生变化，生产费用函数是非线性的，就应使用非线性规划来解决。属于线性规划类型的运输问题，常用的方法有单纯型法和表上作业法。

（7）运用存储论确定经济合理的库存量，实现存储优化。存储是物流系统的中心环节。物资从生产到客户之间需要经过几个阶段，几乎在每一个阶段都需要存储，究竟在每个阶段库存量保持多少为合理？为了保证供给，需隔多长时间补充库存？一次进货多少才能达到费用最省的目的？这些都是确定库存量的问题，也都可以在存储论中找到解决的方法。其中，应用较广泛的方法是经济订购批量模型，即 EOQ 模型。

（8）运用系统分析技术，选择货物最佳的配比和配送路线等，实现货物配送优化。对于用户的订货要求尽量短时间，正确的进货体制是企业物流发展客观要求，但是，随着配送产生的成本费用要尽可能降低，特别是多频度、小单位配送要求的发展，更要求企业采取效率化的配送，就必须重视配车计划管理，提高装载率以及车辆运行管理水平。

一般来讲，企业要实现效率化的配送，就必须重视配车计划管理，提高装载率以及车辆运行管理水平。通过构筑有效的配送计划信息系统，使生产商配车计划的制订与生产计划联系起来进行，同时通过信息系统也能使批发商将配车计划或进货计划相匹配，从而提高配送效率，降低运输和进货成本。同时，节约里程法也是一种较成熟的优化配送线路的方法。

（9）通过削减退货来降低物流成本。退货成本也是企业物流成本中一项重要的组成部分，它往往占有相当大的比例，这是因为随着退货会产生一系列的物流费，退货商品损伤或滞销而产生的经济费用以及处理退货商品所需的人员费用和各种事务性费用。特别是在存在退货的情况下，一般是商品提供者承担退货所发生的各种费用，而退货方不承担因为商品退货而产生的费用，所以，容易很随便地退回商品，并且由于这类商品大多数数量较少，配送费用有增高的趋势。不仅如此，由于这类商品规模较小，也很分散，商品入库、账单处理等业务也很复杂。由此，削减退货成本是物流成本控制活动中需要特别关注的问题。

3. 计算机管理系统管理法

计算机管理系统将物流成本的横向和纵向连接起来，形成一个不断优化的物流系统的循环。通过一次次循环、计算、评价，使整个物流系统得以不断地优化，最终找出其总成本最低的最佳方案。

1.3　物流成本管理相关理论

1.3.1　“黑大陆”学说

由于物流成本管理存在的问题及有效管理对企业盈利和发展的重要作用，1962 年，著名的管理学家彼得·德鲁克在《财富》杂志上发表了题为《经济的黑色大陆》一文，他将物流比作“一块未开垦的处女地”，强调应高度重视流通及流通过程中的物流管理。彼得·德鲁克曾经讲过“流通是经济领域的黑暗大陆”。彼得·德鲁克泛指的是流通，但由于流通领域中物流活动的模糊性特别突出，它是流通领域中人们认识不清的领域，所以“黑大陆”学说主要针对物流而言。

“黑大陆”学说主要是指尚未认识、尚未了解的领域，在黑大陆中，如果理论研究和实践探索照亮了这块黑大陆，那么摆在人们面前的可能是一片不毛之地，也可能是一片宝藏之地。“黑大陆”学说是对 20 世纪中经济学界存在的愚昧认识的一种批驳和反对，指出在市场经济繁荣和发达的情况下，无论是科学技术还是经济发展，都没有止境。“黑大陆”学说也是对物流本身的正确评价，即这个领域未知的东西还很多，理论与实践皆不成熟。

在财务会计中把企业的生产费用划分为生产成本、管理费用、营业费用、财务费用和营业外费用，然后再把营业费用按各种支付形态分类。这样，在损益表中所能看到的物流成本在整个销售额中只占很小的比重，因此物流的重要性当然不会被认识到，这就是物流被称为“黑大陆”的一个原因。

从某种意义上来说，“黑大陆”学说是一种未来学的研究结论，是战略分析的结论，带有较强的哲学抽象性，这一学说对研究物流成本领域起到了启迪和动员作用。

1.3.2　物流成本冰山理论

物流成本冰山理论是由日本早稻田大学西泽修教授在 1970 年提出的。他在研究物流成本时发现，现行的财务会计制度和会计核算方法都不可能掌握物流费用的实际情况，因而人们对物流费用的了解是一片空白，甚至有很大的虚伪性。他将之称为“物流冰山”。西泽修教授用物流成本冰山理论具体分析了彼得·德鲁克的“黑大陆”学说。

物流成本正如浮在水面上的冰山，人们所能看见的向外支付的物流费用好比冰山的一角，而大量的是人们所看不到的沉在水下的企业内部消耗的物流费用，当水下的物流内耗越深时，露出水面的冰山就越小，会将各种问题掩盖起来。如果把决算表中记载的物流费用只认为是企业外部支付的部分，把它误解为“冰山全貌”，忽略物流成本管理，企业就将会面临险境。

在企业的财务会计中，向企业外部支付的物流成本能体现出来，而企业内消耗的物流成本一般是不能体现出来的。具体来说，一般情况下企业会计科目中，只把支付给外部运输企业、仓库企业的费用列入成本，实际这些费用在整个物流费用中犹如冰山的一角。因为物流基础设施建设费，企业利用自己的车辆运输、利用自己的仓库保管货物、由自己的工人进行包装、装卸等费用都没计入物流费用科目内。

另外，理论研究和实际物流成本管理工作毕竟是有区别的，实际工作中不可能为了建立物流独立核算体系而破坏其他若干成熟的财务会计核算体系，实际上真正需要纳入管理的是有影响的数据，例如：运输成本、仓储成本、保管成本、装卸搬运成本、包装成本、流通加工成本、配送成本、信息管理成本等。物流成本冰山理论图如图 1-1 所示。

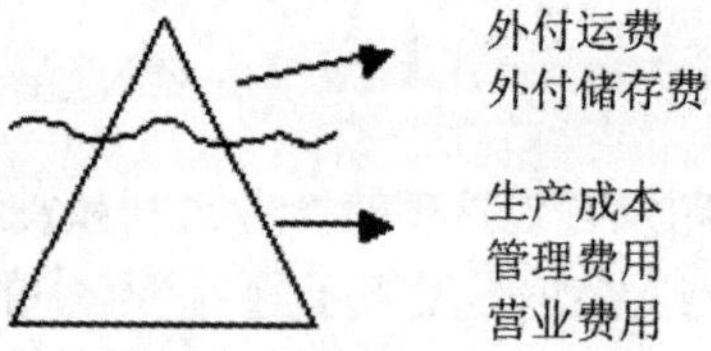

图 1-1 物流成本冰山理论图

1.3.3 “第三利润源”理论

“第三利润源”理论是日本物流成本计算的权威学者西泽修教授在 1970 年提出的，“第三利润源”是对物流潜力及效益的描述。

人们把物质资源的节约和劳动消耗的降低分别称为“第一个利润源”和“第二个利润源”。由于受到科技和管理水平的限制，第一、二利润源已近枯竭，有待于科技的重大突破。“第三利润源”理论认为物流作为“经济领域的黑暗大陆”虽然没有被完全照亮，但经过几十年的实践探索，物流领域绝不会是一个不毛之地，肯定是一片富饶之源。在经历了 1973 年的石油危机之后，物流“第三利润源”的作用已经得到证实，物流在企业管理中的地位得到巩固。

这三个利润源着重开发生产力的三个不同要素：第一个利润源针对的对象是生产力中的劳动对象；第二个利润源针对的对象是生产力中的劳动者；第三个利润源针对的对象是生产力中劳动工具的潜力，同时注重劳动对象与劳动者的潜力，因此更具有全面性。

物流作为第三利润源，就是合理组织产供销环节，将货物按必要的数量以必要的方式，在要求的时间内送到必要的地点，就是让每一个要素、每一个环节都做到最好。物流可以为企业提供大量直接和间接的利润，是形成企业经营利润的主要活动。非但如此，对国民经济而言，物流也是国民经济中创利的主要活动。

1.3.4 效益背反理论

“效益背反”又称为“二律背反”，这一术语表明这两个相互排斥而又被认为是同样正确的命题之间的矛盾。“效益背反”是物流领域中很普遍的现象，是物流领域中内部矛盾的反映和表现。“效益背反”指的是物流的若干功能要素之间存在着损益的矛盾，即某一功能要素的优化和利益发生的同时，必然会存在另一个或几个功能要素的利益损失，反之也如此。即，物流系统的各要素之间存在目标不一致的地方。物流系统的效益背反包括物流成本与服务水平的效益背反和物流各功能活动的效益背反。

这是一种此涨彼消、此盈彼亏的现象，往往导致整个物流系统效率的低下，最终会损害物流系统的功能要素的利益。

（1）物流成本与服务水平的效益背反。高水平的物流服务是由高水平的物流成本作保证的。在没有较大的技术进步的情况下，企业物流很难做到既提高了物流服务水平，同时也降低了物流成本。

一般来讲，提高物流服务水平，物流成本即上升，两者之间存在着效益背反，而且，物流服务水平与物流成本之间并非呈现线性关系，即投入相关的物流成本并非可以得到相同的物流服务水平提高。一般而言，当物流服务处于低水平阶段追加成本的效果较佳。物流成本与服务水平的效益背反可用图 1-2 表示（物流成本与物流服务水平的关系），由图 1-2 可知，物流服务如处于低水平阶段，通过追加成本 X，物流服务水平即可上升到 Y；如果处于高水平阶段，同样追加 X，则物流服务水平就上升到了 Y'，但 $Y'<Y$。

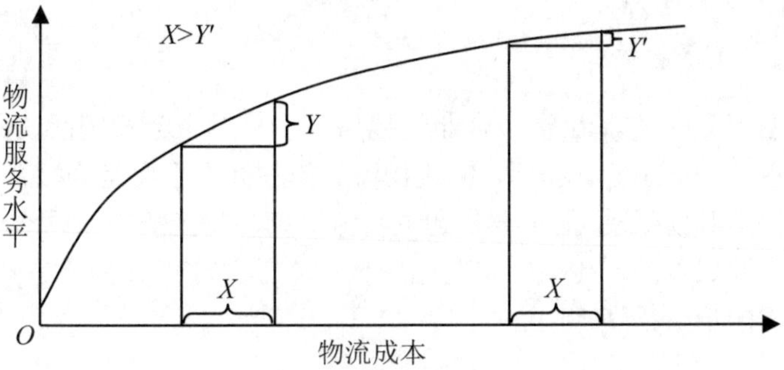

图 1-2 物流成本与物流服务水平图

对物流服务水平和物流成本作决策时，可考虑以下 4 种模型。

1）保持物流服务水平不变，尽量降低物流成本。在不改变物流服务水平时，通过改进物流系统来降低物流成本，这种尽量降低成本来维持一定服务水平的方法称为追求效益法。

2）提高物流服务水平，不惜增加物流成本。这是许多企业提高物流服务水平的做法，是企业面对特定顾客或其特定商品面临竞争时所采取的具有战略意义的做法。

3）保持成本不变，提高服务水平。这是一种积极的物流成本对策，是一种追求效益的方法，也是一种有效的利用物流成本性能的方法。

4）用较低的物流成本，实现较高的物流服务水平。这是一种增加销售、增加效益、具有战略意义的方法。企业只有合理运用自身的资源，才能获得这样的成果。

总之，企业采取哪种物流成本策略，往往不是凭感觉而定的，而是通盘考虑各方面因素的结果。这些因素包括商品战略和地区销售战略、流通战略和竞争对手、物流成本、物流系统所处的环境，以及物流系统负责人所采用的方针等。

（2）物流各功能活动的效益背反。现代物流是由运输、储存、装卸搬运、包装、流通加工、配送、信息处理等物流活动组成的集合。构成物流系统的各个环节（即活动）处于一个相互矛盾的系统中，想要较多地达到某个方面的目的，必然会使另一方面的目的受到一定的损失，也就是一方成本降低而另一方成本增大，这便是物流各功能活动的效益背反。

例如：减少物流网络中仓库的数目并减少库存，必然会使库存补充变得频繁而增加运输的次数；简化包装，虽可降低包装成本，但却由于包装强度的降低，运输和装卸的破损率会增加，且在仓库中摆放时亦不可堆放过高，降低了保管效率；将铁路运输改为航空运输，虽然增加了运费，却提高了运输速度，不但可以减少库存，还降低了库存费用。

所有这些都表明，在设计物流系统时，要综合考虑各方面因素的影响，使整个物流系统达到最优，任何片面强调某种物流功能的企业都将会蒙受不必要的损失。由此可见，物流系统就是以成本为核心，按最低成本的要求，使整个物流系统化。它强调的是调整各要素之间的矛盾，把它们有机地结合起来，使物流总成本最小化，以追求和实现总体的最佳效益。

企业物流成本的效益背反关系实质上是研究企业物流的经营管理问题，即将管理目标定位于降低物流成本的投入并取得较大的经济效益。在物流成本管理中，作为管理对象的是物流活动本身，物流成本作为一种管理手段而存在。一方面，成本能真实地反映物流活动实态；另一方面，物流成本可成为评价所有活动的共同尺度。

1.3.5 其他物流成本学说

1. 成本中心说

成本中心说的含义是，物流在整个企业的战略中，只对企业营销活动的成本发生影响，物流是企业成本的重要的产生点，因而，解决物流的问题并不主要是为搞合理化、现代化，也不是主要在于支持保障其他活动，而主要是通过物流管理和物流的一系列活动降低成本。所以，成本中心说既是指主要成本的产生点，又是指降低成本的关注点，物流是“降低成本的宝库”等说法正是这种认识的形象描述。

2. 利润中心说

利润中心说的含义，是物流可以为企业提供大量直接和间接的利润，是形成企业经营利润的主要活动。非但如此，对国民经济而言，物流也是国民经济创利的主要活动。物流的这一作用被表述为“第三利润源”。

3. 服务中心说

服务中心学说代表了美国和欧洲一些学者（如鲍尔索克斯）对物流的认识，他们认为，物流活动的最大作用并不在于为企业节约了成本或增加了利润，而是在于提高了企业对用户的服务水平，进而提高了企业的竞争力。服务中心学说特别强调了物流的服务保障功能，借助于物流的服务保障功能，企业可以通过整体能力的加强来压缩成本、增加利润。

服务中心说强调物流的服务保障功能，认为服务重于成本，通过服务质量的不断提高可以实现总成本的下降。

目前，在国内有关物流的服务性功能的研究也是一个比较热门的话题，有的从顾客满意度的角度探讨物流服务的功能和作用以及衡量指标体系；也有的从客户关系角度研究客户关系管理在物流企业中的应用价值和方法。

4. 物流战略中心说

物流战略中心说是当前非常盛行的说法，学术界和企业界逐渐意识到物流更具有战略性。这一学说把物流提到了一个相当重要的地位，认为物流会影响到企业总体的生存与发展，应该站在战略的高度看待物流对企业长期发展所带来的深远影响。将物流与企业的生存和发展直接联系起来的观点，对促进物流的发展具有重要意义。

综上所述，随着现代物流的不断发展，物流理论的发展大致可分为三个主要阶段：第一阶段，物流探索初期的流通领域学说，主要针对物流活动中的模糊性，包括第二次世界大战期间建立的"运筹学"、"后勤"理论、"黑大陆"学说等；第二阶段，物流发展中期的费用一成本学说，主要针对物流成本的降低和效益背反的影响，包括"物流成本冰山理论""第三利润源"理论、效益背反理论等；第三阶段，物流发展较高层次的服务战略学说，主要针对提高物流服务水平进而提高企业的竞争能力以达到"双赢"互利目标等方面，包括"服务中心说""战略说"等。

小　结

本章主要介绍了物流成本和物流成本管理的相关概念理论，这是学习物流成本管理的基础。物流成本（Logistics Cost），也称物流费用，是指物流活动中所消耗的物化劳动与活劳动的货币表现。物流成本的概念有狭义和广义之分。物流成本管理（Logistics Cost Control），是指通过成本去管理物流，即管理的对象是物流而不是成本，可以说是以成本为手段的物流管理方法。

物流成本具有冰山理论、削减的乘法效应、效益背反、部分不可控性、计算方法及范围的不一致性的特征。影响物流成本的因素主要有竞争因素、产品因素、环境因素、管理因素等。在物流活动中发生的各种物流成本应按一定的标准进行分类，以便正确认识和分析物流成本的构成，加强企业物流成本的管理。本章介绍了以下几种分类方法：按经济用途（职能）分类、按物流阶段分类、按经济内容分类、按成本与业务量的关系分类、按物流成本计入营业成本的方式分类、按转化为费用的不同方式分类、按物流功能分类、按物流管理性质分类、广义物流成本的分类。

企业物流成本管理的目的是：通过掌握物流成本现状，发现企业物流中存在的主要问题；对各个物流相关部门进行比较和评价；依据物流成本计算结果，制订物流规划、确立物流管理战略；通过物流成本管理，发现降低物流成本的环节，强化总体物流管理。物流成本管理的具体研究内容可分为三大模块，即物流成本分析模块、物流成本决策模块、物流成本控制模块。物流成本管理方法主要介绍了：横向管理法、纵向管理法和计算机管理系统管理法三大类。物流成本管理的相关理论学说主要有："黑大陆"学说、物流成本冰山理论、"第三利润源"理论、效益背反理论等。

习　题

一、选择题

1．广义的物流成本包括（　　）。

A．狭义的物流成本　　B．物流活动中所消耗的物化劳动的货币表现

C．客户服务成本　　D．物流活动中所消耗的活劳动的货币表现

2．影响物流成本的主要因素有（　　）。

A．竞争因素　　B．产品因素　　C．其他因素　　D．管理因素

3．物流成本按成本与业务量之间的依存关系可分为（　　）。

A．直接成本　　B．固定成本　　C．间接成本　　D．变动成本

4．物流成本管理的具体研究内容的三大模块是（　　）。

A．物流成本分析模块　　B．物流成本合理化模块

C．物流成本决策模块　　D．物流成本控制模块

5．阐述了对物流费用认识存在虚假性的理论学说是（　　）。

A．效益背反理论　　B．“黑大陆”学说

C．物流成本冰山理论　　D．“第三利润源”理论等

二、判断题

1．物流成本，也称物流收益，是指物流活动中所消耗的物化劳动与活劳动。（　　）

2．广义的物流成本，是指在物流过程中企业为了提供有关的物流服务，所要占用和耗费的一定的活劳动和物化劳动中必要劳动的价值的货币表现，是物流服务价值的重要组成部分。（　　）

3．一般在企业的各类财务表中所表现出来的物流费用涵盖物流成本的全部。（　　）

4．物流成本按其与业务量之间的依存关系，可分为固定成本和变动成本两大类，固定成本和变动成本的概念都是就其总额而言的。（　　）

5．物流成本管理就是通过成本去管理物流，即管理的对象是物流成本。（　　）

6．物流成本冰山理论指物流的若干功能要素之间存在着损益的矛盾，即某一功能要素的优化和利益发生的同时，必然会存在另一个或几个功能要素的利益损失，反之也如此。（　　）

三、简答题

1．什么是物流成本？

2．什么是物流成本管理？

3．简述物流成本的特征。

4．简述物流成本冰山理论和效益背反理论。

5．简述物流成本管理研究的目的。

第 2 章　物流成本计算方法

知识点

- 产品成本计算方法
- 作业成本法
- 物流成本核算涉及的科目和核算程序

难　点

- 产品成本各计算方法的应用
- 作业成本法的计算方法及应用

要　求

熟练掌握以下内容:

- 产品成本计算 3 种方法的概念和计算过程
- 作业成本法的概念和计算过程
- 物流成本核算的一般程序

了解以下内容:

- 物流成本核算的相关会计科目
- 物流成本核算的相关账表

2.1　产品成本计算的方法

产品是指企业的产出物，即最终的成本计算对象，它不仅指企业生产的产成品，还指企业提供的劳务，如运输、保管、装卸、包装等。因而，对于物流企业来说，“产品”是指企业最终完成的各项物流服务。

产品成本是在生产经营过程中形成的，产品的生产经营过程和生产组织不同，所采用的产品成本计算方法也应该有所不同。计算产品成本是为了加强成本管理，因而还应该根据管理要求的不同，采用不同的产品成本计算方法。企业只有按照自己生产经营的特点和管理核算的要求，选用适当的成本计算方法，才能正确、及时地计算产品成本，为成本管理提供有用的成本信息。

根据管理的需要，企业成本计算对象可以是物流服务的品种，也可能是物流服务的批别或者是物流服务的步骤。成本计算的方法是按一定的成本对象归集生产经营费用，以便计算出各种产品总成本和单位成本的方法。最常用的成本计算方法有品种法、分批法、分步法等。成本计算方法的确定，在很大程度上要针对企业生产经营的特点和成本管理的要求进行规定。如果在大量大批单步骤物流活动的情况下，只要求按产品的品种计算成本，这样我们可以采用成本计算方法中的品种法来实现；如果在单件小批多步骤的生产情况下，由于物流活动是按照客户的订单组织生产的，因此产品品种就应该按照订单进行计算，这样我们可以采用成本计算方法中的分批法来实现；如果在大量大批多步骤物流活动的情况下按照产品的生产步骤计算产品成本，我们就可以采用成本计算方法中的分步法来实现。

2.1.1 品种法

1. 品种法的概念

产品成本计算的品种法，是按照产品品种或者劳务工作种类计算产品成本的一种方法。对于物流企业活动的产品成本计算，常常用到这种方法。品种法一般运用于大量大批单步骤的物流企业核算，这类生产核算一般品种比较单一，月末一般没有在产品存在，即使有在产品存在，数量也非常少，所以一般不需要将生产经营费用在完工产品与在产品中间进行核算。但其发生的物流费用总和就是该种完工产品的总物流成本。我们一般采用如下计算公式进行核算：

$$\text{某完工产品的总成本}=\Sigma\,\text{某完工产品发生的各项物流费用}$$

在计算单位成本时，就可以用总物流成本除以作业量。

$$\text{某完工产品的单位成本}=\frac{\text{某完工产品的总成本}}{\text{完成该作业的总作业量}} \tag{2-1}$$

在这种简单计算方法下，生产经营中发生的一切费用都属于直接费用，可以直接计入该产品成本。该方法核算比较简单，经常在物流企业中用于成本的核算。

2. 品种法的特点

（1）以各种产品品种或劳务作业种类作为成本计算对象，按产品品种或劳务作业种类归集其生产费用并计算其成本。

（2）按月定期计算产品或劳务作业成本。

（3）对于单步骤生产企业，因其生产品种或劳务作业种类单一，且生产周期短，月末一般不会存在在产品。所以，一般不需要将生产费用在完工产品和月末在产品之间分配。

3. 品种法的计算过程

品种法的计算程序如下：

（1）按产品品种设置成本明细账（即成本计算单），并按各成本项目设置费用专栏。

（2）编制各种费用要素分配明细表，对于各种产品发生的直接费用，如直接耗用的原材料、生产工人工资等，按各种产品种类或劳务作业种类计入各自的产品成本明细账；对于间接费用，则应选择适当的分配标准按照相应的分配方法进行分配，计入各受益的产品成本明细账中。当然，从对成本责任单位考核与评价角度，对于间接费用，也可单独进行计算，不再以分配的形式计入产品或劳务作业成本。

（3）月末将归集在各产品成本明细账中的费用汇总，如果月末没有在产品，其汇总的费用即是完工产品或劳务作业的总成本。

（4）根据总成本与产品产量或劳务作业量计算该产品或劳务作业的单位成本。

【例题 2-1】某物流企业有 10 辆小货车和 5 辆集装箱运输车，物流企业以运输车辆划分产品品种，请依据企业 10 月份发生的实际成本（表 2-1）计算小货车和集装箱运输车运送产品的成本。

表 2-1 某物流企业 10 月份制造费用明细表 单元：元

一级科目	明细科目	金额	合计
制造费用	工资及福利费	2000.00	15000.00
	折旧费	3000.00	
	修理费	1500.00	
	办公费	3500.00	
	水电费	3000.00	
	其他	2000.00	

【计算过程】

（1）制造费用按生产工人工资为标准分配到小货车和集装箱运输车中，制造费用的分配情况见表 2-2。

表 2-2 直接人工分配表 单元：元

产品品种	直接人工	分配率	分配额
小货车	2000.00	15000÷6000=2.50	2000×2.50=5000
集装箱运输车	4000.00		4000×2.50=10000
合计	6000.00	2.50	15000.00

（2）根据生产费用凭证及汇总表和制造费用分配表登记小货车和集装箱运输车生产成本明细账，分别见表 2-3 和表 2-4。

表 2-3 小货车生产成本明细账 单元：元

品种	直接材料	直接人工	制造费用	合计
小货车	3000	2000	5000	10000

表 2-4 集装箱运输车生产成本明细账

品种	直接材料	直接人工	制造费用	合计
集装箱运输车	5000	4000	10000	19000

（3）最后，编制小货车成本、集装箱运输车成本计算表，见表 2-5 和表 2-6。

表 2-5 小货车成本计算表 单位：元

成本项目	总成本	单位成本
直接材料	3000	300
直接人工	2000	200
制造费用	5000	500
合计	10000	1000

表 2-6 集装箱运输车成本计算表 单位：元

成本项目	总成本	单位成本
直接材料	5000	1000
直接人工	4000	800
制造费用	10000	2000
合计	19000	3800

2.1.2 分批法

1．分批法的概念

产品成本计算的分批法，是按照产品批次或者劳务工作批次归集生产经营费用，计算产品成本的一种方法。它主要适用于单件小批次，管理上不要求分步骤计算成本的多步骤的作业。

2．分批法的特点

分批法成本计算的主要特点如下：

（1）成本计算对象是产品的批别（单件生产为件别）时，在小批次和单件生产中，产品的种类和每批产品的批量，大多是根据用户的订单确定的，因而按批、按件计算产品成本，往往也就是按照订单计算产品成本。

（2）在分批法下，为了保证各批次产品成本计算的正确性，各批产品成本明细账的设立和结算，应与生产任务通知单的签发和结束紧密配合，因此产品成本计算是不定期的。成本计算期与产品生产周期基本一致，而与核算报告期不一致。

（3）在分批法下，由于成本计算期与产品的生产周期基本一致，因而在计算月末产品成本时，一般不存在完工产品与在产品之间分配费用的问题。

3．分批法的计算过程

（1）以产品的批别设置成本计算单。

（2）按批别归集和分配直接费用和间接费用。对于间接费用可按一定的方法分配给所受益的产品批别；从对成本责任单位考核与评价角度，对于间接费用，也可单独进行计算，不再以分配的形式计入产品或劳务作业成本。

（3）月末，汇总完工产品成本计算单中所归集的各项生产费用产品（或某劳务作业对象批次）的总成本。

（4）根据总成本和该批完工产品产量计算其单位成本。

【例题 2-2】某物流企业以配送产品的批次为成本核算的对象，10 月份发生货物的配送有 3 批次，编号为 001 批次、002 批次和 003 批次，共发生制造费用 15000 元，具体见表 2-7。请依据企业 10 月份发生的实际成本计算各批次运送产品的成本。

表 2-7 某物流企业制造费用明细表 单位：元

一级科目	明细科目	金额	合计
制造费用	工资及福利费	2000.00	15000.00
	折旧费	3000.00	
	修理费	1500.00	

续表

一级科目	明细科目	金额	合计
制造费用	办公费	3500.00	
	水电费	3000.00	
	其他	2000.00	

【计算过程】

（1）制造费用以生产工人工资为标准分配入小货车和集装箱运输车中，制造费用的分配情况见表 2-8。

表 2-8　直接人工分配表　单位：元

产品批次	直接人工	分配率	分配额
001 号	1000	15000÷6000=2.50	1000×2.50=2500
002 号	2000		2000×2.50=5000
003 号	3000		3000×2.50=7500
合计	6000.00	2.50	15000.00

（2）根据生产费用凭证及汇总表和制造费用分配表登记 001、002、003 批次生产成本明细账，生产成本比较见表 2-9 至表 2-11。

表 2-9　001 号生产成本明细账　单位：元

批次	直接材料	直接人工	制造费用	合计
001 号	1500	1000	2500	5000

表 2-10　002 号生产成本明细账　单位：元

批次	直接材料	直接人工	制造费用	合计
002 次	2000	2000	5000	9000

表 2-11　003 号生产成本明细账　单位：元

批次	直接材料	直接人工	制造费用	合计
003 次	4500	3000	7500	15000

（3）最后，编制 001 号、002 号、003 号成本计算表，见表 2-12 至表 2-14。

表 2-12　001 号成本计算表（5 辆）　单位：元

成本项目	总成本	单位成本
直接材料	1500	300
直接人工	1000	200
制造费用	2500	500
合计	5000	1000

表 2-13　002 号成本计算表（5 辆）　　单位：元

成本项目	总成本	单位成本
直接材料	2000	400
直接人工	2000	400
制造费用	5000	1000
合计	9000	1800

表 2-14　003 号成本计算表（5 辆）　　单位：元

成本项目	总成本	单位成本
直接材料	4500	900
直接人工	3000	600
制造费用	7500	1500
合计	15000	3000

2.1.3　分步法

1. 分步法的概念

产品成本计算的分步法是按照产品的生产步骤归集生产经营费用，计算产品成本的一种方法。它适用于大量大批的多步骤生产，即适用于多环节、多功能、综合性营运的物流企业。在这类物流企业中，产品生产可以分为若干个生产步骤的成本管理，往往不仅要求按照产品品种计算成本，而且还要求按照生产步骤计算成本，以便为考核和分析各种产品及各生产步骤的成本计划的执行情况提供资料。

2. 分步法的特点

分步法成本计算的主要特点如下：

（1）成本计算对象是各种产品的生产步骤。因此，计算产品成本时，应按照产品的生产步骤设立产品成本明细账。如果只生产一种产品，成本计算对象就是该种产品及其所经历过的各生产步骤，产品成本明细账应该按照产品的生产步骤开立；如果生产多种品种，成本计算对象就是各种产品及其所经历的各种步骤，产品成本明细账应该按照每种产品的各个生产步骤开立。

（2）由于大量大批但多步骤生产的产品往往跨月陆续完工，月末各步骤如有未完工的在产品，为计算完工产品成本，需要将归集在生产成本明细账中的生产经营费用在完工产品和在产品之间进行费用分配。

（3）除了按品种计算和结转产品成本外，还需要计算和结转产品的各步骤成本。其成本计算对象是各种产品及其所经过的各个加工步骤。

3. 分步法的计算过程

（1）按各生产步骤结合该生产步骤所生产的产品的品种设置成本计算单。

（2）各步骤发生的用于产品生产并能够具体到某种产品的直接费用，应直接计入该步骤该种产品成本计算单相应的成本项目中；对于不能直接计入产品成本的间接费用，可按一定方法分配计入各步骤的产品成本计算单中。

（3）月末，根据各步骤各种产品成本计算单所汇集的生产费用，采用适当的方法在各步骤的完工产品与在产品之间进行分配，以计算各步骤完工产品成本与期末在产品成本。

（4）据完工产品产量与总成本，计算出完工产品的单位成本。

【例题 2-3】某产品由两个步骤进行生产，第一步骤生产的半成品，不通过半成品仓库收发，而直接为第二个步骤所领用，半成品成本在各步骤的产品成本明细账之间直接结转。如图 2-1 所示，某产品第二步骤所耗半成品费用，恰好是第一步骤生产的半成品成本，两者可以抵消，如要进行成本还原，只要将所耗半成品费用忽略不计，将两个步骤的原材料费用、工资及福利费和制造费用分别汇总即可。这样，我们还原后的成本构成见表 2-15。

第一步骤
某产品成本明细账（元）

原材料费用	5000
工资及福利费	1000
制造费用	500
半成品成本	6500

第二步骤
某产品成本明细账（元）

半成品费用	6500
工资及福利费	2000
制造费用	1500
产品成本	10000

图 2-1　分步法成本结转示意图

表 2-15　某产品成本构成　　单位：元

项目	金额		
	第一步骤	第二步骤	合计
原材料费用	5000		5000
工资及福利费	1000	2000	3000
制造费用	500	1500	2000
			10000

解：题目所述产品成本的流转过程在物流企业中比较常见，例如物流企业为客户的货物提供仓储服务，待货物卖出时再提供运输服务。因此，在用分步法计算时，各步骤逐步结转如图 2-1 所示。

但是在实际工作中，第二个步骤所耗用的半成品与第一个步骤所生产的半成品往往数量并不相等，这就需要进行成本还原。通常所采用的还原方法是：将本月产成品所耗上一步骤半成品的综合成本，按照本月所生产这种半成品的成本构成进行还原，还原成原材料、工资及福利费和制造费用这些项目。

【例题 2-4】假定第一步骤中，原材料费用为 50000 元，工资及福利费为 20000 元，制造费用为 60000 元，则还原计算出第二步骤所耗半成品费用为：

假定第二步骤计算出本月产成品所耗上一步骤半成品费用为 30000 元，按照第一步骤产品成本明细账中算出的本月所产该种半成品成本 20000 元的成本构成进行还原，得出按原始成本法反映的甲产品成本。

解：

（1）计算还原分配率。

$$还原分配率=\frac{本月产成品所耗上一步骤半成品成本合计}{本月所产该种半成品成本合计}=\frac{30000}{20000}=1.5$$

（2）用还原分配率分别乘以本月所生产该种半成品各个项目的费用，即可将本月产成品所耗半成品的综合成本还原。

原材料费用 75000（50000×1.5）元；

工资及福利费 30000（20000×1.5）元；

制造费用 75000（60000×1.5）元。

还原后 3 个项目之和等于还原对象，可以与产成品所耗用的半成品费用相抵消。

2.2 作业成本法

2.2.1 作业成本法概述

1. 作业成本法的相关概念

作业成本法（Activity Based Costing，ABC）最初起源于 20 世纪 30 年代末至 40 年代初美国会计学家科勒的思想，但在当时并未引起社会的重视。1971 年，乔治·斯脱布斯教授出版了《作业成本计算和投入产出会计》一书，书中正式提出了作业成本法，它是一种新的成本计算方法，对传统的成本计算方法提出了挑战，但这种方法当时并未得到推广和应用。直到 20 世纪 80 年代中期，库珀和卡普兰两位教授对作业成本计算进行了系统、深入的理论和应用研究后，作业成本法才逐渐得到社会的认可。

作业成本法是指以作业为基础，将间接成本和辅助资源更准确地分配到作业、生产过程、产品、服务及顾客中的一种成本计算方法。

作业成本法的实质是在计算产品成本时，将间接费用按作业进行归集和分配，再按受益原则依批成本动因追溯至产品或服务的一种成本计算方法。以作业为基础进行产品成本计算，从而使产品成本中的间接费用的分配和产品成本的计算更为准确。

在作业成本法下，许多组织资源的使用并非用于构成产品的实物形态，而是用于为各种辅助作业活动提供一个宽泛合理的安排，以便能够为各类顾客提供不同的产品和服务。作业成本法的目的不是将共同成本分配到产品，而是对用于各种作业的资源进行计量和定价，这些作业业务主要是指辅助生产、交货及顾客服务。下面给大家介绍一些与作业成本法计算相关的概念。

（1）作业。作业是指企业为提供一定数量的产品或劳务而消耗的人力、物力、技术、智慧等资源的一系列经济活动。作业可以作为企业划分控制和管理的单元。企业经营过程的每个环节，或是生产过程的每道工序都可以被视为一项作业。企业整个经营过程可以划分为许多不同的作业。作业的划分是从产品的设计开始，到材料物资的供应、产品生产工艺过程的各个环节、产品质量检验、包装、发运、销售等全过程。在这些经济活动事项中，有的会发生成本，有的不会发生成本。作为一种计算产品成本的方法，作业成本法中所指的作业，一般指企业发生成本的经济活动事项。

作业是可以量化的，即作业可以用一定的计量标准进行计量。对于间接费用的处理，传统的产品成本计算以往是以生产部门作为成本中心的，即按照生产部门来归集和分配间接费用；作业成本法是基于作业的成本计算方法。成本的发生首先按其性质记载，再将有关成本按各作业进行归类，以作业为成本中心来归集和分配间接费用。

作业按受益范围分类，可以分为单位作业、批别作业、产品作业和过程作业。

1）单位作业是指受益对象为单位产品的作业。与单位作业有关的费用主要有每件产品的质量检查费用、产品直接人工操作费用、机器设备耗用的动力费用等。单位作业的成本一般与产品产量或某种属性（如产品的重量、长度、体积或者直接工时、机器工时等）成比例变动。

2）批别作业是指受益对象为一批产品的作业。与批别作业有关的费用主要有对每批产品的检验费用、机器设备的调整准备费用、原材料处理费用等。批别作业的成本一般与产品的批数成比例变动。

3）产品作业是指受益对象为某种（某一品种）产品的作业。与产品作业有关的费用主要有产品的工艺设计费用、编制数控程序和材料清单的费用等。产品作业的成本与产品产量和产品的批数无关，但与产品的品种数成比例变动。

4）过程作业是指为特定顾客服务的作业，如为顾客提供技术服务。过程作业的成本与产品产量、产品的生产批数、产品的品种数无关，但与企业的规模和组织结构有关。

（2）作业链。企业的各项作业不是孤立的，而是按照一定的联系形成的一系列作业的集合体，这样就形成了“作业链”。企业每一项作业的完成都要消耗一定的资源，而作业的产出又形成一定价值，再转移给下一个作业，以此类推，最终将产品生产出来，提供给企业外部的顾客。这是一个完整的作业链，在实际工作中，我们为了便于分析问题，往往将作业链划分为若干部分，分别加以分析。

（3）成本动因。成本动因又称成本驱动因素，是指引起成本发生的作业，例如机器运转驱动了电力消耗，机器运转便是电力消耗作业的成本动因；采购订单数决定着采购作业的工作负担和资源消耗，采购订单便是采购作业的成本动因。通常，可将成本动因划分为资源动因和作业动因。

1）资源动因是指资源消耗量与作业之间的关系，是分配作业所耗资源的依据。资源是指支持作业的成本、费用的来源，它是企业一定期间内作业执行过程中所需花费的代价。资源也就是企业为了生产产品或提供劳务而发生的各类成本、费用项目，例如原材料费用、辅助材料费用、动力费用、工资、折旧费用、办公费用、修理费用、运输费用等。资源动因是衡量资源消耗量与作业之间关系的某种计量标准，它反映了资源消耗的起因，是资源费用分配到作业中去的依据。与某项作业直接相关的资源应当直接计入该项作业成本；如果一项资源消耗支持多种作业，则应当以资源动因作为分配标准，将资源费用分配到相应的作业成本中。

2）作业动因是指作业消耗量与最终产出之间的关系，是将作业成本分配到产品或劳务的标准。它计量每类产品消耗作业的比率，反映产品对作业消耗的逻辑关系。例如，当“检验外购材料”被定义为一个作业时，则“检验小时”或“检验次数”就可成为一个作业动因。

作业成本法的核心是成本动因理论。即企业的间接费用的发生是企业产品生产所必需的各种作业所驱动的，其发生多少与企业产品生产量无关，而只与驱动其发生的作业的数量相关。因此在作业成本法中发生的成本按作业的消耗量进行分配。

（4）成本库。成本库是将同一或同质成本动因导致的费用项目归集在一起的成本类别，即相同成本动因的作业成本集。成本库的建立把间接费用的分配与产生这些费用的成本动因联系起来，使不同的成本库选择不同的成本动因作为分配标准。

2. 作业成本法与传统成本法的比较

作业成本法与传统成本法两者既有区别又有联系。

（1）两者的区别。

1）成本计算对象不同。传统成本法的成本计算对象是企业生产的产品，一般为最终产品；而作业成本法下的成本计算对象是各个层次的作业，最终再由作业追踪到产品。

2）成本计算过程不同。传统成本法下，所有成本都分配到产品中去；而作业成本法下，首先划分作业，计算出各种作业成本，然后以产品对作业的需求为基础，将成本分配到产品中去。

3）费用分配标准不同。传统成本法下，对间接费用采用统一的总量标准进行分配，如按产品产量、产品人工工时、机器工时等；而作业成本法下，间接费用分配的基础是成本动因，是作业的数量，而且不同的作业采用不同的分配标准。

4）提供的成本信息不同。传统成本法提供的是企业最终产品的成本相关信息，而且由于间接费用的分配采用统一的标准，若产品成本中间接费用的比重较大，则其提供的成本信息的准确性就较差，导致其决策相关性较差；而作业成本法拓宽了成本计算的范围，不仅提供更为真实准确的产品成本，还提供了作业的成本、成本动因等有价值的信息，提高了决策的相关性。

（2）两者的联系。不论是作业成本法还是传统成本法，其成本计算的最终结果都是产品的成本。另外，从作业成本法的产生和发展来看，作业成本法是在传统成本法的基础上发展而来的，是对传统成本法的改进。

3. 作业成本法的优点

作业成本法与传统成本方法相比，具有以下优点：

（1）作业成本法的实施使企业产品的成本计算更为合理，克服了传统成本计算法成本计算对象呆板的缺陷。传统成本法以企业的最终产品为成本计算对象，以单一的分配标准对间接费用进行分配，其成本计算结果粗糙，不利于成本分析；而作业成本法克服了以上缺陷，根据成本动因采用多种分配标准对间接费用进行分配，使产品的成本计算更为真实。

（2）作业成本法以作业为纽带，寻求企业间接费用与产品成本之间的因果关系，为降低产品的成本找到了源泉。作业成本法通过对成本动因的分析，明晰了产品成本形成的来龙去脉，找到了成本形成的根本，从而为企业降低不能为最终产品提供有用价值的作业成本成为可能。

（3）作业成本法为企业管理及决策提供了有用的信息，推动了企业管理系统的发展。作业成本法更为准确的成本计算及动因分析为企业进行成本决策、利润分析等管理活动提供了更为相关有用的信息，使企业的管理更加合理科学。现在，由作业成本法发展而来的作业管理已成为企业管理的重要组成部分。

2.2.2　作业成本法的计算过程

作业成本法是将企业消耗的资源按资源动因分配到作业以及将作业成本动因分配到成本对象（产品）的计算方法。现代企业是一个由一系列作业组成的作业链，企业每完成一项作业均要消耗一定的资源，产品成本实际上就是制造和运送产品所需全部作业所消耗的资源成本之和。作业成本法的基本思维是：作业消耗资源，产品消耗作业，生产导致作业的发生，作业导致间接费用或间接成本的发生，成本的发生是消耗各种资源的作业所引起的，而产品的成本取决于各自对作业的需求量。

作业成本法与传统的成本计算最大的不同在于它不是以成本论成本，而是把着眼点放在成本发生的前因后果上。

作业成本法涉及两个阶段的费用分配过程：第一阶段，把资源消耗所发生的费用归集到作业中心，形成作业成本；第二阶段，通过作业动因把作业中心归集的成本分配到产品中去，最终计算出产品成本。用作业成本法计算产品成本时，不是把资源越过作业直接分配到产品，而是通过作业分析，找出相应的作业，寻找出作业与资源、产品与作业的关系，进而恰当地进行成本分摊。

作业成本法的指导思想是"产品耗用作业，作业耗用资源"，采用多种标准来分配产品的间接费用，它把间接费用人为地划分为多个作业中心，每个作业中心就是一个作业成本库，再以作业发生的成本动因为分配基础将各个成本库所归集的作业成本分配计入各个产品的成本。

运用作业成本法计算产品成本，一般可以分为选择成本基础、按作业中心归集资源费用、选择适当的成本动因分配资源费用、计算产品或劳务成本等步骤。

1. 选择成本基础

选择成本基础就是将与间接费用发生有关的作业活动进行分类，也就是对企业中的产品或劳务的作业进行定义，确定企业作业内容。

一个企业的作业链总是由员工、设备、设施、供应商、转包商，以及销售商、客户等组成的一个系统，但是，有的企业可以将作业活动分为材料搬运、生产、调度、人工准备、机器准备与加工、包装和运输等；有的企业可以将作业活动分为采购、设计、规划、组织订货、制造、仓储与发运、售后服务等。不同类型的企业，不同产品的生产，其作业活动的领域不同，选择的成本基础也就不同。

2. 按作业中心归集资源费用

企业每项作业活动都会耗用一定资源，产生作业成本。出于企业产品生产的作业活动复杂繁多，如果将每项作业活动的成本直接计算出来并计入产品成本，成本计算将变得非常复杂。因此，应当根据企业作业活动的性质划分为若干作业中心，然后根据作业内容与产品的关系分配该作业的成本。根据前述企业作业的主要类型，作业中心一般可以分为以下四类：

（1）与产品产量有关的作业。

（2）与产品批次有关的作业。

（3）与产品项目相关的作业。

（4）与产品设施有关的作业。

3. 选择适当的成本动因分配资源费用

按照作业中心归集的资源费用，应当选择适当的成本动因进行分配。选择成本动因，就是根据消耗的资源费用，选择合理的分配标准。例如，材料或零部件搬运作业的成本动因（费用分配标准）是搬运的材料或零部件数量，生产调度作业的成本动因（费用分配标准）是生产订单的数量，精加工作业的成本动因（费用分配标准）是生产工人直接生产工时的数量，自动化设备作业的成本动因（费用分配标准）是机器工时的数量等。

在分配作业中心成本时，对于成本动因与产品生产数量和生产批次直接相关的，可以直接分配到该种产品或该批产品成本之中。也就是说，在四类作业中心中，与产品产量直接相关的作业中心的成本和与产品批次直接相关的作业中心的成本，都可以直接分配到产品成本中；其他类的作业中心的成本，由于与产品没有直接关系，应当先分配到与产品直接相关的作业中心的成本中，再由与产品直接相关的作业中心分配到产品成本之中。

选择适当的成本动因（费用分配标准）以后，应当计算以成本动因（分配标准）为单位的作业中心费用分配率，分配资源费用。

$$\text{成本动因分配率}=\frac{\text{某作业中心发生的作业成本}}{\text{该作业中心可提供的作业量}} \tag{2-2}$$

在具体计算时，有关待分配费用总额、分配标准（成本动因）总量、费用分配率（以成本动因为单位）、各受益对象应分配费用等数据的计算公式与传统方法相同。

根据各种（各批）产品所耗用的成本动因（分配标准）总量，乘上以成本动因为单位的费用分配率，可以计算出各种（各批）产品所应负担的作业成本。

$$\text{某成本计算对象应分配的某项作业成本}=\text{该成本计算对象耗用的该项作业的成本动因数}\times\text{成本动因分配率} \tag{2-3}$$

4. 计算产品或劳务成本

采用作业成本法计算产品或劳务的实际总成本时，直接费用是按照传统方法计算的，即直接计入该种产品或劳务的成本；间接费用是根据资源动因追踪到作业中心，再将作业中心的成本按作业动因分配给产品的。直接计入费用加上分配的间接费用，即为该种（该批）产品或劳务的实际总成本，除以产品产量或劳务总量，求得该种（该批）产品或劳务的实际单位成本。

某成本计算对象的物流作业成本等于该成本计算对象应分配的各项作业成本之和。

2.2.3 物流企业作业成本法应用

为了说明作业成本法在物流企业中的应用，下面的例题对某公司的产品在物流服务上所发生的成本进行归集和计算，来进一步明确作业成本法的计算方法和计算过程。

【例题 2-5】某企业某期间生产 A 产品和 B 产品。A 产品和 B 产品的生产加工工艺不同，A 产品工艺比 B 产品复杂。A 产品每月生产 100 件，B 产品每月生产 150 件。

本期间的相关资料见表 2-16 和表 2-17。

表 2-16 A 产品和 B 产品的直接材料和直接人工资料 单位：元

项目	产品名称	
	A 产品	B 产品
产品产量/件	100	150
直接材料	10000	12000
直接人工	2000	3000

表 2-17　A 产品和 B 产品的间接费用　单位：元

材料领用	包装	质量检验	设备维护	装卸搬运	合计
15000	8000	10000	12000	5000	50000

要求：

（1）按作业成本法将间接费用在 A 产品和 B 产品之间进行分配。

（2）按作业成本法计算 A 产品和 B 产品的总成本和单位成本。

作业成本法的解题过程：

1. 选择成本基础，确定作业内容

根据题目所示资料，该企业本期间发生间接费用 50000 元，各自的所耗用的作业资源不同。经研究，发现本企业间接费用的成本动因有 5 个：材料领用数量、包装批次、质量检验小时、设备维修时数和装卸搬运次数。其他有关资料见表 2-18。

表 2-18　作业类别和相关作业量

作业类别	成本动因	作业量		
		A 产品	B 产品	合计
材料领用	材料领用数量	7	8	15
包装	包装批次	3	5	8
质量检验	质量检验小时	10	15	25
设备维护	设备维护时数	4	8	12
装卸搬运	装卸搬运次数	4	6	10

2. 选择适当的成本动因分配资源费用

依据如下计算公式进行计算：

$$\text{成本动因分配率}=\frac{\text{某作业中心发生的作业成本}}{\text{该作业中心可提供的作业量}} \tag{2-4}$$

某成本计算对象应分配的某项作业成本=该成本计算对象耗用的该项作业的成本动因数×成本动因分配率　（2-5）

（1）成本对象为材料领用，其成本动因为材料领用数量：

成本动因的分配率：15000÷15=1000

A 产品应分配：1000×7=7000 元

B 产品应分配：1000×8=8000 元

（2）成本对象为包装，其成本动因为包装批次：

成本动因分配率：8000÷8=1000

A 产品应分配：1000×3=3000 元

B 产品应分配：1000×5=5000 元

（3）成本对象为质量检验，其成本动因为质量检验小时：

成本动因分配率：10000÷25=400

A 产品应分配：400×10=4000 元

B 产品应分配：400×15=6000 元

（4）成本对象为设备维护，其成本动因为设备维护时数：

成本动因分配率：12000÷12=1000

A 产品应分配：1000×4=4000 元

B 产品应分配：1000×8=8000 元

（5）成本对象为装卸搬运，其成本动因为装卸搬运次数：

成本动因分配率：5000÷10=500

A 产品应分配：500×4=2000 元

B 产品应分配：500×6=3000 元

具体分配见表 2-19。

表 2-19 A、B 两种产品作业成本分配表

作业	作业成本/元	分配率	A 产品		B 产品	
			消耗动因量	金额/元	消耗动因量	金额/元
材料领用	15000	1000	7	7000	8	8000
包装	8000	1000	3	3000	5	5000
质量检验	10000	400	10	4000	15	6000
设备维护	12000	1000	4	4000	8	8000
装卸搬运	5000	500	4	2000	6	3000
合计	50000			20000		30000

3. 计算产品或劳务成本

按作业成本法进行计算，过程如下所述。

（1）A 产品作业成本计算如下：

直接材料项目　总成本：10000 元

单位成本：10000÷100=100 元；

直接人工项目　总成本：2000 元

单位成本：2000÷100=20 元；

间接费用项目　总成本：20000 元

单位成本：20000÷100=200 元；

A 产品

单位成本：100+20+200=320 元

总成本：10000+2000+20000=32000 元

（2）B 产品作业成本计算如下：

直接材料项目　总成本：12000 元

单位成本：12000÷150=80 元；

直接人工项目　总成本：3000 元

单位成本：3000÷150=20 元；

间接费用项目　总成本：30000 元

单位成本：30000÷150=200 元；

B 产品

单位成本：80+20+200=300 元

总成本：12000+3000+30000=45000 元

2.3 物流成本核算

2.3.1 成本核算的相关会计科目

费用是指企业为销售商品、提供劳务等日常活动所发生的经济利益的流出；成本是指企业为生产产品、提供劳务而发生的各项耗费。企业在进行成本、费用核算时，主要通过下列科目进行核算。

1. “生产成本”科目

“生产成本”科目核算企业进行生产，包括生产各种产品（包括产成品、自制半成品、提供劳务等）、自制材料、自制工具、自制设备等所发生的各项生产费用。

为了核算产品成本，要设置“生产成本”一级账户。为了分别核算基本生产成本和辅助生产成本，还应在该一级账户下，分别设置“基本生产成本”和“辅助生产成本”两个二级账户。

（1）基本生产成本。基本生产是指为完成企业主要生产目的而进行的产品生产。“基本生产成本”账户核算生产各种产成品、自制半成品、自制材料、自制工具、自制设备等所发生的各项费用。

其借方登记企业为进行基本生产而发生的各种费用，如直接材料、直接人工等直接费用，以及通过设置“制造费用”账户归集的、在月末按一定标准分配后转入的间接费用；贷方登记完工入库转出的产品生产成本；余额在借方，表示尚未加工完成的在产品成本。

“基本生产成本”账户应按产品品种等成本计算对象分设基本生产成本明细账，也称产品成本计算单或产品成本明细账。明细账中应按成本项目分设专栏或专行，登记各产品、项目的月初在成品成本、本月发生的生产费用、本月完工产品成本和月末在产品成本。

（2）辅助生产成本。辅助生产是指为基本生产服务而进行的产品生产和劳务供应。“辅助生产成本”账户核算即为基本生产车间及其他部门提供产品、劳务所发生的各项费用。属于辅助生产的直接材料费用、直接工资应直接计入“辅助生产成本”账户及其有关明细账户。间接费用可以先通过“制造费用”账户归集，然后再分配转入“辅助生产成本”账户的借方，或者直接计入“辅助生产成本”账户的借方。

“辅助生产成本”账户是用来核算企业为基本生产服务而进行的产品生产和劳务供应所发生的各项费用。该账户的借方登记为进行辅助生产而发生的各种费用；贷方登记完工入库产品的成本或分配转出的劳务成本；该账户月末一般没有余额，如果有余额，就是辅助生产在产品的成本，也就是辅助生产在产品占用的资金。该账户应按辅助生产车间和生产的产品、劳务分设辅助生产成本明细账。“辅助生产成本”科目应按辅助生产车间和生产的产品、劳务分设明细分类账，应依据辅助生产的成本项目或费用项目分设专栏或专行进行明细登记。如果辅助生产车间生产产品，则其成本核算程序与“基本生产成本”账户的核算程序基本相同。

2. “制造费用”科目

“制造费用”科目核算企业为生产产品和提供劳务而发生的各项间接费用，包括工资和福利费、折旧费、修理费、办公费、水电费、机物料消耗费、劳动保护费、季节性和修理期间的停工损失费等。企业行政管理部门为组织和管理生产经营活动而发生的管理费用，应当作为期间费用计入“管理费用”科目，不在该科目核算。

制造费用的分配方法一般有下列几种：

（1）按生产工人工资。

（2）按生产工人工时。

（3）按机器工时。

（4）按耗用原材料的数量或成本。

（5）按直接成本（原材料费、燃料费、动力费、生产工人工资及应提取的职工福利费之和）。

（6）按产品产量。

具体采用哪种分配方法，由企业自行决定。分配方法一经确定，不得随意变更；如需变更，应当在会计报表附注中予以说明。

为了正确核算企业为组织车间产品生产和提供劳务而发生的各项间接费用，设置“制造费用”账户。该账户属于成本类账户，包括车间管理人员的工资和福利费、折旧费、修理费、办公费、水电费、机物料消耗费、低值易耗品摊销费、劳动保护费、季节性和修理期间的停工损失费等。其借方登记实际发生的制造费用；贷方登记分配转出的制造费用；除季节性生产企业外，月末该账户经过结转后一般应无余额。“制造费用”账户应按不同的车间、部门设置明细账，并按费用项目设置专栏，进行明细核算。

“制造费用”账户核算为企业生产产品和提供劳务而发生的应计入成品成本但没有专设成本项目的各项生产费用。费用发生时，计入“制造费用”账户的借方及其有关明细账户。月终根据企业成本核算办法的规定，按一定标准分配计入有关成本计算对象，从“制造费用”账户的贷方转入“基本生产成本”账户的借方及其有关明细账户。

3. “劳务成本”科目

“劳务成本”科目核算企业对外提供劳务所发生的成本。企业接受的建造合同劳务所发生的成本，不在该科目核算。本科目应按接受劳务种类设置明细账，进行明细核算。本科目期末借方余额反映尚未完成劳务的成本，或尚未结转的劳务成本。

企业发生的各项劳务成本，借记本科目，贷记“银行存款”“应付工资”“原材料”等科目；结转完成劳务的成本，借记“主营业务成本”“其他业务支出”科目，贷记本科目。

4. “主营业务成本”科目

“主营业务成本”科目核算企业因销售商品、提供劳务或让渡资产使用权等日常活动而发生的实际成本。

企业可以根据具体情况，采用先进先出法、加权平均法、移动平均法和个别计价法等方法，确定销售商品等的实际成本。方法一经确定，不得随意变更；如需变更，应当在会计报表附注中予以说明。

5. “主营业务税金及附加”科目

“主营业务税金及附加”科目核算企业日常活动应负担的税金及附加，包括营业税、消费税、城市维护建设税、资源税和教育费附加等。

6. “其他业务支出”科目

“其他业务支出”科目核算企业除主营业务成本以外的其他销售或其他业务所发生的支出，包括销售材料、提供劳务等而发生的相关成本、费用，以及相关税金及附加等。

7. “销售费用”科目

“销售费用”是指企业销售商品过程中发生的费用，包括运输费、装卸费、包装费、保险费、展览费和广告费，以及为销售本企业商品而专设的销售机构（含销售网点、售后服务网点等）的职工工资及福利费，类似工资性质的费用、业务费等经营费用。商品流通企业在购买商品过程中发生的运输费、装卸费、包装费、保险费、运输途中的合理损耗费和入库前的挑选整理费等，也包括在内。

8. “管理费用”科目

“管理费用”是指企业为组织和管理企业生产经营所发生的管理费用，包括企业的董事会和行政管理部门在企业的经营管理中发生的，或者应由企业统一负担的公司经费（包括行政管理部门职工工资、修理费、机物料消耗费、低值易耗品摊销费、办公费和差旅费等）、工会经费、待业保险费、劳动保险费、董事会费（包括董事会成员津贴、会议费和差旅费等）、聘请中介机构费、咨询费（含顾问费）、诉讼费、业务招待费、房产税、车船使用税、土地使用税、印花税、技术转让费、无形资产摊销费、职工教育经费、研究与开发费、排污费、存货盘亏或盘盈（不包括应计入营业外支出的存货损失费）、计提的坏账准备和存货跌价准备等。

9. “财务费用”科目

“财务费用”是指企业为筹集生产经营所需资金等而发生的费用，包括利息支出（减利息收入）、汇兑损失（减汇兑收益）及相关的手续费等。为构建固定资产的专门借款所发生的借款费用，在固定资产达到预定可使用状态前按规定应予资本化的部分，不包括在“财务费用”科目的核算范围内。

注：为了核算期间费用，还可分别设立“销售费用”账户、“管理费用”账户、“财务费用”账户。

10. “预提费用”科目

“预提费用”科目核算企业按照规定从成本费用中预先提取但尚未支付的费用，如预提的租金、保险费、借款利息、固定资产修理费用等。该账户的贷方登记预先提取计入成本的预提费用；借方登记实际支付的费用；期末，该账户若为贷方余额，则表示已经预提但尚未实际支付的费用，若为借方余额，则表示实际支付费用数额大于已经预提费用数额的差额。“预提费用”账户应按费用种类设置明细分类账，进行明细分类核算。

按规定预提计入当期成本费用的各项支出，借记“制造费用”“销售费用”“管理费用”“财务费用”等科目，贷记“预提费用”科目；实际支出时借记该科目，贷记“银行存款”等科目。实际发生的支出大于已经预提的数额，应当视同待摊费用，分期摊入成本。

11. “待摊费用”科目

“待摊费用”科目核算企业已经支出，但应由当期和以后各期分别负担的分摊期限在 1 年以内（包括 1 年）的各项费用，如低值易耗品摊销费、预付保险费、固定资产修理费用，以及一次购买印花税票和一次交纳印花税税额较大需分摊的数额等。超过 1 年以上摊销的固定资产修理支出和租入固定资产改良支出，以及摊销期限在 1 年以上的其他费用，应当在“长期待摊费用”科目核算，不在“待摊费用”科目核算。

该账户的借方登记实际发生的各项待摊费用；贷方登记分期摊销的待摊费用；余额在借方，表示已经支付但尚未摊销的费用。“待摊费用”账户应按费用种类设置明细分类账，进行明细分类核算。

注：为了贯彻权责发生制原则，归集和分配待摊费用和预提费用，应该分别设立“预提费用”和“待摊费用”账户。

由于现行的财务会计制度和会计核算方法对物流成本没有分列记账，物流费用在企业财务会计制度中没有单独的核算科目，有关物流成本是分散在各个成本费用科目中的。在这些科目中，汇集企业发生的全部成本费用，不仅仅核算企业发生的物流成本费用。为了汇集计算物流成本的方便，可以在各个成本费用科目下按物流成本费用和非物流成本费用设置明细科目。例如，在“营业费用”科目下设置“营业费用—物流费用”和“营业费用—非物流费用”明细科目，分别用来核算企业在物流业务和非物流业务上所发生的营业费用。在计算物流成本时，只需将各个成本费用科目的物流成本费用明细科目加以汇总，即可计算出企业相关物流成本。

2.3.2 物流成本相关账表

物流成本核算的基本思路是借鉴现行会计核算的思想体系，通过设置物流成本总账及其明细账的方式，对会计核算中的成本费用类科目细目逐一进行分析界定，进而对物流成本信息进行归集和计算。物流成本总账及明细账的设置主要以《企业物流成本构成与计算》（GB/T 20523－2006）中“企业物流成本主表”和“企业自营物流成本支付形态表”作为计算结果的载体。

企业物流成本主表是按成本项目、物流范围和成本支付形态三维形式反映企业一定期间各项物流成本信息的报表。企业物流成本主表还能提供进行物流成本评价的基本资料，它是企业物流成本评价的基础。

企业自营物流成本支付形态表是按成本项目和自营物流成本支付形态两维形式反映企业一定期间自营物流成本信息的报表。企业自营物流成本支付形态表是对企业物流成本主表的补充说明。

在传统会计方式下物流成本核算通过凭证、账户、报表的完整体系，对企业物流耗费予以连续、系统、全面的记录。

1. 独立物流成本核算

（1）设置“物流成本”辅助账户，按物流范围设置二级科目，按成本支付形式设置三级科目。

（2）对现行成本核算体系已经反映但分散于各科目的物流成本，登记相关的物流成本辅助账户及其明细账，进行账外的物流成本核算。

（3）对现行成本核算体系没有包括但应计入物流成本的费用，根据有关的统计资料核算，并单独设置台账反映。

（4）期末根据物流成本辅助账户汇总编制物流成本报表。

2. 综合物流成本核算

与独立物流成本核算不同，综合物流成本核算是不增设辅助账户，以现有会计科目为基础，按物流范围设置物流成本二级科目，不再设置三级科目。如，销售费用——供应物流成本、管理费用——销售物流成本、财务费用——供应物流成本、制造费用——生产物流成本等。期末再根据物流成本的支出形式对二级科目汇总编制物流成本核算表。

2.3.3 成本核算的一般程序

成本核算的一般程序，就是对生产费用进行分类核算，将生产经营过程中发生的各项费用按经济用途归类反映的过程。为了将生产费用计入各成本计算对象，计算出各成本计算对象的制造成本，有必要建立一个完整的账户体系。

成本核算的一般程序是指对企业在生产经营过程中发生的各项生产费用和期间费用，按照成本核算的要求，逐步进行归集和分配，最后计算出各种产品的生产成本和各项期间费用的基本过程。根据前述的成本核算要求和生产费用、期间费用的分类，可将成本核算的一般程序归纳如下：

（1）对企业的各项支出、费用进行严格的审核和控制，确定这些费用是否符合规定的开支范围，并在此基础上按照国家统一会计制度确定应计入产品成本的费用和应计入各项期间费用的数额。

（2）正确处理支出、费用的跨期摊提工作。将应计入产品成本的各项费用，区分为哪些应当计入本月的产品成本，哪些应当由其他月份的产品成本负担。将本月开支的成本、费用中应该留待以后月份摊销的费用，计作待摊费用，将以前月份开支的待摊费用中本月应摊销的成本、费用，摊入本月成本、费用；将本月尚未开支但应本月负担的成本、费用，预提计入本月成本、费用。

（3）将应计入本月产品的各项生产费用，在各种产品之间按照成本项目进行分配和归集，计算出按成本项目反映的各种产品的成本。

（4）对于月末既有完工产品又有在产品的产品，将该种产品的生产费用（月初在产品生产费用与本月生产费用之和）在完工产品与月末在产品之间进行分配，分别计算出该种产品的完工产品成本和月末在产品成本。

（5）将完工产品成本结转至“产成品”科目。

（6）结转期间费用。

小 结

本章是物流企业各作业环节进行核算的方法和依据。物流企业成本计算方法有很多种，本章主要介绍了产品成本计算的基本方法。为了适应各种类型的物流企业业务和管理的需要，根据不同的成本计算对象，可选择不同的产品成本计算方法计算核算。此外，本章还介绍了针对物流企业作业流程的成本计算方法：作业成本法。本章全面介绍了该方法的相关概念，与传统成本法比较的优势，以及如何进行物流企业的作业成本计算。最后，针对物流企业核算的相关会计科目、账表以及完整的成本核算程序作了介绍。

习 题

一、选择题

1．传统的产品成本法包括（　　）。

A．品种法　　B．分批法　　C．分步法　　D．作业法

2．成本驱动的主要因素有（　　）。

A．资源因素　　B．产品因素

C．作业因素　　D．管理因素

3．作业成本法和传统成本法的主要区别为（　　）。

A．成本对象不同　　B．计算过程不同

C．费用分配标准不同　　D．结果不同

4．企业作业的主要类型有（　　）。

A．与产品产量有关的作业　　B．与产品批次有关的作业

C．与产品项目有关的作业　　D．与产品设施有关的作业

5．应该计入生产成本科目进行核算的是（　　）。

A．直接材料费　　B．设备修理费

C．直接人工费　　D．办公费

二、判断题

1．产品成本是在生产过程中形成的，无论采用何种计算方法，产品成本的结果都是相同的。（　　）

2．在于产品品种多，生产过程简单的情况下一般采用品种法进行成本核算。（　　）

3．分批法是按照产品品种归集生产经营费用，计算产品成本的方法。（　　）

4．分步法成本计算方法适用于大量大批的多步骤生产企业的成本核算。（　　）

5．企业物流成本主表是按成本项目、物流范围和成本支付形态三维形式反映企业一定期间各项物流成本信息的报表。（　　）

三、简答题

1．简述品种法的定义和特点。

2．简述分批法的定义和特点。

3．简述分步法的定义和特点。

4．作业成本法与传统成本法相比具有哪些优点？

5．简述作业成本法的计算过程。

四、计算题

1．某物流企业有 5 辆叉车和 2 辆起重机，物流企业以运输车辆划分产品品种，请依据企业 12 月份发生的实际成本（表 2-20）计算小货车和集装箱运输车运送产品的成本。

表 2-20　某物流企业 12 月份制造费用明细表　　单位：元

一级科目	明细科目	金额	合计
制造费用	工资及福利费	2000.00	14000.00
	折旧费	3000.00	
	修理费	1000.00	
	办公费	3000.00	
	水电费	2000.00	
	其他	3000.00	

生产费用凭证及汇总表登记叉车和起重机的生产成本明细账见表 2-21。

表 2-21　生产成本明细账　　单位：元

品种	直接材料	直接人工
叉车	3000	2000
起重机	4000	5000

要求用品种法计算：

根据生产工人工资分配制造费用，并计算出叉车和起重机的制造费用分配情况。

汇总计算叉车和起重机的总成本和单位成本。

2．某物流企业以配送产品的批次为成本核算的对象，12 月份发生货物的配送 3 批次，编号为第一批次、第二批次、第三批次（各批次运送车辆均为 5 辆车），共发生制造费用 14000 元（表 2-22）。请依据企业 12 月份发生的实际成本计算各批次运送产品的成本。

表 2-22　某物流企业 12 月份制造费用明细表　　单位：元

一级科目	明细科目	金额	合计
制造费用	工资及福利费	2000.00	14000.00
	折旧费	3000.00	
	修理费	1000.00	
	办公费	3000.00	
	水电费	2000.00	
	其他	3000.00	

生产费用凭证及汇总表登记各批次的生产成本明细账见表 2-23。

表 2-23　生产成本明细账　　单位：元

产品批次	直接材料	直接人工
第一批次	1500	1000
第二批次	2500	2000
第三批次	3500	4000

要求用分批法计算：

根据生产工人工资分配制造费用，并计算出各批次产品的制造费用分配情况汇总计算各批次产品的总成本和单位成本。

3．某产品由两个步骤进行生产，第一步生产的半成品不通过半成品仓库收发，而直接为第二步所领用，半成品成本在各步骤的产品成本明细账之间直接结转。该产品的成本构成见表 2-24。

表 2-24 某产品成本构成 单位：元

项目	金额	
	第一步骤	第二步骤
原材料费	5000	
工资及福利费	500	1000
制造费用	1500	2000

要求根据分步法计算：

计算第二步使用的半成品的成本。

计算该完工产品的成本

4．某企业某期间生产甲产品和乙产品。甲产品和乙产品的生产加工工艺不同，甲产品每月生产 100 件，乙产品每月生产 200 件。

本期间的相关资料见表 2-25。

表 2-25 甲产品和乙产品的直接材料和直接人工资料

项目	产品名称	
	甲产品	乙产品
产品产量/件	100	200
直接材料费/元	30000	50000
直接人工费/元	4000	6000
间接费用/元	50000	

本企业间接费用的成本动因有 5 个：材料领用数量、包装批次、质量检验小时、设备维修时数和装卸搬运次数，有关资料见表 2-26。

表 2-26 甲产品和乙产品的间接费用及相关作业量

作业类别	作业相关费用/元	成本动因	作业量		
			甲产品	乙产品	合计
材料领用	15000	材料领用数量	5	10	15
包装	5000	包装批次	2	3	5
质量检验	10000	质量检验小时	2	3	5

续表

作业类别	作业相关费用/元	成本动因	作业量		
			甲产品	乙产品	合计
设备维护	15000	设备维护时数	7	8	15
装卸搬运	5000	装卸搬运次数	4	6	10

要求：

（1）按作业成本法将间接费用在甲产品和乙产品之间进行分配。

（2）按作业成本法计算甲产品和乙产品的总成本和单位成本。

第 3 章　运输成本管理

知识点

- 运输与运输的特点、功能、原理及技术经济特征
- 运输成本、运输成本的构成及降低运输成本的途径
- 运输价格、运输价格的类型、运输价格的确定方法及管理

难　点

- 运输的特征、功能和原理
- 影响运输成本的因素及降低运输成本的途径
- 运输价格及类型、确定方法

要　求

熟练掌握以下内容:

- 运输的功能及原理
- 各种运输方式的技术经济特征
- 运输成本及其构成，影响运输成本的因素
- 降低运输成本的途径及数量计算方法
- 运输价格、种类及运价结构、运输价格确定方法中的盈亏平衡定价法的计算

了解以下内容:

- 运输的基本概念及运输的特征、作用
- 运输成本的不同分类、成本核算内容、计算周期和计算单位
- 研究运输成本的意义
- 运输不合理现象的具体表现
- 货物运输中的特殊服务运价
- 运输价格定价方法的基本原理

3.1　运输概述

3.1.1　运输与运输的特点

运输就是人或货物借助于运输工具和运输基础设施在空间产生的位置移动，即货物的空

间位移。在现代物流系统中，运输是其最重要的环节之一，它承担物流改变空间状态的主要任务。只有与包装、装卸搬运、储存保管、流通加工、配送和信息处理等功能有机结合，运输才能最终圆满完成改变货物的空间状态、时间状态和形质状态，实现物品从生产领域向流通领域、从供应地到接收地的流动转移任务。

人们的生活和生产均离不开交通运输。早在远古时期，人们就开始使用简单的运输工具进行运输。随着社会进步和经济的不断发展，社会生产力进一步提高、社会分工更加深化，科学技术的飞速发展，交通运输也随之逐步得到发展，并形成一个独立的产业，成为国民经济不可或缺的经济力量。因此，运输活动既包括企业内部运输，也包括社会化运输。具体特点表现如下：

（1）运输具有生产的本质属性。工农业生产是以物质为劳动对象，通过生产过程改变劳动对象的物理、化学、生物属性，产生具有使用价值的新的物质产品。运输过程（货物或旅客的空间位移）与一般生产过程一样，是借助于活劳动（运输者的劳动）和物化劳动（运输工具设备与燃料的消耗）的结合而实现的。但与工农业生产过程的不同之处在于：运输业生产过程是在不改变劳动对象原有属性或形态的要求下实现劳动对象的空间位移。

（2）运输服务的公共性。运输服务的公共性是指运输服务在全社会范围内与公众存在着利害关系的特性。

1）保证为社会物质在生产和流通过程中提供运输服务。

2）保证为人们在生产和生活过程中的出行需要提供运输服务。

总之，无论是物质的空间位移，还是人们的出行需要，都是全社会普遍发生的对运输的需求。因而，运输服务对整个社会的经济发展和人们生活水平的提高均具有广泛的影响，从而体现了运输服务的公共性。

（3）运输产品是无形产品。运输业在其生产过程中是以劳动对象原有属性状态下，使得劳动对象增加新的使用价值形态，即运输过程不增加劳动对象的数量，且也不改变劳动对象原有属性，所完成的仅仅是对劳动对象空间位置的改变，从而改变劳动对象原有的使用价值形态，为消费做好准备。因此，运输生产是为社会提供效用而不是提供实物形态产品。运输生产属于服务型生产。

（4）运输生产和运输消费同时进行。运输生产是一种在用户需要时必须及时进行的生产活动，并且只能在生产的同时即时消费。运输业创造的使用价值依附于它所运输的劳动对象已有的使用价值固有形态上，与运输过程同始同终。因此，运输产品的生产过程与消费过程是不可分割、合二为一的，亦是空间和时间的结合体。

（5）运输产品具有非储存性。工农业产品的生产和消费可在空间和时间上表现为两种完全分离的行为。任一时间生产的产品可在任一时间消费，此一空间生产的产品可在彼一空间消费。而运输业的生产过程和消费过程在时间上和空间上都是不可分离的。因此，运输产品不可能被储存用来满足此一时间、空间生产而彼一时间、空间消费。运输产品不具备储存性。

（6）运输产品的同一性。对于运输业，各种运输方式的不同仅仅在于使用不同的运输工具承载运输对象，具有不同的技术经济特征。但在不同时间和空间所从事的生产活动对社会都具有相同的效用，即各种运输方式生产的是同一产品——运输对象的位移。

3.1.2 运输的功能与原理

1. 运输的功能

运输是物流系统中最基本的功能之一。在相当程度上，运输费用是构成物流费用的主要部分。运输工具和运输路线的合理选择，将直接关系到运输对象送达的及时性和物流费用的高低水平。

运输在物流系统中提供两大功能。

（1）货物位移。无论在生产领域中的生产过程，还是在流通领域中的流通过程，运输都是必不可缺的环节。运输的主要功能就是随着运输对象在价值链上的不断移动，随着运输时间的推移和货物空间位置的转移，使得运输对象的价值得到不断提升。换言之，运输通过创造“空间效用”和“时间效用”来提升运输对象的价值。

由于货物在位移过程中要占用产品的在途资金，货物位移所需的时间和距离越长，由此付出的在途资金也就越多。因此，尽量缩短运输对象运输时间、减短运输路线是运输环节所要追求的目标之一。

（2）货物临时储存。将具有动力的运输工具作为储存设施，其代价尽管是相当昂贵的，但是在仓库储存能力受限，或货物在转移过程中需要短时间储存后又要继续转移，如果将货物卸下再装上，其成本可能超过货物存储在运输工具上的成本，将运输工具作为临时储存设施是有必要的。只不过利用运输工具作为临时储存设施是一种权宜之计。

2. 运输的原理

运输管理和营运的两个基本原理是规模经济和距离经济。

（1）规模经济。运输规模经济的特点体现为：随着运输工具装载规模的增长，每单位货物载重量运输成本呈下降趋势。其原因在于：随着装载规模的增长，一次运输过程的运输费用中诸如接受货物运输订单的行政管理费、开票手续费以及与运输设备利用有关的固定费用得到有效分摊，从而使单位运输费用中分摊的固定费用下降，进而使单位运输总成本下降。

（2）距离经济。运输的距离经济体现为：每单位运输距离成本随着运输距离的增加而减少。运输的距离经济就是体现在递远递减原理，即运费率随运输距离的增加而逐渐减少。距离经济类似于规模经济，运输距离越长，不仅使固定费用分摊给更多的单位距离，而且货物装卸所发生的有关费用也进一步分摊到每单位距离费用上，从而使每单位距离运输所支付的运输费用更低。

在确定运输方案时，应重点考虑充分利用运输的两大基本原理，即在满足客户服务需求的前提下，追求运输的规模和距离最大化。

3.1.3 运输在物流中的作用

运输功能创造了货物的空间效用，储存功能创造了货物的时间效用，流通加工功能改变了货物的形质效用。物流系统中的其他功能均是围绕着这三大功能展开的。随着经济的全球化、一体化发展，运输功能在物流系统三大要素中愈显主导地位和核心要素作用。同时，由于在物流成本中运输成本占其较大比重，运输合理化、降低运输费用是降低物流成本、提高物流经济效益和社会效益的关键，更是物流系统创造“第三利润源”的主要源泉。因此，运输在物流系统中的作用主要体现在：

（1）运输在物流系统功能中发挥着核心功能要素作用。

（2）运输合理化是物流合理化、提高物流经济效益的关键。

（3）运输是“第三利润源”的主要源泉。

3.1.4　五大运输方式及技术经济特征

1. 铁路运输及技术经济特征

铁路运输是借助铁路，以车辆编组成列车，利用机车牵引载运客货的一种运输方式。它主要承担长距离、大批量的客货运输。它是我国目前最重要的客货运输方式之一。具有昼夜不间断、全天候作业、运行速度快的特点。其技术经济特征主要体现为：运输能力大，运行速度快，运输成本低，运输经常性好，能耗低，通用性强、机动性差，投资大、建设周期长、占地多。

2. 道路运输及技术经济特征

道路运输亦称公路运输，是在公路上使用机动车辆或人力车、畜力车等非机动车辆载运客货的一种运输方式。它适用于近距离、小批量客货运输；或是水路、铁路等其他运输方式难以到达地区的长途、大批量客货运输。公路运输是我国现代交通运输的重要方式之一。其最大的优势在于机动灵活，可实现“门到门”运输。不需要转运或反复搬运。最主要的缺点是能耗高、污染大。公路运输的技术经济特征主要表现为：机动灵活，驾驶人员易培训，包装简单、货损少，运输成本高，能耗大、运输能力小、劳动生产率低，占地多，环境污染严重，一般不适宜长距离运输。

3. 水路运输及技术经济特征

水路运输是一种最古老也是现代化程度较高的，利用船舶或其他浮运工具在江河、湖泊、水库等天然或人工水道和海洋上运送客货的一种运输方式。一般主要承担大批量、远距离运输。由于水运航道多系天然形成。因而，相对于公路、铁路等其他运输方式，建设投资较低。同时又由于船舶运量较大，因此水路运输在运输能力、运输成本上均优于公路、铁路运输。其技术经济特征具体体现为：运输能力大，能耗低、运输成本低，建设投资少、土地占用少，劳动生产率高，平均运距长、运输速度慢，受自然环境条件影响大、可达性差。

4. 航空运输及技术经济特征

航空运输是利用飞机或其他航空器在空中进行客货运输，它既是最新的也是利用程度最低的一种运输方式。其优势在于速度极快、不受地形限制，在其他运输工具无法到达的地区，航空运输可完成对客货的运输工作。飞机振动较小，空中货物运输也不可能被盗。因此，航空运输是一种十分安全的运输方式。但是，由于航空运输成本极高，所以需要航空运输的货物种类较少、空运人次也较低。大多数航空运输是承担价值高、运费负担能力较高的贵重物品，或时令、时间紧急的物品运输。其技术经济特征主要表现为：高速可达性，安全性高，经济价值独特，包装要求低，载运量小，投资大、成本高，易受气候条件限制，机动性差。

5. 管道运输及技术经济特征

管道运输是由钢管、泵站和加压设备等组成的利用管道加压运输气体、液体、粉状固体的一种运输方式。由于管道运输的运输设备在运输过程中是处于静止状态的，不存在其他运输方式中普遍存在的运输设备随货物移动消耗动力所产生的无效运输，且管道是密封的，货物不会散失，也不会污染环境。其具体的技术经济特征体现为：运输量大，建设周期短、投资费用低，占地少、符合绿色运输要求，能耗小、成本低，运输经常性好、机动性差。管道运输仅适宜单向、定点、量大的流体状且连续不断的货物运输。

3.2 运输成本、运输成本构成及影响因素

成本是企业经营管理过程中一项十分重要的经济指标。一方面，成本可以从某种程度上反映企业在一定时期的经营管理水平；另一方面，成本的高低对企业的盈亏和市场竞争力都具有直接的影响。因此，成本管理是企业经营管理中一项重要管理内容。

3.2.1 运输成本的含义

1. 成本

成本俗称“本钱”，是指企业为进行某种生产经营活动所发生的各项耗费支出的货币表现。即能以货币计量的各种耗费的总和。具体包括 3 个部分：①物化劳动耗费，是指生产经营过程中消耗的各种物质材料的价值；②活劳动消耗，是指支付给劳动者的工资；③生产经营过程中发生的各项损失费用。

2. 运输成本

运输服务是一种创造价值的经济活动，运输成本是承运人为完成特定货物位移而消耗的物化劳动和活劳动的总和，即运输企业进行运输生产活动所发生的各项耗费的货币表现。具体包括运输营运成本、企业管理费和财务费用。运输费是运输工具从事运输工作所发生的费用，企业管理费是运输企业为管理和组织运输生产所发生的各项管理和业务费用，财务费用是运输企业为筹措资金而发生的各项费用。

3. 研究运输成本的意义

成本作为构成企业经济效益的重要方面，在市场竞争愈加激烈的发展形势下，越来越受到企业经营者的重视。从微观角度看，在市场经济条件下，作为一个独立的商品生产和经营者，要实行独立核算，自负盈亏。企业就必须根据生产经营过程各项耗费的实际情况，核算企业生产经营成本，将成本作为一个价值的补偿尺度，计算比较企业的盈亏，并以此为企业生产经营决策提供依据。企业作为社会的经济实体和经济利益者，追求经济利润是企业的一个长期目标。只有在自身所耗能够得到有效的补偿且可获得适当的利润的情况下，企业的投资、再生产过程才能形成。否则，企业将会面临亏损，甚至可能导致倒闭破产。因此，企业在生产经营过程中消耗的各种资源是否能够得到有效补偿、补偿多少，这对于一个经济实体的企业而言是一个极为至关重要的问题，需要企业通过核算生产经营成本获取这方面的有效信息，并以此进行有效的生产经营决策。从宏观角度来说，企业提供的成本信息可以作为宏观经济分析、制定合理的经济政策和经济目标、有效调整经济结构，进行合理的社会分配和再分配的依据。

研究运输成本的意义可以概括为：

（1）运输成本是运输企业核算消耗、计算盈亏的基础。

（2）运输成本为运输企业制定合理的运输价格提供依据。

（3）运输成本是考核运输企业经济效益的重要指标。

（4）运输成本是反映运输企业生产经营管理水平高低的经济指标。

4. 运输成本的构成

在现代物流企业经营业务中，运输业务具有主导业务地位。因此，物流运输费用在整个物流业务中占有较大比重。经综合分析计算，运输费用在社会物流费用中约占 50%。运输是

物流系统中最重要的核心功能要素，物流系统的合理化在很大程度上依赖于运输合理化。运输合理化又直接影响着运输费用的高低，进而影响着物流成本的高低。运输总成本具体包括货运费、车队设施费、燃料费、设备维护费、劳动力费、装卸费、保险费、税收、滞留费用和跨国费用等。不同的运输方式所包含的运输成本有具体不同的范围和类别。如果按照经济用途可将运输成本划分为：

（1）营运成本。运输营运成本是指与运输企业运输工具营运生产直接有关的各项费用支出，包括实际消耗的各种燃料、物料、润料、用具器械费，运输固定资产折旧费、修理费、维护保养费、租赁费、保险费，业务代理费、雇员工资福利费及事故净损失费等。

（2）管理费用。运输企业管理费用是指运输企业行政管理部门为管理和组织运输营运生产活动而发生的各种费用支出，包括公司经费、工会经费、劳动保险费，财产、土地使用费，技术转让费、技术开发费等。

（3）财务费用。运输企业财务费用是指运输企业为筹措资金、使用资金所发生的各项费用支出，包括企业营运期间发生的利息支出、汇兑净损失费、调剂外汇手续费、金融机构手续费，以及为筹措资金所发生的其他财务费用。

5. 运输成本其他分类

（1）固定成本和变动成本。变动成本是指运输工具在运行过程中所发生的各项费用支出，且这类费用是随着运输距离的长短、停留的港站数及停留时间、货物种类及运送数量、劳动工资、维修保养费用、燃料电力消耗而变化。因此，变动成本只有在运输工具未投入营运时才有可能避免，随着运输过程的延伸而增加。在一般情况下，运输企业在制定运输价格时，所制定的运输费率至少必须补偿变动成本。

固定成本是指运输企业购置运输工具以及为维持运输工具的营运状态所支付的费用。这类费用不因运输工具的运行和停留时间、运输距离的长短而异，且此类成本不受运输工具一次装运量大小的直接影响。即固定成本不随着运输过程的延伸和货物量的增加而增加。相反，其平均水平趋于下降。对于运输企业来说，固定成本构成中包括端点站、通道、工资、信息系统和运输工具等项费用。

（2）直接成本和间接成本。直接成本是指可以直接计入运输工具的费用，它包括除企业管理费和事故损失费以外的所有费用。这类费用的特点在于花费在彼物的费用与花费在此物的费用界限明确，彼物与此物的费用不能混淆分摊。事故损失费本应属直接费用。但由于运输工具发生的事故损失费直接由某运输工具自身承担，承负过重，致使成本上升过快。因此，事故损失费均在企业内各运输工具中分摊，即使没有发生事故损失的运输工具也要分摊此类费用。

间接成本是指企业管理费和事故损失费，此项费用均按一定的分摊方法，摊入到企业内每一运输工具的总成本中。此类费用（事故损失费除外）的基本特点在于：所花费的费用无法在彼此运输工具上划分彼此，仅能以分摊的形式予以冲销。企业管理费在具体划分时，又可分为行政管理费和一般管理费。企业管理费分摊的方法有多种形式。常用的方法有：按运输收入的一定比例分摊，按营运吨/天的比例分摊，按直接费用的一定比例分摊，按完成的运输周转量的比例分摊，按运输工具所配备操作人员数的比例分摊。在这5种分摊方法中，比较合理的方法是按营运吨/天的比例分摊，其他分摊方法对生产运营技术完善、劳动生产率高、运输收入多的船舶来说分摊这类成本不利，因而尚缺合理性。

3.2.2 运输成本核算

1. 运输成本的计算对象

运输企业成本的计算对象主要包括货运费、车队设施费、燃料费、设备维护费、劳动力费、装卸费、保险费、税收、滞留费用和跨国费用等。如果运输企业规模较大，运输工具种类多、数量大，业务面较宽，可将各种消耗按一定标准进行分类作为成本计算对象。如果运输企业规模较小、运输工具种类也较少，则各种消耗可一并归总作为成本核算对象。

2. 运输成本的计算周期

成本计算期是指成本的计算时间范围。企业将一定时期内所发生的各项消耗，按一定的对象进行归类，并按一定的时间范围作为一个成本计算期核算某项业务的成本。确定成本计算期既为企业成本核算规定了一个时间范围，为生产经营决策提供了成本信息，又为成本比较形成时间可比性。

3. 运输成本的计算单位

运输成本的计算单位规定为运输量和运输周转量。货运为计费吨或计费吨·千米；客运为人或人·千米；集装箱为标准箱或标准箱·千米。

3.2.3 影响运输成本的因素

影响运输成本的因素是多方面的。不同的运输方式各有自身特定的成本影响因素。尽管这些影响因素并不是运输价格的组成部分。但是作为物流企业，在制定合理化运输措施、确定运输费率时，这些影响因素必须作为重要环节加以考虑。

虽然不同的运输方式都具有自身特定的成本因素。但从运输整体自身所具有的特征角度来看，成本因素主要体现在产品特征、运输特征和市场因素几个方面。

1. 产品特征

（1）产品密度（产品的积载因数）。产品的积载因数，即每立方米产品的体积，是产品占据空间的形态特征。它与运输工具的载重量和载货容积有很大的关系。其影响运输成本的机理在于重量与空间的协同性。考虑产品密度因素是将产品的重量和空间利用两方面因素进行综合。因为运输成本通常是以每单位货物重量所花费的金额来计算的。在重量和空间方面，一般的运输工具更多地是受空间限制，而不是重量限制。因而，运输工具实际消耗的劳动成本和燃料成本主要不受货物重量影响，如果货物的疏密度越高，相对地可以使固定运输成本分摊到增加货物的重量上，从而可使货物所承担的每单位重量运输成本相对较低。每单位货物重量运输成本与产品密度的关系如图 3-1 所示。

一般情况下，物流管理人员总是设法增加货运产品的密度，以求更好地利用运输工具的有效空间，增加运输工具货物装载数量。增加运输货物包装密度可以使更多单位的产品装入具有固定容量的运输工具内，进而可使单位运输货物的运输成本下降。尽管在某种程度上，由于运输工具的载重量所限，过大的产品密度使得运输工具的可利用空间还没有得到充分利用时，就因为重量因素而使运输工具达到满载程度。但是，努力增加运输货物的密度通常是降低运输成本的有效方式之一。

（2）产品的可靠性。产品的可靠性主要反映在：①产品的易燃性、易腐性、易爆性、放射性、腐蚀性以及挥发性等产品安全性能方面，如燃油、放射性材料、化学物品、鲜活动植物、雷管炸药等物品；②易损、易碎和怕压物品，如玻璃器皿、精密仪器、计算机、电冰箱、高档家具等物品；③易窃、易失、价值高产品，如珠宝首饰、手机、照相机、摄像机、时令产品等物品。这类产品在运输过程中为了防止意外损失，一是发货人对运输安全提出一些特定要求；二是承运人在运输过程中要实施特定的一些防范措施；三是为使损失发生能够得到有效补偿，必须向保险公司投保。所有这些必然加大投入，进而使运输成本提高。因此，产品的可靠性是影响运输成本的一个十分重要的指标。货物在运输时，如果产品的可靠性越差，或发货人要求承运人提供的可靠性越高，其运输成本相对也就越高。

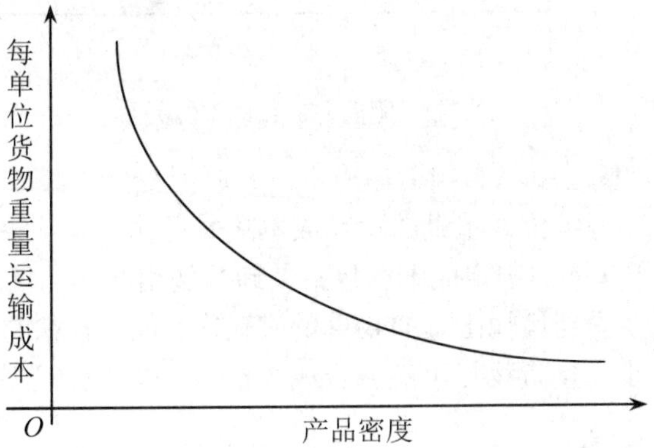

图 3-1　每单位货物重量运输成本与产品密度的关系

（3）产品的装载性能。产品的装载性能是指产品的具体尺寸及其对运输工具（如车厢、船舱、集装箱等）装载空间利用程度的影响。对于谷物、矿石、煤炭、散装水泥和散装油料等流体颗粒状产品一般都具备良好的装载性能，可以充分利用运输工具的有效空间。而诸如机械设备、牲畜、异形物品等物品都不具备良好的装载性能。货物的装载性能是由其大小、形状、弹性等物理性能所决定的。具有特异尺寸、形状的货品，以及超重、超长、超高等特征的物品，通常不能有效地进行装载而充分利用运输工具的有效装载空间。尽管产品的装载性能与产品密度紧密相关。但是，即使在产品密度相同的情况下，产品在形状、重量上的差异也会使不同产品的装载性能具有很大的差异。一般来说，具有标准矩形的产品要比形状特异的产品具有更好的装载性能。

2. 运输特征

货物的运输特征主要体现在货物的运送距离、载货量、运输工具的装载能力、装卸搬运效率以及运输事故损失等方面。

（1）货物的运送距离。运送距离是影响运输成本的主要因素。因为运输距离直接对劳动、燃料和运输工具的维修保养等变动成本发生作用。距离与变动成本的关系表现为：当运输工具没有行驶运货时，即距离为零时，运输总成本构成基本为固定成本。随着运输距离的增加，运输总成本随之增加，单位运输成本随之减少。这种特征正是运输的递远递减原理——距离经济。即输送距离越长，单位运输成本就越低。其主要原因是运输成本中固定费用和包括装卸、停留靠站等场站费用，随着运输距离的增加分摊到每千米的费用逐步减少。如图 3-2 所示，显示了运距与成本之间的一般关系。

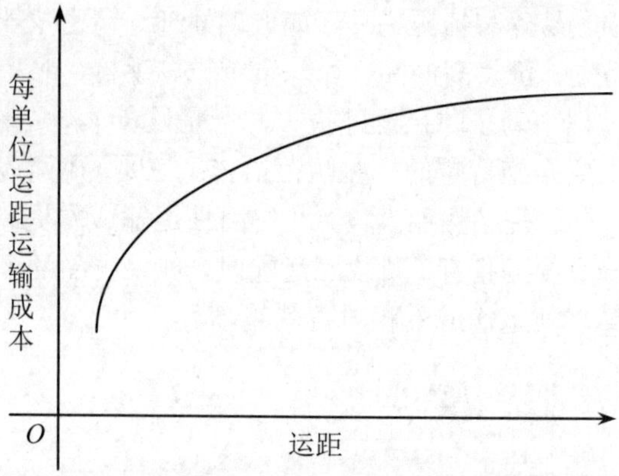

图 3-2　距离与运输成本的关系

（2）载货量。载货量之所以影响运输成本，其原因在于与其他许多物流活动一样，运输活动中存在着规模经济。每单位载重量的运输成本随着运输工具载重量的增加而减少。其机理表现为：每单位载重量所分摊的固定成本和包括装卸等费用在内的场站费用随着载货量的增加而减少。但是，这种关系受到运输工具的载重量或载货空间、容积的限制。而这种关系对运输管理部门的启示在于：小批量货物尽可能整合成大批量，以期实现规模经济。载重量与运输成本的关系如图 3-3 所示。

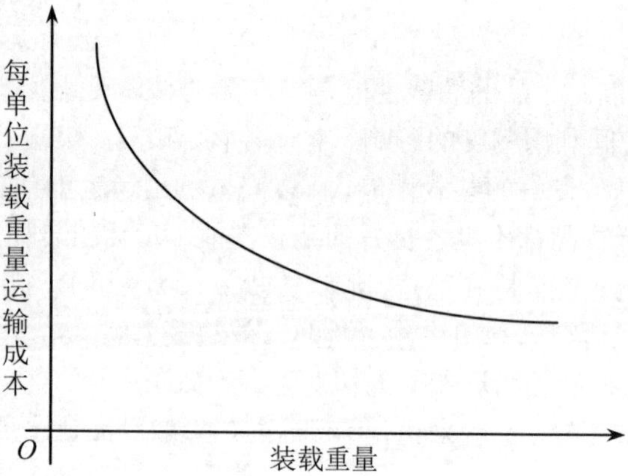

图 3-3　载重量与运输成本的关系

（3）运输工具的装载能力。运输工具的装载能力是指根据运输工具的装载量、装货容积等装载性能，确定某一运输任务所能承运货物的品种和数量。一些货物由于形状怪异，或超重，或超长、超大却重量较轻等特征，无法合理装载而浪费了运输工具的载货容积或载重量。装载能力除受产品重量、体积、形状特征和运输工具载重量、容积的限制，同时还要受到装运规模的影响。大批量货物可以相互嵌套，便于装载。而小批量货物则有可能浪费运输工具的装载能力。

与货运量和货物的积载因数（即产品特征）一样，运输工具的装载能力能否得到充分利用将直接影响运输成本的高低。

（4）装卸搬运效率。装卸搬运的效率会直接影响运输工具的停留时间，停时越长，运输工具的周转率就越低。一定时间内所完成的货运量就越少，造成运输货物单位货运量的平均成本增加。所以，使用的装卸设备的种类及其专业化程度等因素均会影响运输工具的使用效率而对运输成本发生作用。此外，货物在运输和储存时采用成组方式，如带子捆扎成组、装箱、装集装袋或装在托盘上成组，同样也会影响运输成本。

（5）运输事故损失。运输途中有许多随机因素难于控制，因而有可能发生货物丢失、货物变质、受损，甚至发生事故。这些现象均可能形成风险事故而造成事故损失。事故损失的后果就是产生事故损失费用，造成运输成本不必要的增加。

运输事故发生的风险是客观存在的、难于避免的，在一定范围内属于正常现象。为了降低风险，减少由于风险事故而形成的风险损失。货物在运输过程中必须采取一些相应的风险规避措施。而购买保险——将风险控制在一个特定的小范围内，使风险损失降低到最低限度，这是风险转移策略中的最佳选择。承运人可以通过向保险公司投保来预防可能发生的事故索赔，避免有可能承担的事故损失赔偿责任，但同时也增加了运输费用。

3. 市场因素

（1）竞争性。不同运输模式之间的竞争、同一运输模式的线路竞争及同种运输方式之间的竞争都将造成运输费用的波动。铁路、水路、航空之间长期以来都存在着不同程度的竞争。有时为了赢得市场份额，运输企业往往会采取多种竞争策略。而价格竞争是最为简便有效的竞争方式，在不同运输方式之间提供一些不同的价格策略或其他的优惠策略。如相同起讫点的货物运输可采用两种不同的运输方式进行。运输速度慢的运输方式提供较低的运输价格，而运输速度快的运输方式将制定较高的价格。市场竞争的客观存在使得运输价格具有很大的波动性，进而造成运输费用的变化。

（2）运输需求的不平衡性。运输需求的不平衡性主要表现为运输时间的不平衡性和运输方向的不平衡性。这种不平衡性将影响运输企业运力的配备和运输的经济性。运输任务繁忙时期，运输企业需要加班加点，造成运输企业的运营费用额外增加，同时运输设施的长时间运转，加剧了运输设施的损耗而造成设备使用费的增加；在运输任务淡季，由于运输设施得不到充分利用，使得单位运输货物中的固定成本增加。尤其是运输方向的不平衡性会造成运输工具的反向空驶，这是运输不合理现象最为普遍的费用损失现象。尽管运输成本变化不大，但完成的货运量最多仅能达到 50%，进而使运输成本相对提高。

3.3　降低运输成本的途径

3.3.1　选择合理的运输工具

对于不同货物的形状、价格、运输批量、交货时间以及到达地点等特征，都必然存在与之相适应的运输工具。然而，由于运输速度快的运输工具运输成本较高，批量大的货物成本较低，不同服务要求的运输形式在价格上存在较大的差异。因此，在与货物特性相适应和特定服务要求的前提下，存在着对不同运输方式优先次优选择。运输工具的经济性、快捷性、安全性、便利性之间存在着相互制约。所以，在控制运输成本时，必须对运输工具所具有特性进行综合评价，以便制定出合理选择运输工具的策略。

合理选择运输工具的评价尺度可从4个方面进行综合分析。

1. 经济性

运输工具的经济性是由运费、包装费、场站费、保险金等有关费用合计表示的。这些费用是相辅相成的。合计费用越高，运输工具的经济性就越差。

2. 快速性

运输工具的快速性表现为发货地到收货地所需的时间。这种快速性不仅与运输工具本身的技术速度性能有关，而且与运输组织管理工作的效率有着极大的关联性。

3. 安全性

运输工具的安全性体现为运输货物的货损率、货差率、赔偿金额比例、事故频率和等级等。运输工具的安全性不仅直接影响着运输成本的高低，同时对运输服务水平也将产生极大的影响。

4. 便利性

运输工具的便利性主要体现为：

（1）运输的经常性，即不受气象环境条件的影响，可进行全天候运输作业。

（2）运输的灵活性，即运输可按用户、货主要求，直接将货物送达目的地。

（3）运输的方便性，即可提供质量较高的运输服务，使货主在接受服务时感到方便满意，以及价格合理。

3.3.2 降低运输装卸搬运成本

运输装卸搬运成本是运输成本的一个重要组成部分，降低运输装卸搬运成本可有效地降低运输总成本。降低运输装卸搬运成本的主要途径有下述几个方面。

1. 尽量减少装卸搬运次数

减少运输装卸搬运次数不仅可以降低运输装卸搬运成本，有效降低运输总成本，而且还可以提高运输工具、运输设施周转效率，加快物流运转速度，减少场地的占用和装卸搬运事故发生的次数。

2. 缩短运输装卸搬运距离

装卸搬运距离是影响装卸搬运效率的一个主要因素，缩短运输装卸搬运距离不仅可以减少劳动消耗、缩短装卸搬运时间，而且还可以提高运输装卸搬运效率，减少作业损耗和货物的损差。

3. 选择适当的作业机械和作业方式

恰当的装卸搬运机械和作业方式的选择，一方面可以避免大材小用，高效率方式低效率使用，充分有效地利用装卸搬运机械，提高装卸搬运效率，减少不必要的成本支出；另一方面避免小马拉大车，装卸搬运作业超负荷运转；在选择恰当的装卸搬运机械和作业方式时，一般可根据物流速度、劳动强度、经济合理性选择相应的装卸搬运机械；根据货物种类、性质形状等货物特性确定散件、成组或集装箱等作业方式。

4. 加强安全生产管理

装卸搬运是比较容易发生货损、货差和事故的环节。加强装卸搬运作业的安全性管理，既可以防止和消除货损、货差、人员伤亡事故，又可以减少装卸搬运事故损失成本。

3.3.3　拥有适当的运输工具

一个运输企业，如果不是实施专业化运输、配送，则面对的社会物流需求是多样的。所以，货运运输从数量上和品种规格上表现为不确定性物流需求。为此，物流运输企业一方面应在规格、载货重量上根据自身的业务状况配备相应的运输工具，以增强对社会物流多样化需求的适应性，避免运输工具在装载重量和装载空间上与运送货物的不匹配而形成的额外费用增加；另一方面是从运输工具的数量上具备一定的适当性。一般情况下，运输企业是根据货运量的大小安排运输工具的数量。如果运输企业拥有的运输工具数量过少，在货运需求旺盛时，难免出现运输工具数量上的不足而缺乏应有的运输供给，形成机会成本。在规模上无法形成规模经济，以达到运输成本的降低。反之，如果运输工具拥有量过多，在货运需求不足时，很可能会出现运输工具闲置的现象，造成浪费而加重货物运输固定成本的分摊。所以，对运输企业而言，拥有适当数量的运输工具是非常重要的。

3.3.4　优化运输路线

运输距离是形成运输总成本的主要部分。重复运输、过远运输、迂回运输等不合理运输现象造成运力的浪费，增加不必要的运输成本。运输不合理现象的主要表现形式有以下几种：

（1）对流运输。对流运输亦称“相向运输”或“交错运输”。其表现是将同一种货物在同一线路或平行线路上作相对方向的运送。具体表现形式分为明显对流和隐蔽对流。对流运输是不合理运输中最突出、最普遍的一种现象。

（2）空驶。由于工作失误或计划不周，造成货源没有落实而形成的空去空回的双程空载；或单程重载、单程空载现象。空载行驶是运输不合理现象中最典型的一种运输形式。

（3）倒流运输。倒流运输是对流运输的一种派生形式。其表现为：将货物从销售地或中转地向生产地或起运地回流的一种运输现象。其不合理程度要甚于对流运输，原因是这种运输双程都是不必要的运输。

（4）迂回运输。货运过程不是选择最短路线运送，而是舍近求远绕道而行。以错误路线选择形式拉长了运输距离。

（5）过远运输。即长距离运输。其表现是在选择货物供应单位时，不是就地就近获取商品或货物，而是舍近求远从外地或远处运来同种商品或货物的不合理运输形式。

过远运输和迂回运输虽然均属于拉长运输距离。但这两种运输现象不同之处在于：过远运输是因为商品或物资供应地舍近求远的错误选择形成了运输距离拉长。而迂回运输是因为运输路线舍近求远的错误选择延长了运输路线。

（6）重复运输。重复运输是原本可直接将货物运到目的地，但未到达目的地之前就将货物卸下，随后又重新装运送达目的地。重复运输虽然没有延长运输里程。但增加了多余的中间装卸环节，延长了货物在途时间，增加了货物装卸搬运费用，增大了货损、货差的可能，而且降低了运输工具的使用效率，延缓了货物的流通速度。

（7）无效运输。即不必要运输，具体表现为：被运输的货物杂质过多，使运输能力浪费于不必要的货物运输，这是由于货物的品质而造成的运输能力大量浪费。

（8）运力选择不当。运力选择不当表现为：因对各种运输方式和运输工具未加认真考虑，错误地选择了运输工具，造成了运力的浪费或运输费用的增加。具体形式体现为弃水走陆，铁路、水路大型船舶过近运输，运输工具承载能力选择不当等。

（9）托运方式选择不当。货主在托运货物时没有正确选择对己最有利的运输方式，从而造成运力的浪费和运输费用的增加。

优化运输路线可减少不合理运输，提高运输效率，降低运输总成本。优化运输路线的方法主要有下述几种。

1. 线性规划法

线性规划法是在运价已知、路线已知的条件下，对 m 个商品生产地和 n 个商品销售地的商品运输建立数学模型，利用单纯形法求解方法，以求得满足约束条件的运输成本最小。

2. 图表分析作业法

图表分析作业法可分为图表分析法和图上作业法。两种方法的原理都是先在图上标注出货物的运出地、运入地、调运量及运输距离，然后根据就近原则，在图上制订商品调运方案，并不断优化选择、调整，以使运输总里程最短，最后将结果填入调运平衡表。

3. 表上作业法

表上作业法是在已知各地单位运价和各产销地供需量的条件下，在表上以运输费用最小为原则，通过闭合回路等方法求解运费最低的调运方案。

4. 节约里程法

根据巡回送货总路线小于为每个客户单独送货总路程的原理，首先计算各目的地相互间的最短距离，然后计算各目的地的节约里程，并按照节约里程的大小排序，进而组合成配送路线，最后进行调整得出最优调运方案。

道路条件、停留时间等诸多因素将对运输路线的制订产生很大影响。最优运输路线的选择必须在广泛征求相关人员意见的基础上才能最终确定。

3.3.5 优化运输网络

对运输网络的优化可大幅度地提高运输效率，降低运输成本。具体措施主要有下述几种。

1. 分区产销合理运输

分区产销合理运输是指在组织运输时，对某种物资，使其一定的生产区域固定于一定的消费区。根据产销情况和交通运输条件，按接近产销的原则组织货物运输，使货物行驶最短的路线。这种方法适用于品种单一，规格简单，生产集中而消费分散，或生产分散而消费集中，调运量大的货物。

2. 直达运输

直达运输就是在组织货物运输过程中，越过批发商、储存等中间环节，或铁路、交通中转环节，把货物从产地或起运地直接运到销地或用户手中，以减少中间作业环节，降低运输成本。对生产资料来说，由于某些物资体大、笨重，一般采用由生产单位直接供应消费单位（生产消费），实行直达运输，如煤炭、钢材、建材的物品。在商业部门，则根据不同商品的特性，采取不同的运输方法。有些商品规格简单，可由生产单位直接运到三级批发商、大型商店或用户，越过二级批发商环节，如纸张、肥皂等商品。有些商品规格、花色复杂，可由生产单位供应到批发商，再由批发商送达零售商店或用户。对于外贸部门，多采用直达运输，对出口商品实行由产地直达口岸的方法以减少货物周转环节而降低物流成本。

3. “四就”直拨运输

“四就”直拨运输就是商业和物资批发企业在组织货物调运过程中，对当地生产或由外地调运的货物，不运进批发仓库，而是采取货物直拨的方式，把货物直接分拨给市内基层批发商、零售商店或用户，减少中间作业环节。其具体做法有：就厂直拨、就车站（港口）直拨、就库直拨、就车（船）过载等。这种运输方式可以得到双重的经济效益，进而降低成本。

4. 计划安排运输

对运输时间和运输线路等事先作出计划安排。在运输时，选择最佳运输路线和运输时间，避开交通高峰期及交通拥挤地段，可降低运输成本。

3.3.6　优化仓库布局

建立仓库合理化的基本经济原则是集运。一个制造商通常在广泛的地理市场区域中出卖产品。如果货主的每次订货是少量的，则集运可以实现建立仓库在经济上是合理的目的。通过优化仓库布局（即优化仓库网络）可以达到运输成本最小化。

3.3.7　选择最佳运输手段

1. 拼装整车运输

拼装整车运输亦称“零担拼整车中转分运”。它主要适用于商业、供销等部门的杂货运输。即物流企业在组织铁路货运当中，由同一发货人将不同品种发往同一到站，统一收货人的零担托运货物。由物流企业自己组配在一个车皮内，以整车运输的方式托运到目的地；或把同一方向不同到站的零担货物集中组配在一个车皮内运到一个适当车站，然后再中转分运；拼装整车运输之所以可以降低运输成本，原因在于：在铁路运输中有两种托运方式，一种托运方式是整车；另一种托运方式是零担，二者之间的运价相差很大。采取整车运输方式可以充分利用铁路运输大吨位装载能力，产生规模经济效应，节省运输费用而达到运输总成本的下降。

2. 实施托盘化运输

托盘化运输就是利用托盘作为货载运输单元进行运输。实施托盘化运输的关键在于全程托盘化，即一贯托盘化运输。一贯托盘化运输就是把保管→发货→运输→进货→保管形成一条龙工序。以托盘为基本装载用具可以不改变货物的状态，始终一贯地利用机械装卸搬运处理货物。一贯托盘化运输所产生的效应体现为：交易单位标准化、输送用具可有效返回，减少装卸作业场地，可实现机械化装卸作业，解放繁重的体力劳动，减少装卸过程中的货损，缩短装卸时间进而达到缩短整个运输时间以达到降低运输成本的目的。

在物流中，货物的物理性移动是避免不了的。因此，近代物流系统力求把各个物流功能（保管、发货、输送、进货等）以机械化方式联系起来。实施一贯托盘化运输可以将物流各个功能要素聚合为一个功能全面的有机整体，有效地提高了物流劳动生产率，从而使运输成本相对减少。

3. 实施集装箱运输

安全、便捷、标准、低价的特点是集装箱运输有别于传统运输方式的主要特征。每单位货物装卸费用呈现下降趋势是集装箱运输优势的充分体现，也是集装箱运输市场得以迅速扩张发展的根本性原因。集装箱运输所体现的高效率的货物装卸、劳动强度的减轻，货损、货差的减少，高质量的运输，安全可靠的运输过程，检验手续、包装的简便，运输在途时间的缩短、运输工具周转速度的加快，有利于多式联运的组织等优势都为集装箱运输有效地提高物流运输生产效率奠定了基础，进而可使运输成本得到显著改善。

3.3.8 选择合理的运输方式

1. 选择合适的运输工具

在交通运输事业日益发展，各种运输工具并存的今天，根据货物自身的特征和货主所要求的服务水平，对各种运输方式作出自由选择已成为可能。在货物运输过程中，运输生产管理人员必须熟悉各种运输工具的技术经济特征，注意对运输工具和运输路线的选择。根据不同货物的产品特征和自身服务水平的要求，可分别利用铁路、公路或水路进行高效率、低成本运输；坚持以顾客需求为中心的原则，选择最佳的运输路线，能利用水路运输的就不要走铁路；应该用铁路运输的就不要用汽车。同时，运输企业应积极改进现有的运输工具的装载技术和装载容量，充分利用既有的运输资源，提高运输生产效率，降低运输成本。

2. 实施联合运输

综合一贯制运输（即汽车承担末端输送的复合一贯制运输）是复合一贯制运输的主要形式。在一般情况下，两种一贯制是等同的。综合一贯制运输是把公路运输的机动灵活性与铁路、水路的装载能力可观、成本低廉（即便利和经济），以及航空运输的快速特点组合起来，完成"点到点""门到门"运输；通过技术经济上的优势互补，实现运输的效率化、低廉化、缩短运输时间的一贯运输方式。其形式有：公路→铁路→公路；公路→船舶→公路；公路→航空→公路；公路→船舶→铁路→公路；公路→船舶→铁路→船舶→公路等。

在复合运输过程中，发货单位在发货时，只要在货物起始地一次办理托运运输手续，收货方在指定到达地点即可提取运达的货物。这种运输方式具有一次起标、手续简便、全程负责的好处。而运输价格，我国交通运输管理部门和商业贸易部门有相关的费用核减比率。因此，综合一贯制运输就是充分利用各种运输方式的技术经济特征，有效发挥不同运输工具的技术成本和运输性能优势，将两种及两种以上的运输方式有效地结合起来，提高运输生产效率，降低运输成本。

3. 开展国际多式联运

国际多式联运是一种高效率的运输组织方式，它集中了各种运输方式的技术经济特征，扬长避短、互补融合，将各种运输方式组成连贯运输，达到简化运输环节，加速货运周转，减少货损货差，降低运输成本，实现合理运输的目的。这种运输组织形式具有传统单一运输方式无可比拟的效率和成本优势，是运输组织方式的一种发展趋势。

在多式联运方式下，不论运输全程距离有多远，不论需要使用多少种不同的运输工具，也不论中途需要经过多少次装卸转换，整个运输过程的一切运输事宜均由多式联运经营人统一负责办理。对于发货人来说，只需办理一次托运，签订一次合同，支付全程单一运费，取得一份保单和一份联运单证。这种运输组织方式可以大大节约运输手续费用和中转费用。

多式联运是直达、连贯的运输。各个运输环节配合紧密、衔接紧凑、中转迅速而及时、中途停留时间短。此外，多式联运以集装箱为主体，货物封闭在集装箱内，货物虽经长途跋涉运输，但不需拆箱和搬动，这样既减少了货损货差、货物检验，又可防止货物的污染和盗窃，能够较好的保证货物安全、迅速、准确、及时送达目的地。

货物在启运地被装上第一程运输工具后，货主就可以凭承运人签发的联运提单到银行结汇。这样可使资金周转加快，节省利息支出。使用集装箱运输，可以大大节省货物的包装费用和保险费用。此外，多式联运全程使用一份联运单证，简化了制单手续，可节省大量的时间和人力、物力，尤其是由于多式联运经营人以包干方式收取全程单一运价，使货主能事先核算运输成本，为经济交易的开展提供了有利的交易条件。

3.3.9 开展集运方式

开展集运方式以降低运输成本为主，与规模经济有关。运输工具装载量越大，每吨·千米的运费率就越低。从运输组织运作的角度来看，集运方式有 3 种形式：自发集运、计划运送和共同运送。在运输运作过程中，货物集运方式的实现程度将直接影响对运输成本的有效控制。

1. 自发集运

集运最基本的形式是将一个市场区域中到达的不同货主小批量运输聚合起来，即自发集运。发展集运的难点是每日要有足够的货物运送数量。为了弥补数量上的不足，通常采用 3 种集运安排。

（1）集运的货物可被送到一个中间集散点以节约运输费用，但这需增加货物的装卸费用。

（2）公司可在某几个特定日期选择货物的集运，按计划将货物分别送至目的市场。

（3）公司可以利用第三方物流企业服务来取得小规模运量的货物集聚而达到共同运送的目的。

2. 计划预定运送

计划预定运送就是在每周所选择的日子里将有限的货物运到特定市场。但是，预定运送很可能与货主的特定运送约定相矛盾，特定运送时间意味着一张订单上的货物要在一个短暂的时间内被运送。

3. 共同运送

共同运送就是将过去按不同货主、不同商品分别进行的运送，改为不区分货主和商品，集中运货的“物流及配送的集约化”，即将货物装入在同一条线路运行的运输工具上，用同一运输工具，在同一路线为更多的货运客户服务。

参加共同运送计划通常意味着一个货运代理，公共仓储或运输公司为在相同市场中的多个货主安排集运。提供共同运送的公司通常与货主具有大批量送货的长期送货约定。集运公司为了满足货主的需要，往往提供一些具有附加值的服务，如货物分类、排序，进口货物的单据处理等服务。

3.3.10 减少运输事故损失

在运输过程中，常常发生货物的损坏、变质、丢失，甚至出现事故，这些都会形成运输成本的不必要增加。因此，防止运输事故发生或运输事故发生后尽可能减少事故损失是降低运输总成本的一个有效途径。运输企业必须在日常经营管理中加强日常事故防范工作，在事故发生后应尽快明确事故责任，积极进行事故索赔，减少事故损失造成运输成本的意外增加。同时，运输事故风险是客观存在的，为了减少事故造成的损失，购买保险是风险转移的最佳途径，通过购买保险，可在事故发生后得到保险公司的赔偿，以减少公司成本的增加。

3.3.11　推行直运战略

任何一个物流系统都必须考虑服务水平与成本这两项重要因素。直接运送战略似乎在服务及成本上都处于不利地位。因为直接运送比由当地的仓库送货至货主的速度要慢；另外，由于通常货主的订购量都很小，所以直接运送成本也较高。但是，在某些情况下直接运送要比当地配送更有效率，而且虽然直接运送成本较高，但不一定多于当地需要存货的费用。

3.4　降低运输成本的数量方法

在物流企业生产经营过程中，运输线路的选择是物流企业经常进行的运输决策。在现有的公路网、铁路网、水运航线和航空航线中寻找到运输的最佳路线，尽可能地缩短运输时间和运输距离，以降低运输成本，提高运输服务水平。

在运筹学中，解决这类运输路线规划问题的方法有很多。最常见、最简单的方法是最短路线法。这种方法是利用图形求解交通距离最短、运输费用最低、花费时间最少等运输路线优化问题。在动态规划中，最短路径问题可由贝尔曼最优化原理及其递推方程求解。在阶段明确的情况下，用逆向逐段嵌套推进，这是一种反向搜索法。在阶段不明确的情况下，可用函数迭代法逐步正向搜索，直到指标函数衰减稳定得解。这些算法均是依据同一个原理建立的。即在网络图中，如果$v_1 \to v_2 \to \cdots \to v_n$是从$v_1$到$v_n$的最短路线，则$v_1 \to v_2 \to \cdots \to v_{n-1}$也必然是从$v_1$到$v_{n-1}$的最短路线。

3.4.1　狄克斯特拉算法（双标号法）

1959 年狄克斯特拉（E. W. Dijkstra）提出了求解网络最短路径的标号法。用节点记标号方式来逐步形成起点到各点的最短路径及距离值。这种方法简单易懂，求解方便，被公认是目前较好的一种求解最短路径的算法。

狄克斯特拉法又称双标号法。这种方法的基本步骤就是对图中的点v_i赋予两个标号$[P(v_i)\lambda_i]$：第一个标号$P(v_i)$表示从起点v_1到v_i的最短距离值；第二个标号λ_i表示在v_1到v_i的最短路径上v_i前面一个节点的下标号，即用来表示路径，从而可对终点到始点进行反向递算，求得从v_1到v_n的最短路线。

狄克斯特拉算法是用于每条边的权数值大于或等于零的情况。其具体基本步骤如下：

（1）将起点v_1赋予标号$(0 \quad 1)$，从v_1到v_1的距离$P(v_1)=0$。

（2）建立已标号节点集合 I 和未标号节点集合 J；求出网络图所有边的集合——边集$A=\{(v_i \quad v_j)/v_i \in I \quad v_j \in J\}$。

（3）如果网络图的边集$A=\phi$，即为空集时，表明从所有已赋予标号的节点出发，不再有这样的边：它的另一端节点尚未标号，则计算结束。对已有标号的节点，可求得从v_1到这个节点v_i的最短路线。对于没有标号的节点v_j则不存在从v_1到这个节点v_j的最短路线。如果$A \neq \phi$，即非空时，继续下一步骤。

（4）对于边集$A=\{(v_i \quad v_j)/v_i \in I \quad v_j \in J\}$的每一条边$(v_i \quad v_j)$计算：

$T_{ij}=P(v_i)+\omega_{ij}$，$\omega_{ij}$为节点$v_i$到节点$v_j$的距离值。

找出所有的边$(v_s \quad v_t)$　$v_s \in I$　$v_t \in J$，使得$T_{st} = \min\{T_{ij}\}$。

（5）给边$(v_s \quad v_t)$　$v_s \in I$　$v_t \in J$的终点v_t赋予双标号$[P(v_t) \quad s]$。

（6）如果网络图的边集$A = \phi$，即为空集时，则计算结束。如果$A \neq \phi$，即非空时，则返回步骤（2）继续计算。

3.4.2　运输路线最短路线例题计算

1. 运输路线数量模型

已知一个由链和节点组成的运输网络，其中节点表示运输起点、中途停靠点和运输终点。链表示节点之间的距离（或成本，或时间，或两两要素的加权平均）。

2. 例题计算演示

【例 3-1】某城市一家运输企业从货物发货地v_1到各货物收货地v_j可行驶道路示意图如图 3-4 所示，箭线旁边的数字表示两地的运输距离，试求发货地v_1到各收货地v_j的最短路。

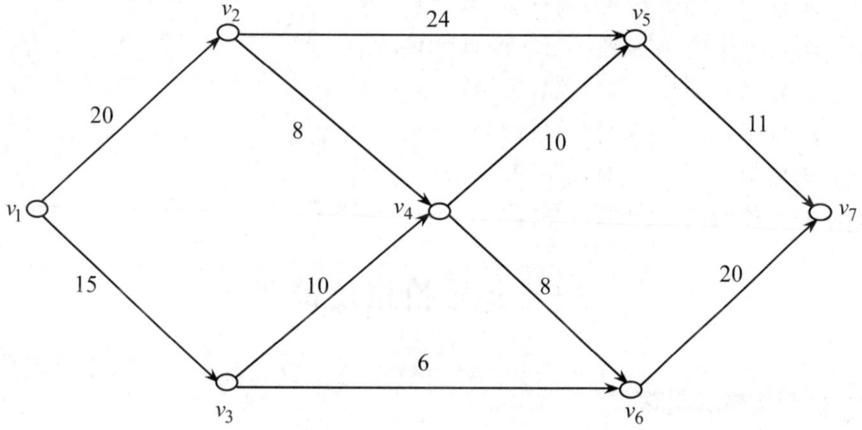

图 3-4　某市运输货物发货地v_1到各收货地v_j可行驶道路示意图

解：（1）赋予起点v_1标号$(0 \quad 1)$，从v_1到v_1的最短路线$P(v_1) = 0$。

（2）已标号点的集合$I = \{v_1\}$，未标号点的集合$J = \{v_2 \quad v_3 \quad v_4 \quad v_5 \quad v_6 \quad v_7\}$，边集$A = \{(v_i \quad v_j) / v_i \in I，v_j \in J\} = \{(v_1 \quad v_2)(v_1 \quad v_3)\}$，$T_{12} = P(v_1) + \omega_{12} = 0 + 20 = 20$，$T_{13} = P(v_1) + \omega_{13} = 0 + 15 = 15$，$\min\{T_{12} \quad T_{13}\} = T_{13} = 15$，赋予边$(v_1 \quad v_3)$的终点$v_3$双标号$(15 \quad 1)$。

（3）已标号点的集合$I=\{v_1 \quad v_3\}$，未标号点的集合$J = \{v_2 \quad v_4 \quad v_5 \quad v_6 \quad v_7\}$，边集$A = \{(v_i \quad v_j) / v_i \in I, \ v_j \in J\} = \{(v_1 \quad v_2)(v_3 \quad v_4)(v_3 \quad v_6)\}$，$T_{34} = P(v_3) + \omega_{34} = 15 + 10 = 25$，$T_{36} = P(v_3) + \omega_{36} = 15 + 6 = 21$，$T_{12} = P(v_1) + \omega_{12} = 0 + 20 = 20$，$\min\{T_{12} \quad T_{34} \quad T_{36}\} = T_{12} = 20$，赋予边$(v_1 \quad v_2)$的终点$v_2$双标号$(20 \ 1)$。

（4）已标号点的集合$I=\{v_1 \quad v_2 \quad v_3\}$，未标号点的集合$J = \{v_4 \quad v_5 \quad v_6 \quad v_7\}$，边集$A = \{(v_i \quad v_j) / v_i \in I, \ v_j \in J\} = \{(v_2 \quad v_4)(v_2 \quad v_5)(v_3 \quad v_4)(v_3 \quad v_6)\}$，$T_{24} = P(v_2) + \omega_{24} = 20 + 8 = 28$，$T_{25} = P(v_2) + \omega_{25} = 20 + 24 = 44$，$T_{34} = P(v_3) + \omega_{34} = 15 + 10 = 25$，$T_{36} = P(v_3) + \omega_{36} = 15 + 6 = 21$，$\min\{T_{24} \quad T_{24} \quad T_{34} \quad T_{36}\} = T_{36} = 21$，赋予边$(v_3 \quad v_6)$的终点$v_6$双标号$(21 \ 3)$。

（5）已标号点的集合 $I=\{v_1\ \ v_2\ \ v_3\ \ v_6\}$，未标号点的集合 $J=\{v_4\ \ v_5\ \ v_7\}$，边集 $A=\{(v_i\ \ v_j)/v_i\in I,\ v_j\in J\}=\{(v_2\ \ v_4)(v_2\ \ v_5)(v_3\ \ v_4)(v_6\ \ v_7)\}$，$T_{24}=P(v_2)+\omega_{24}=20+8=28$，$T_{25}=P(v_2)+\omega_{25}=20+24=44$，$T_{34}=P(v_3)+\omega_{34}=15+10=25$，$T_{67}=P(v_6)+\omega_{67}=21+20=41$，$\min\{T_{24}\ \ T_{25}\ \ T_{34}\ \ T_{67}\}=T_{34}=25$，赋予边 $(v_3\ \ v_4)$ 的终点 v_4 双标号 $(25\ \ 3)$。

（6）已标号点的集合 $I=\{v_1\ \ v_2\ \ v_3\ \ v_4\ \ v_6\}$，未标号点的集合 $J=\{v_4\ \ v_7\}$，边集 $A=\{(v_i\ \ v_j)/v_i\in I,\ v_j\in J\}=\{(v_2\ \ v_5)(v_4\ \ v_5)(v_6\ \ v_7)\}$，$T_{25}=P(v_2)+\omega_{25}=20+24=44$，$T_{45}=P(v_4)+\omega_{45}=25+10=35$，$T_{67}=P(v_6)+\omega_{67}=21+20=41$，$\min\{T_{25}\ \ T_{45}\ \ T_{67}\}=T_{45}=35$，赋予边 $(v_4\ \ v_5)$ 的终点 v_5 双标号 $(35\ \ 4)$。

（7）已标号点的集合 $I=\{v_1\ \ v_2\ \ v_3\ \ v_4\ \ v_5\ \ v_6\}$，未标号点的集合 $J=\{v_7\}$，边集 $A=\{(v_i\ \ v_j)/v_i\in I,\ v_j\in J\}=\{(v_5\ v_7)(v_6\ \ v_7)\}$，$T_{57}=P(v_5)+\omega_{57}=35+11=46$，$T_{67}=P(v_6)+\omega_{67}=21+20=41$，$\min\{T_{57}\ \ T_{67}\}=T_{67}=41$，赋予边 $(v_6\ \ v_7)$ 的终点 v_7 双标号 $(41\ \ 6)$。

至此，所有顶点都已得到标号，计算结束。得到发货地 v_1 到各收货地 v_j 的最短路径为：

（1）v_1 到 v_2 最短路径为 20，路经：$v_1\to v_2$。

（2）v_1 到 v_3 最短路径为 15，路经：$v_1\to v_3$。

（3）v_1 到 v_4 最短路径为 25，路经：$v_1\to v_3\to v_4$。

（4）v_1 到 v_5 最短路径为 35，路经：$v_1\to v_2\to v_4\to v_5$。

（5）v_1 到 v_6 最短路径为 21，路经：$v_1\to v_3\to v_6$。

（6）v_1 到 v_7 最短路径为 41，路经：$v_1\to v_3\to v_6\to v_7$。

3.5 运输价格及管理

3.5.1 运输价格及职能

价格是随着商品交换、商品生产的发展和货币的出现而产生的。它是商品价值形式发展的必然结果。无论是商品还是劳务，其价值都不能自我表现。商品价值只有在商品交换过程中才能得到实现，即一切商品先与货币交换，用货币表现其价值。这种以货币表现商品价值的形式就是商品价格。

运输价格，即运输企业运输产品的价格，它是运输产品价值的货币表现。与其他商品价格一样，它是以生产运输产品所耗费的社会必要劳动为基础。同时也要受到运输市场供给和需求等其他因素的影响。其特征表现为：

（1）运价只有销售价格一种形式。这是因为运输劳务不具备实物形态，也就是说运输的对象发生空间位移变化并不改变运输对象的形态、数量、质量等原属特性。运输生产过程的同时也就是运输产品的消费过程。运输服务的这些特性决定了运输价格只有销售价格。

（2）运价与货物的重量和运送的距离有关。运输价格的职能主要表现为：

（1）表价职能。运输价格实现货币价值尺度的职能，反映价格必须通过货币来表现和度量运输价值量大小的功能。运输价格的首要职能就是以货币表现运输产品的价值。运输产品有了价格也就表现出了它具有的价值的大小，也正是有了价格这一职能，货币才成为商品交换的媒介。

（2）调节职能。调节职能就是运输价格在运输经济活动中自动调节经济要素之间的均衡关系。运输价格的调节职能主要是通过生产、流通、消费等方面具体体现的。具体表现就是对经济活动的调节，主要是对运输生产活动的调节、运输服务质量的调节、分配与消费的调节和指导。

（3）核算职能。运输价格的核算职能就是价格被用来作为计量和核算经济效益的功能。经济核算通常使用实物指标和价值指标来进行经济效益分析。但是，由于实物指标反映的是各种实物的使用价值，因为在计量单位上的不统一，使得各类经济活动的经济效益无法进行汇总和比较。因此，经济效益的整体分析就必须借助于用价格反映的价值指标来进行。

（4）信息职能。运输价格的信息职能就是运输价格的升降变动以及所表现出来的价格水平，并以此为运输企业生产经营者与消费者传递各种经济信息的功能。价格的信息功能通常是通过价格信号表现出来的。价格信号是运输市场行情变动的晴雨表，其信息传递为运输企业生产经营活动建立了决策航标。运输价格的信息传递功能主要体现在：

1）向运输企业传递市场行情变动信息。

2）向政府交通主管部门传递市场信息。

3）向运输市场的消费者传递信息。

运输价格的 4 种职能是相互联系、相互依存的。但不是并列关系。表价职能是从价格的本质中产生出的职能，是运输价格最基本的职能。它是调节职能、核算职能、信息职能的基础。运输价格的调节职能、核算职能、信息职能是在表价职能的基础上派生出来的，是表价职能的外延。在运输价格的统一体中，4 种职能相辅相成。它们既有各自独立的质的规定，又有相互之间的依存性，这一关系使得运输企业在制定运输价格时必须统筹兼顾，全盘考虑。

3.5.2 运输价格管理的手段

运输价格管理的主要手段有以下几种：

（1）经济手段。国家决策部门为影响运输价格的形成和运动，通过控制与价格决策系统有关的其他经济系统的活动来改善运输价格系统环境而进行的价格控制。

（2）法律手段。国家通过颁布价格法规、价格条例及管理办法等法律规范来规范价格行为和调整关系。

（3）行政手段。国家决策部门凭借国家政权力量，通过行政方法对运输价格系统发布指令性价格计划、价格政策等直接干预和管理运输价格的形成和运动。

3.5.3 运输价格定价基础

1. 运价的计价单位

货物重量：吨（千克）；货物体积：立方米；集装箱：标准箱（TEU）。

里程：千米（海上为海里）；运费：人民币（元）。

2. 运价制定应考虑的因素

（1）成本。

（2）货物批量。

（3）货物对流的平衡性。

（4）运输市场运价行情变化。

（5）市场竞争状况。

（6）承运货物的供求变化。

（7）现行产业政策和价格政策。

3.5.4 运价结构

运价结构就是运价内部各组成部分的构成及其相互之间的比例关系。

1. 与运距相关的运价

运价作为运输距离的函数，可能完全不随运距的增减而变化，也可能直接随运距的增减而波动。而大多数运价结构是介于两个极端之间。

（1）单一运价。单一运价就是对不同的起讫点距离只适用一种运输运价（图 3-5）例如，邮政快件的资费就是一种随邮件重量而不随邮递距离变化的运价。邮政这种定价方式是合理的。因为邮政服务总成本的绝大部分是处理费用，而处理费用与运输重量有关，与运输距离无关。如果公路运输也适用于单一运价就会造成严重的价格歧视问题，因为公路运输中线路费用占据总成本的 50%以上，运输服务价格若仅以货物重量为计价基准，则很可能使公路运输处于亏损。

（2）比例运价。如果线路成本在运输成本中所占比例很大（如公路运输、航空运输），运价制定就要使用比例运价来协调简单的运价结构和服务成本之间的矛盾（图 3-6）。只要知道两个运价（一定范围内两个短途运价率），就可以绘出直线得到该商品的不同距离运价。在一定的距离范围内，运价费率随着运距的增加而保持比例增加。虽然这种简单的运价结构有许多明显的优势。但这种运价却仅对短途运输的托运人有利，对长途运输的托运人不利。在短途运输中，端点费用（如装卸费、场站费等）无法通过距离得到补偿。而整车运输由于装卸成本极低，所以可以采用这种定价方法。

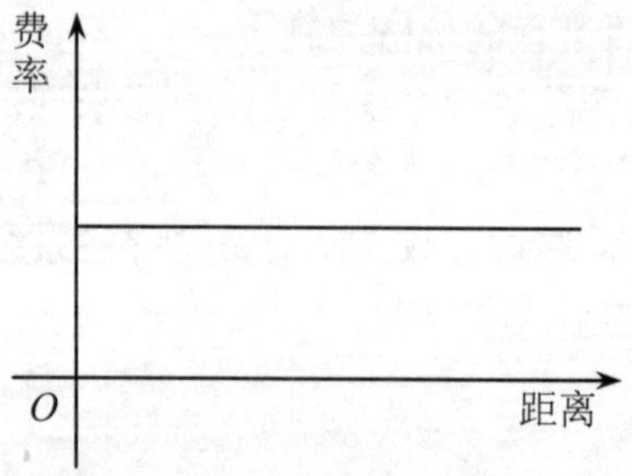

图 3-5 单一运价示意图——邮政运输

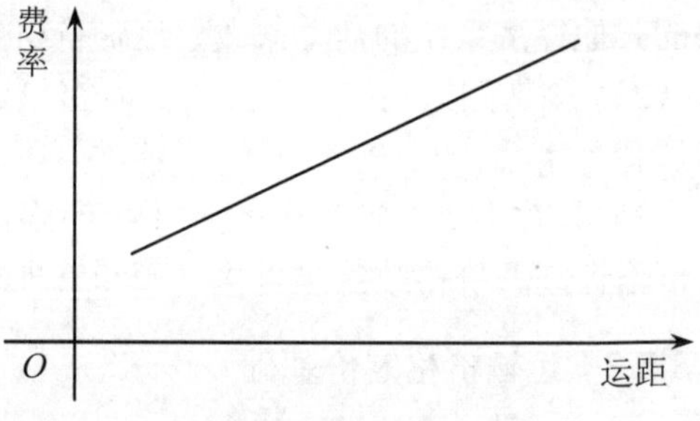

图 3-6 比例运价示意图——公路整车运价

（3）递减运价。运输的两大基本原理之一就是距离经济。因而，运输价格制定通常是建立在递远递减原则的基础上的。由于端点费用通常被包含在线路费用中，所以根据成本变化得出的运价结构就如图 3-7 所示，运价费率随着运距的增加而增加。但是，在一定距离以后，费率的增加速度是以递减方式增加的。运价费率出现这种趋势的主要原因就是随着运距的增加，断点成本和其他固定运输费用会随着运距的增加而分摊到更多的里程上。运价增加量递减的程度取决于承运人的固定成本水平以及线路营运中的规模经济效应。因此，鉴于运价结构中的经济性以及铁路运输、水路运输和管道运输的技术经济特征，铁路运输、水路运输和管道运输要比公路运输、航空运输运价递减的幅度要大。

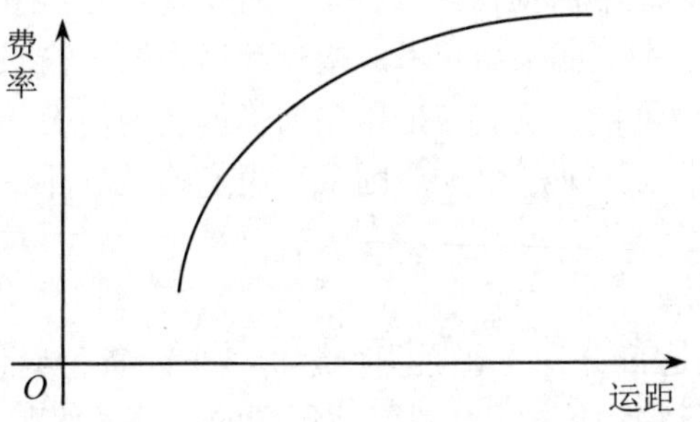

图 3-7　递减运价示意图——零担运输

（4）分段统一运价。承运人为了避免与竞争对手发生价格上的激烈冲突，在运输价格上与竞争对手的运价持平，简化运价制定、简化运输价格管理。对运价可实施分段统一运价，即适用于一个广泛范围内的起讫点之间的单一运价，运价结构如图 3-8 所示。曲线的平稳段（即图中水平虚线段）就是运价归并或统一段。实施分段统一运价制定运输价格最常见于长途运输的营运商和生产商，或市场集中在特定区域的产品中。邮政包裹和联合包裹服务公司对自起点开始到呈现辐射状的广泛区域内所报的运输价格就是其中一种形式的分段统一运价。

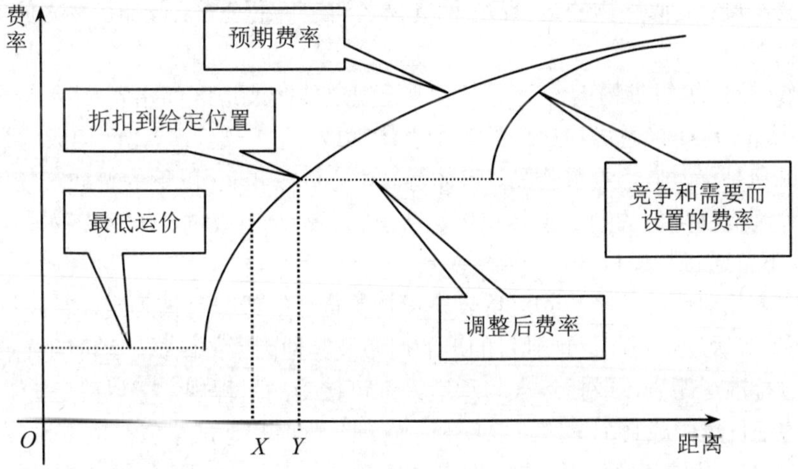

图 3-8　分段统一运价意示图

分段统一运价是一种歧视性运价。但对于承运人和托运人来讲，运价简洁带来的好处超过了歧视带来的不利影响。同时，分段统一运价也为运输服务对象提供了更多的选择。有时，竞争压力会迫使某段运输距离的运价低于根据一般运价结构和成本特点所预期的正常费率。如图 3-8 中所示的点 Y，如果降低了位于点 Y 运距的运价，可能会导致位于 Y 点前面的点（如 X 点）在价格上似乎受到了不公平的歧视性对待。为了避免这种不公平的现象，承运人就允许点 X 的运价，以及位于点 Y 前面的高于 Y 点运价的所有点的运价都等于 Y 点的运价，这一过程被称为分段统一价。

（5）与需求相关的运价。如同其他产品和服务一样，运输产品价格同样也要受到市场供求关系的影响。需求因素对运价水平会产生较大的决定作用，且由此决定的运价与提供运输服务的成本很少能保持一致。运输所提供的服务是一种价值创造过程。但是，这种价值在运输服务的接受者心目中具有一定性，如果用户考虑接受承运人的运输服务，其运价就不能超过用户所认为的价值上限，即运输价格的确定应把用户的价值认为作为一个考虑因素。影响用户心目中对运输服务价值认可的因素有两个：一个因素是用户的经济环境；另一个因素是其他可选择的运输服务环境。

2. 按货物分类的运价

按货物性质，将货物运价分为：普通货物运价、危险货物运价、冷藏货物运价及集装箱货物运价等。其中，普通货物运价中，一般又按不同的运输条件和货物本身价值高低等因素划分为若干个不同等级。例如：我国沿海、长江等航区将货物划分为 10 个等级。铁路系统按照“货物运价分类表”，将货物分为 23 类 146 项，相应共规定 17 种运价。

货物运价的制定可以说是一个比较复杂的过程，因为在价格制定的过程中要考虑许多相关因素。这些因素既相互独立存在，又彼此之间相辅相成。在运价制定过程中必须综合考虑这些因素各自的独特属性和彼此之间的相互联系。所有运价影响因素的基础就是产品密度、积载能力、装卸难易程度和运输责任的大小。这些因素具体包括货物的单位价值；运输途中如果货物遭到灭失、损坏、耗费和被窃，承运人的赔偿责任；货物对与其接触的其他货物造成损害的可能性；危险品运输可能带来的风险；牵扯责任或风险问题的货物容器或包装的种类；装卸费用和装卸的难易程度；类似货物的运价；各种货物之间运价的公平；替补货物之间的竞争情况；全国货物运输量等。

（1）等级运价。等级货物运价就是指适用于规定地区或地区间指定货物等级的货物所适用的运价。等级运价是在普通货物运价的基础上增加或减少一定百分比而构成的。适用于等级货物加价的商品包括活动物、贵重物品、尸体等。其运价按 45kg 以下的普通货物运价的 200% 计收。适用于等级货物降价的商品包括报纸、杂志、书籍及出版物、作为货物托运的行李。其运价按 45kg 以下普通货物运价 50%计收。

与货运分级表相对应的就是货物运价表。货物的货运等级一旦被确定，货物运输的线路运价就可以被确定。等级运价是起运地到目的地的运距及其他因素的函数。运价的确定基础——运距——可以通过标准运距表，或托运人与承运人都可接受的里程规章予以确定。利用里程规章可将许多分散的地址集中成几个参照点以便利于管理，同时也形成了较高的准确度。

（2）协议运价。尽管等级运价结构为许多种商品提供了确定运价的一般方法。但是，在现实运输业务操作中，运输承运人针对不同的货物托运人，或货物不同批量，或批量，向托运人报出一些特殊运价。这种特殊运价反映了某批次运输或某托运人的一些特殊情况，如运输的批量、运输方向、运输的价值和客户的价值。特殊价格可能但也不一定是建立在系统分析的基础上所提出的。协议运价意味着要比一般的等级运价更为优惠。运价制定非常特殊，大多数情况是一次性的，或极为特殊的情况下发生的。另一种常见的做法就是以等级运价为基础，随后给予特定托运人或特定批次、货物一定的价格折扣。

在运输管制解除之前，大宗货物运价多是以特殊运价形式予以确定，这种特殊价格针对运价表中一般等级运价结构不能覆盖的个别运输情形。这些运价比等级运价要低，一般情况下是优先使用的。解除运输管制以来，大宗货物运价似乎渐渐消失，而由协议运价担负起这类货物运价的角色。

在一个地区运输的总运量就使用这种特殊的报价。但多数小件货物运输承运人为简化报价，均使用一般的等级运价作为运输报价。

（3）综合运价。如果承运人不考虑构成运输批量的不同货物等级，报出一个单一运价，就是使用了一种被称为“综合运价”或“所有种类货物的运价”。货物代理人经常使用这类运价。因为货物代理人在大多数情况下处理的货物是混装货物。该运价随提供运输服务的成本而变化，不随运输服务的价值而变化。

3. 按运输批量划分

运价和实际的运输收费随实际交付的货物运量而有所差异。运价是按单位重量价格进行报价。根据运价表中起码运费和运输批量的关系有所不同。任何一种最低运量都会出现在运价表中。运价表中可能有多种最低运量，也可能对所有运量只有单一运价，即所有运量均为一个统一的运价。

铁路、公路承运人和运输经纪人据以收取运费的数量限制更低，或者他们收取一个统一的起码运费，实际收费不可能降低至起码运价以下。在实际货物运输中，因为等级运价是针对零担货物运输、整车货物运输所制定的，且有一个统一的最低车载量，所以在以等级为基础的运输报价和起码运费之外还有零担运价和整车运价。某些货物运价表重点突出的是重量分界，而不是等级运价。

除等级运价、协议运价、综合运价等运价以外，运输企业还使用其他运价来鼓励大批量货物运输，其中之一就是超重运价。超重运价比整车运价还要低，仅适用于超过整车运输最低车载量的部分。该运价鼓励托运人加大运输批量，使承运人能够充分利用其运输设施。

承运人还可通过多车运价，甚至是专列运价来进一步鼓励托运人，促使托运人货物运输批量超过整车的最低运量。运输量越大，承运人可享受到的规模经济效益就越好，之后承运人可以利用种种优惠运价将某些收益转移给托运人。此外，某些承运人制定了时间——运量运价。如果托运人在某一特定时间段内运送货物，且重量超过最低运量就可以享受到更为优惠的运输低价。在煤炭运输中经常有这样的优惠措施鼓励托运人运送货物。

4. 其他运价

将一些不适用于前述分类方法制定货物运输价格的运价简单地归并为“其他运价”类，以适应不同货物和特殊情况的货物运输价格的制定。

（1）体积运价。等级运价体系平衡考虑了许多不同产品的特征。如果货物体积很大但重量却很轻。等级运价就不能充分弥补承运人为运输货物所支付的成本，因而需要使用体积运价。体积运价根据货物占用的空间，而不是货物的重量报价。

（2）迟延运价。有时为了换取更低的运价，托运人愿意接受可能比正常服务时间更长的运输迟延。此时，承运人往往向托运人承诺货物不会晚于某指定日期运送。借助这种方法，承运人可以利用这些货物填满运输工具的富余空间。迟延运价多在水路运输和航空运输使用。

（3）保值运价。公共承运人的保有货物运输中，对货物的价值承担责任。如果货物在运输工程中发生灭失、损坏，托运人最多可以索赔货物的全部价值。在正常情况下，运价的制定就基于这种对货物的无限责任，以保证在货物发生损失时能够得到有效的补偿，使得承运人、托运人双方的损失尽可能降低。但是，与此不同的是：法律允许公共承运人基于对货物的有限责任制定运价，这种价格称为保值运价。在保值运价下，承运人可以利用对货物的有限责任，将货物灭失、损坏赔偿责任限制在一定金额之内，这种运价在货物实际价值很难估算时尤为重要，它可避免一些不必要的运输纠纷。

3.5.5 海运运价

国际海上运输与国内货物运输有很大差异，运价也与国内运输的登记体系不相一致。在国际贸易中，买卖双方一般都相距遥远，其所交易的货物通常都需要经过长途跋涉的远距离运输。在货物的运输、装卸、仓储、转运及交接过程中，需要办理进出口清关手续，安排运输与保险，支付各项税金和运杂费用；此外，货物在运输过程中，很可能遭受到自然灾害、意外事故及其他外来风险的损失。因而，在国际货物运输中就存在着风险责任由谁来承担、手续由谁来办理、费用由谁来支付等诸多问题，这些问题就成为买卖双方在磋商交易、签订合同时必须明确解决的问题。为此，在长期的国际贸易实践中，逐步形成了适用于各种需要的贸易术语，即国际贸易术语，它是指在国际贸易中用于表示商品的价格构成及在商品的交接过程中有关风险责任和费用划分问题，以文字或缩写字母组成的专门用语，亦称为国际贸易价格术语或价格条件。不同的价格条件，表明了买卖双方的责任、费用的风险承担等方面的权利与义务。

目前，常用的价格条件主要有 3 种：离岸价格（FOB）、成本加运费（CFR）和成本加保险费和运费（CIF）。这 3 种常用的价格条件是建立在“港到港”交货的基础之上的，主要适用于传统的散件货物海上和内河运输。

1. FOB（离岸价格）

FOB 是 Free On Board（装运港船上交货）的缩写形式，是指货物价格不包括运费，卖方负责办理货物出口手续，将货物在指定的装运港越过船舷后即告完成交货事宜，买方负责派船到装货港装运货物并承担货物灭失或损坏的一切责任。

2. CFR（成本加运费）

CFR 是 Cost and Freight（成本加运费）的缩写形式，是指卖方在装运港将货物越过船舷，并支付将货物运至指定目的港的所需费用即告完成货物交付事宜，买方负责货物承运并承担运输过程中所发生的货物灭失或损坏的一切责任。

3. CIF（成本加保险费和运费到岸价格）

CIF 是 Cost Insurance and Freight（成本加保险费和运费）的缩写形式，使货物价格内包括运费和保险费，由卖方派船到装货港装运货物，并支付自装货港到指定目的港的一切费用和保险费，但风险自货物在装运港越过船舷时即告转移给买方。

在对外贸易中，从维护本国利益和权益出发，一般对出口货物应争取以 CIF 价格成交，由本国船公司派船承运货物，因而可获取运输收入；对于进口货物应争取 FOB 价格成交，由本国船公司派船前往发货港装运货物，因而可以节省运输费用的外汇支出。

3.5.6 货物运输中的一些特殊费用

在货物运输中，承运人为了方便托运人发运货物，提高货运服务质量，或托运人的一些过失使货物运输常常发生一些运价以外的费用。这些特殊费用可能已包含在运输费用中，也可能作为单独的收费形式与运输费用共同构成运输总费用。

1. 特殊线路服务

（1）改道和再委托。在货物运输中，托运人为了获取整车运输的优势，追踪市场动态。对于一些易腐性货物，托运人可以先将货物通过整车运输发往大致的市场区域，在确定具体目的地后再向承运人提出变更卸货地点，将货物运往特定市场。利用这种方式，托运人可以在整车运费下获取灵活性，以满足动态的市场需求。此外，在市场需求尚未出现时，托运人可有效地利用运输设备的临时储存功能，通过迂回运送线路，可以在正常的所需运输时间之外大量增加在途时间，等待市场需求的出现。如果市场时机出现，托运人即可将货物运至市场以满足市场需求。托运人这些做法即为改道和再委托。

改道是指货物在运输途中因托运人要求改变货物运送的目的地；再委托是指货物在到达原定目的地后改变运输货物收货人。由于改道和再委托使货物承运人产生一些相应的成本，因而货物承运人必须收取一些特殊服务费用。

（2）中途经停服务。为了满足一些托运人的一些特殊要求，一些货物承运人还提供一种特殊服务，这种特殊服务就是承运人允许托运人货物在运达最终目的地之前，可以在中途做停留，或进行加工，或进行一段时间储存再继续运输。而在运价上，承运人将这种运输作为最终目的地直达运输处理，收取的运输费用在发货地到最终目的地直达运费的基础上加上因中途停留而增加的少量费用。通过这种运费计价方式，承运人可为托运人节省运输费用且提高自身市场竞争地位。因为如果承运人不提供这种特殊服务，托运人在运输一些必须在中途做停留处理而后再做继续运输的货物时，对不同区段货物运输要多次支付不同区段的直达运费，而这些多项直达费用之和必然高于提供中途服务的运输价格。如粮食、水产品等货物经常是先运至途中某地进行加工处理，然后再做继续运输到达最终目的地。中途停留服务明显减少了加工企业选址上的不利因素，使货物承运企业增加了获取运输货源的机会。

另一种与中途停留服务相关的运输服务是中途装卸服务。这种服务就是在中途应托运人要求做再装运或卸下部分货物。在货物运输中，货物托运人有时会要求承运人在货物起运地和目的地之间某一中间点（中间点不一定处于货物起止两点的连线上）做中途停留来完成装运。如货物托运人将运至不同目的地的多批货物合并成一宗整批货物，以充分利用大批量货物运输的运价优势。中途装卸服务将全部货物均作为起运点发出处理，托运人所支付的货运费用就是全部货运费用加中途停留服务费用，两项费用之和通常是低于分别计算的货运费用之和的。这种货运价格为货物承运企业提供了价格优势。

中途装卸服务费用的收取依据是运至最终目的地合并后的货物重量，且每增加一个停留点都要支付一笔额外费用。承运人在接受中途停留运输货物时，通常要求一次性收取相关费用，且最多允许有3个装卸货点，有些驮背运输允许最多有5个装卸货点。一般情况下，在运输总量大部分都出现在距起运点最远的货运点时，利用中途装卸服务所支付的运输费用肯定低于单独定价的货物运输费用。

（3）运输保护。一些货物由于其特有的物理特性或化学特性，在实施货物运输时必须实施一些特殊性防护，如鲜活货物可能需要冷藏、通风或保温，易碎货物需要提供一些特殊的包装或衬垫防护。承运人在承运这类货物时就要提供一些特殊的运输设施或措施，如防损保护、保暖或暖气设备、冷藏保鲜设施，同时还要增加提供保护服务的相关人员。尽管对这类货物的运输服务已体现在货物分级上，但货物承运人还是常常在货物运费外以附加费形式增加运输费用，以反映运输成本的增加。

（4）多式联运。多式联运是一种新型的货物运输组织方式，这种运输方式是货物联运经营人根据单一的联运合同，通过一次托运、一次计费、一张单证、一次保鲜，使用两种或两种以上的运输方式，或使用同种运输工具发生两程或两程以上运输衔接，负责将货物从指定地点运至交付地的运输。这种运输组织方式的运输费用较大幅度地低于由两个或两个联运人承运货物所支付的运输费用。这是因为在承运人运输服务范围有限时，一宗货物从起发地到最终目的地的运输可能会发生多个承运人的运输衔接，这样在货物运输总费用中必然要包括这些承运人的运输利润，因而运输总费用也就必然要高于由一个承运人所提供的全程运输服务。

2. 端点服务

货物托运人在运输端点（如车站、港口、机场等运输节点）可能向货物承运人提出一些服务项目，或货物承运人在运输网络内端点周围为托运人提供一些便利服务。为此，货物承运人在货物运费之外以附加费形式增收一些费用。

（1）取货和送货。由于市场竞争愈加激烈，许多货物承运企业将取货和送货服务列为常规服务项目，并将服务费用包括在线路运费中。尽管一些承运人在货物运输中提供一些“免费”取货、送货服务，但“免费”是有条件或区域范围限制的，如果托运人要求的取货、送货服务超出所限定的服务条件或范围，货物承运人会提出增加相应的服务费用。

（2）转轨。在铁路运输中，“线路服务”包括端点或车站之间的运输服务。转轨就是货车车厢从自有的旁轨和轨道的交汇处向货车端点或车站移动，或向相反的方向移动。转轨作业与取货、送货服务类似，只是涉及铁路运输的货车车厢。承担货物运输的铁路部门不一定与货物托运人有直接的轨道连接。在承运人承接托运人货物运输时，可能要与其他铁路运输部门签订互惠的转轨协议以服务托运人的货物运输。一般情况下，许多铁路部门采用自行消化方式冲销转轨费用，托运人除支付货物运输的相应费用之外，无须再支付其他任何费用。但条件是托运人货物承运所在地区具有一定规模，线路运输服务可创造一定水平的经济收益。如果运输费用不足以抵消承运人转轨所支付的费用，或者没有互惠协议来服务旁轨或轨道交汇点，货物承运人就要向托运人或收货人按每车统一价格收取转轨费。

（3）滞留费。在货物运输过程中，由于托运人或收货人的原因，使得实际使用运输设备的时间超过允许的免费时间。为此，承运人要向托运人或收货人收取一定罚金，即滞留金。不同的运输方式所提供的标准免费装卸时间是不同的。但是，无论是何种运输方式，如果设备滞留是由于托运人或收货人可以控制的原因造成的，使设备长期滞留的责任人就要支付递增的滞留金以补偿运输设备的长时间停留而形成的收益机会损失。

3.6 运输企业定价方法

随着物流市场的不断发展与完善，运输企业在制定运输价格时，应遵循产品定价理论并在其指导下，在不同的市场结构中，根据不同的市场特征，企业定价目标和定价手段选择合适的定价方法以适应运输市场中的各种运输需求。运输企业定价方法的选择必须依据运输企业内外部环境的特征及变化，在对不同的运输线路、不同的营销策略、不同的货物品种、不同的货物托运人进行综合分析的基础上作出决定。

在企业定价实践中，运输企业的定价方法可分为成本导向定价法、需求导向定价法和竞争导向定价法三大类。成本导向定价法是依据成本定价原理制定运输价格，这种定价方法在水路运输企业最为广泛适用；需求定价法是依据运输价值和货物的负担能力确定运输价格。在运输价格中除了考虑运输成本以外，其重点是针对运输市场需求状况，根据运输市场运输产品需求价格弹性调整运输价格；竞争导向定价法是针对运输企业竞争对手，在充分考虑自身竞争能力的基础上，以应付竞争、确保市场占有率、渗透市场而制定的以竞争为主要目的的企业定价方法。

3.6.1 盈亏平衡定价法

盈亏平衡定价法是依据运输产品的成本、利润、产量三者之间的关系确定运输价格的。在具体定价中是将运输企业的某次货物运输的盈亏分界点作为定价基准，综合货运量确定某运输任务的盈亏，以运输任务的盈亏与否作为运价制定策略的定价方法。利用盈亏平衡定价法的基本原则是运输企业某次运输任务的运输总成本与运输总收入相等时所确定的价格作为货物的运价率，该货物运价率称为保本运价率。具体定价方法如下：

运输总成本=总固定成本＋每单位货运可变成本×货运量

运输总收入=每单位货物运价×货运量

在货载一定的条件下，其运价率为：

$$\text{货物运价率}=\frac{\text{总固定成本}+\text{每单位货运可变成本}\times\text{货运量}}{\text{货运量}}$$

即

$$P^*=\frac{F}{Q}+V \tag{3-1}$$

式中：P 为价格；F 为固定费用；Q 为货运量；V 单位货运可变成本。

例如：经预测，某运输企业 2009 年社会对本企业货运需求量在 180000 吨，企业全年设备、员工工资和管理等固定费用为 54 万元，燃油费、设备维护费、低值易耗品费用等变动成本平均为 14 元/吨·千米。则企业 2009 年货运保本价格为

$$P^*=\frac{F}{Q}+V=\frac{540000}{180000}+14=17\text{ 元/吨·千米}$$

在运输总收入等于运输总成本的条件下，确定货物运价率。如果实际运价率高于此保本运价率，则为盈利，反之为亏损。

3.6.2 成本加成定价法

成本加成定价法是成本导向定价法的核心。其原理是在单位总成本（单位货运固定成本+单位货运可变成本）的基础上加上成本的一定百分比作为利润，所计算出的价格即为运输价格。其具体计算公式为

$$\text{单位运输价格}=\frac{\text{货运总成本}}{\text{货运量}}\times(1+\text{利润率})=\text{单位总成本}\times(1+\text{利润率})$$

即

$$P^*=\frac{F+QV}{Q}(1+r) \tag{3-2}$$

式中：P 为价格；F 为固定费用；Q 为货运量；V 单位货运可变成本；r 为利润率。

例如：经预测，某运输企业 2009 年社会对本企业货运需求量在 180000 吨，企业全年设备、员工工资和管理费等固定费用为 54 万元，燃油费、设备维护费、低值易耗品费用等变动

成本平均为 14 元/吨·千米。目标利润率为 20%，则企业 2009 年货运价格为

$$P^{*}=\frac{F+QV}{Q}(1+r)=\frac{540000+180000\times 14}{180000}(1+20\%)$$

$$=17+3.4=20.4\text{ 元/吨·千米}$$

利用成本加成定价法确定运输价格时的关键在于利润率的确定。一般情况下，利润率的确定应依据运输企业所处的内外部环境及所选择的经营目标而定。这种定价方法在一般运输企业广泛使用。其原因在于：

（1）定价计算简单，误差较小。企业成本支出最能真实反映企业经营活动的支出状况。用成本作为定价基础，受市场波动和其他价格影响因素的影响较小，且以此所确定的价格可以保证运输企业一是不亏损，二是利润明确。同时，价格确定计算简单，因而产生误差较小。

（2）符合运价理论和公平原则。成本是企业产品定价的下限，这是企业经营宗旨所决定的。以成本为基础加上一定的合理利润作为运输企业的货物运价，符合经济活动的基本目标和价格制定理论，并且这种定价理论较容易被货主所接受，对承运方也较为公平合理。如果所有的运输企业均采用这种成本加成定价法确定运输价格，在一定程度上会减少企业之间的相互竞争，同时也可以比较容易实现利润最大化。

尽管成本加成定价法在制定运输企业运输价格时具有计算简单、误差较小、价格公平合理等优点，但这种定价方法也存在一些不足。具体表现在：

（1）忽略了市场需求因素，价格确定不能完全符合市场需求的真实状况。因为成本加成定价法仅仅考虑的是企业成本因素，并且各运输企业均按照自身的成本决定运价。所以，企业定价重点考虑的仅是供给因素，缺乏对市场需求因素的分析。因此，成本加成定价法在较大程度上缺乏对市场的有效分析而不完全符合市场的真实状况。

（2）不能适当地反映市场竞争状况。

（3）成本使用的数据不能反映企业未来运价使用时的成本状况。利润率的确定包含着较大的人为因素，缺乏一定的客观性。

3.6.3 需求导向定价法

需求导向定价法的基本原理是以货物的负担能力及运输价值来确定运输价格，并根据市场需求程度和变化进行运价调整的一种定价方法。需求导向定价法一般有负担能力需求定价法、差别定价法和需求弹性定价法。

1. 负担能力需求定价法

负担能力需求定价法是以货物的价值为基础，以货物价值的高低来确定其运输负担能力进而确定运输价格的。货物价值是指单位货物的市场价格。货物负担能力的确定是以货物价值的高低、市场调查及经验统计为基础的。通常货物价值较高的，其运价负担能力也随之较强；货物价值较低的，其运价负担能力也随之较弱。这种定价方法比较符合人们对不同价值的货物运输价值的认可：高价值的货物就应该是较高的运输费用，低价值的货物就不应该是太高的运输价格。一般而言，成本加成定价法中的利润率就是在综合了货物的负担能力基础上确定的。因此，负担能力定价法是成本加成定价法的一种补充。具体计算公式为

$$\text{运价}=\text{货物价值}\times\text{货物负担能力系数} \tag{3-3}$$

2. 差别定价法

差别定价法亦称区别需求定价法，这种定价法是以区分不同需求为定价原则。在确定运价时，区分不同货主、不同货运时间、不同货运地点来确定不同运输价格。具体形式有以下 3 种：

（1）货主差别运价。货主差别运价通常以货运量大小区分货主。对常年有大批量货物运输的大货主，为了能够长期与这些货运大客户保持稳定的货运关系而得到稳定的运输货源，运输企业往往对这些大客户采用优惠运价。而对零星小批量货物者制定较高的运价。此外，一些运输企业对常年有运输业务的老货主也采用较为优惠的运输价格，而对于零星散户采用较为高的运输价格。

（2）区域差别运价。对于不同区域的货物，由于同一劳务在不同地区（或线路）需求强度和弹性不同，因而在不同的需求强度区域（或线路）采取不同的价格。一般情况下，对高强度需求区域（或线路）采用较高的运输价格；而对于需求强度较低的区域（或线路）则采用较低的运价。

（3）时间差别运价。对于不同的货物运输时间采用不同的运输价格而形成时间差别价格。货物运输高峰时段赋予较高的运输价格；货物运输较低的时段则给予较低的运价。这种定价方法特别适用于季节性货物运输价格的制定。在货物运输的旺季采用较高的运价，在货物运输的淡季则采用较低的运价。

3. 需求弹性法

需求弹性法是根据市场供求状况确定运输价格的一种定价方法。这种方法主要是依据需求价格弹性大小制定运输价格。需求价格弹性是指货物运输需求对货物运输价格变化的反应程度，或运输价格变化对货物运输需求的影响程度。按照货物需求对价格变化的敏感程度，可将货物运输需求分为高敏感性价格变化反应的弹性需求和低敏感性价格变化反应的非弹性需求。根据经济学需求价格弹性理论，不同需求价格弹性对收益的产生具有不同的影响。对于高价格弹性的货物运输需求应采用低价格策略可增加运输企业运输收入，即“薄利多销”；对于低价格弹性的货物运输需求应采用较高的运价策略，可使运输企业增加运输收入。

运用需求价格弹性法确定运输价格，可利用需求价格弹性系数来判断货物运输需求的价格弹性大小。其计算公式为

$$\text{需求价格弹性系数}=\frac{\text{需求量的变化量}/\text{原需求量}}{\text{价格的变化额}/\text{原价格}}=\frac{\text{需求量变化率}}{\text{价格变化率}} \tag{3-4}$$

当需求价格弹性系数大于 1 时为弹性需求，小于 1 时为非弹性需求。在弹性需求下，或在货源不充足而使货物运输需求变为弹性需求时，可以采取适当降价策略来扩大货物运输来源，获取薄利多销，增加收益的效应。在非弹性需求下，或在货源较为充足而使货物运输需求变为非弹性需求时，可采用适当提高运输价格策略以增加运输企业运输收益。此时应以货物负担能力为限确定运价的提高幅度。

需求导向定价法在充分考虑运输成本这一基本因素以后，在不同程度上又对运输市场状况、货物负担能力及运输货物需求状况给予了充分考虑和分析，并以综合分析为基础确定货物运输价格。这种定价方法相对于成本导向定价的事后确定法更为主动。因此，需求导向定价法不失为是一种比成本导向定价法更为科学的定价方法。

3.6.4 竞争导向定价法

竞争导向定价法不同于成本导向定价和需求导向定价。这种定价方法既不以运输成本为定价基础，也不以运输市场需求为运价确定准则。竞争导向定价法是基于竞争目的，以应付竞争、确保市场占有率、渗入市场为主要目的的定价方法。这种定价方法的定价原则是依据竞争状况确定不同的价格策略以实现所要达到的目的。在定价实践中，竞争导向定价法是以竞争对手确定的运价为基本运价，综合考虑自身的货运需求、企业所拥有的经营资源、企业外部竞争环境和企业自身的竞争实力确定本企业的运价水平。这种定价方法最显著的缺点就是比较容易引发市场价格战而形成恶性竞争。在竞争愈加激烈的货运市场中，运输企业往往是依据企业内外部竞争环境和市场条件，企业的长、中、短期目标以及企业所处的市场结构来确定不同的运输价格策略。有些运输企业为了能够迅速打入到新的市场领域，在进入新市场之初往往采用比竞争对手运价低一定幅度的低价倾销策略，以力图在一个较短时间内达到市场份额领先地位。在市场份额达到一定的占有率、运输货源得到相对巩固、企业货运经营形成一定程度的垄断地位以后，又采取高价策略以谋求更高的经营收入。此时，企业又以运输质量领先为定价目标，采用高于竞争对手运价一定幅度的运价，通过提供其他运输服务和高的运输质量作为市场领先地位的绝对优势，巩固和扩大已有的市场份额。在完全竞争市场结构中，相互竞争的企业确定运价的基本方法是以市场运价为导向来确定企业自身的运价。在寡头垄断市场结构中，处于被支配地位的运输企业应以价格领袖企业的运价为定价导向，在对企业自身竞争实力的充分考虑基础上对价格领袖企业的价格略作调整。

小　结

本章主要介绍了物流系统中运输的基本概念、特征、功能和基本原理，各种运输方式及主要的技术经济特征，运输成本及主要构成、成本核算的主要内容，影响运输成本的主要因素及降低运输成本的有效途径、降低运输成本的数量分析方法。并在此基础上，对运输价格及价格构成要素、价格种类、价格确定的基本计算方法，运输过程一些特殊服务价格等内容进行了较为详细的介绍。

运输就是人或货物借助于运输工具和运输基础设施在空间产生的位置移动。其运输的特点表现为：运输具有生产的本质属性、运输服务的公共性、运输产品是无形产品、运输生产和运输消费同时进行、运输产品具有非储存性、运输产品的同一性；运输功能主要体现为：货物位移和货物临时储存；运输原理主要有：规模经济和距离经济。

现代运输共有五大方式：铁路运输、道路运输、水路运输、航空运输及管道运输。五大运输方式主要的技术经济特征通常是在运输成本、速度、能耗、便利性、投资、对环境的影响、运输能力及适用范围等方面体现出差异。

运输成本是指承运人为完成特定货物位移而消耗的物化劳动和活劳动的总和，即运输企业进行运输生产活动所发生的各项耗费的货币表现。研究运输成本的意义主要体现为：运输成本是运输企业核算消耗、计算盈亏的基础，运输成本为运输企业制定合理的运输价格提供依据，运输成本是考核运输企业经济效益的重要指标，运输成本是反映运输企业生产经营管理水平高低的经济指标。

运输成本主要是由营运成本、管理费用、财务费用所构成。运输成本的分类：固定成本和变动成本，直接成本和间接成本。影响运输成本的因素主要有：产品特征、运输特征和市场因素。而降低运输成本可通过选择合理的运输工具、降低运输装卸搬运成本、拥有适当的运输工具、优化运输路线和优化运输网络等途径来实现。降低运输成本的数量方法，最常见、最简单的是最短路线法。这种方法是利用图形求解交通距离最短、运输费用最低、花费时间最少等运输路线优化问题。

运输价格，即运输产品的价格，它是运输产品价值的货币表现。运价结构主要是：与运距相关的运价、按货物分类的运价、按运输批量划分、其他运价。常用的海上运输价格条件主要有 3 种：离岸价格（FOB）、成本加运费（CFR）和成本加保险费和运费（CIF）。这 3 种常用的价格条件是建立在“港到港”交货的基础之上，主要适用于传统的散件货物海上和内河运输。运输企业定价的方法主要有：盈亏平衡定价法、成本加成定价法、需求导向定价法及竞争导向定价法。

习　题

一、单项选择题

1．运输的主要功能是使货物产生（　　）。
A．时间效用　　B．空间效用　　C．形质效用　　D．增值效用

2．水路运输最显著的特征是（　　）
A．速度快　　B．成本低　　C．可达性好　　D．全天候

3．铁路运输最适宜（　　）方面的运输。
A．大批量、长距离　　B．小批量、短距离
C．时令商品　　D．价值高的货物

4．不属于运输特征的是（　　）。
A．运输产品是无形产品　　B．运输产品不具备储存性
C．运输产品具有同一性　　D．运输产品具有形质改变

5．运输管理和营运的规模经济原理是指（　　）。
A．运量增大，运输总成本下降　　B．运量增大，每单位运输成本下降
C．距离越远，运输总成本越低　　D．距离越远，每单位运输成本越低

6．航空运输具有（　　）的特征。
A．高速可达性　　B．高度机动性
C．相对成本低　　D．全天候

7．运输成本的计算单位是（　　）。
A．运输周转量　　B．运输距离　　C．运输时间　　D．运输次数

8．运输企业为筹措资金而发生的各项费用支出属于（　　）。
A．管理费用　　B．营运成本　　C．营业性支出　　D．财务费用

9．研究运输成本的意义主要体现在（　　）。
A．运输企业核算消耗、计算盈亏的基础

B．运输企业生产经营的基础

C．运输企业的生存根本依据和价值体现

D．运输企业制定发展战略的必要

10．产品的装载性能主要是通过（　）影响运输成本的。

A．运输工具的装载空间利用程度　B．运输工具载重量利用程度

C．运输工具的有效运输距离利用　D．运输工具的运输时间利用

11．将过去按不同货主、不同商品分别进行的运送，改为不区分货主和商品，集中运货的“物流及配送的集约化”属于（　）。

A．共同运送　B．集约运送　C．联合运送　D．中转运送

12．运输工具的事故损失费用属于运输企业的（　）。

A．固定费用　B．可变费用　C．直接费用　D．间接费用

13．运输需求的不平衡对运输成本将产生一定的影响，而需求不平衡主要表现在（　）。

A．运输时间的不平衡　B．运输货运量的不平衡

C．运输价格的不平衡　D．运输价值的不平衡

14．运输工具的便利性主要体现在运输工具的（　）。

A．可达性　B．经常性　C．时间性　D．互补性

15．实施托盘化运输可以降低运输成本。托盘化运输就是利用托盘作为货载运输单元进行运输。实施托盘化运输的关键在于（　）。

A．托盘的规格　B．托盘装卸机械

C．全程托盘化　D．托盘使用频率

16．运输价格实现货币价值尺度的职能，反映价格必须通过货币来表现和度量运输价值量大小的功能属于运输价格的（　）。

A．信息职能　B．核算职能　C．表价职能　D．调节职能

17．属于运输距离不合理的运输不合理现象是（　）。

A．对流运输　B．重复运输　C．迂回运输　D．倒流运输

18．常用的运输价格制定是建立在（　）基础上。

A．递减原则　B．货物价值　C．货物重量　D．成本原则

19．竞争导向定价法是基于（　），以应付竞争、确保市场占有率、渗入市场为主要目的定价方法。

A．市场占有率　B．运输成本　C．竞争目的　D．市场需求

20．差别定价法是基于（　）确定运输价格的一种定价方法。

A．成本导向　B．竞争导向　C．利润导向　D．需求导向

21．利用成本加成定价法确定运输价格时的关键在于（　）。

A．成本的核算　B．市场需求的测算

C．竞争对手的运价　D．利润率的确定

22．运用需求价格弹性法确定运输价格，在弹性需求下，或在货源不充足而使货物运输需求变为弹性需求时，运输企业应采取的价格策略是（　）。

A．提高运输价格　B．保持运价不变

C．降低运输价格　D．跟随价格领袖

23．对于不同区域的货物，由于同一劳务在不同地区（或线路）需求强度和弹性不同。因而在不同的需求强度区域（或线路）采取不同的价格确定。这种定价策略属于（　）。

A．差别定价法　　B．分类定价法
C．需求弹性定价法　　D．价格歧视

24．在完全竞争市场结构中，相互竞争的企业确定运价的基本方法是以（　）为导向来确定企业自身的运价。

A．市场需求　　B．市场运价
C．价格领袖企业的运价　　D．竞争对手运价

25．产品的可靠性主要反映在（　）。

A．产品使用性能　　B．产品的易燃性
C．产品质量特性　　D．产品装载性能

二、多项选择题

1．物流系统的三大效用是（　）。

A．时间效用　　B．距离效用　　C．空间效用　　D．价值效用
E．形质效用

2．运输管理和营运的基本原理是（　）。

A．时间经济　　B．数量经济　　C．规模经济　　D．距离经济
E．空间效用

3．运输的主要方式有（　）。

A．多式联运　　B．管道运输　　C．水路运输　　D．航空运输
E．集约化运输

4．运输的特征主要体现在（　）。

A．运输具有生产的本质属性　　B．运输产品的同一性
C．运输产品的可储存性　　D．运输产品属于无形产品
E．运输产品生产与消费的分离性

5．铁路运输主要的技术经济特征有（　）。

A．运输成本低　　B．运输经常性好
C．机动性差　　D．运输能力大
E．投资少

6．运输成本是运输承运人为完成特定货物位移而消耗的（　）的总和，即运输企业进行运输生产活动所发生的各项耗费的货币表现。

A．燃油费　　B．人工费　　C．设备使用费　　D．物化劳动
E．活劳动

7．运输成本包括（　）。

A．制造费用　　B．管理费用　　C．递延资产　　D．营运成本
E．财务费用

8．影响运输成本的主要因素有（　）。

A．运输事故损失　　B．货物运送距离

C．货物负担能力　　D．装卸搬运效率
E．产品的可靠性
9．降低运输成本的有效途径有（　　）。
A．减少装卸搬运次数　　B．减少装卸机械的使用台数
C．缩短运输距离　　D．选择合理的运输工具
E．加强安全管理
10．合理选择运输工具的评价尺度包括（　　）。
A．经济性　　B．通用性　　C．便利性　　D．安全性
E．快速性
11．在降低运输成本的途径中，优化运输路线的方法主要有（　　）。
A．线性规划　　B．图表分析作业法
C．节约里程法　　D．表上作业法
E．价值评价法
12．在影响运输成本的各种因素中，属于运输特征的影响因素是（　　）。
A．货物运送距离　　B．载货量
C．运输工具的装载能力　　C．运输事故损失
E．装卸搬运效率
13．属于货运量方面不合理的运输是（　　）。
A．对流　　B．倒流　　C．空驶　　D．迂回
E．过远
14．在运价结构中，与运距相关的价格是（　　）
A．等级运价　　B．单一运价　　C．比例运价　　D．递减运价
E．分段统一价
15．需求导向定价法包括（　　）。
A．负担能力定价法　　B．差别定价法
C．需求弹性定价法　　D．渗透定价法
E．撇油定价法
16．运输价格的职能主要表现为（　　）。
A．表价职能　　B．信息职能　　C．调节职能　　D．会计职能
E．核算职能
17．在运输价格中属于特殊服务费用的是（　　）。
A．改道和再委托费用　　B．中途经停服务费用
C．运输保护费用　　D．取货和送货费用
E．滞留费
18．海运价格主要形式有（　　）
A．离岸价格　　B．成本加运费
C．到岸价格　　D．国际市场价格
E．成本加保险费及运费到岸价格
19．在五大运输方式中运输能力相对较大的是（　　）

A．铁路　　B．公路　　C．水路　　D．航空
E．管道

20．运输成本主要是由（　　）构成。
A．营运成本　　B．管理费用　　C．直接费用　　D．间接费用
E．财务费用

21．运输工具的便利性主要是通过（　　）来体现。
A．经常性　　B．灵活性　　C．机动性　　D．适用性
E．方便性

22．运输需求的不平衡性主要是通过（　　）影响运输成本的。
A．运输时间的不平衡　　B．运输货运量的不平衡
C．运输距离的不平衡　　D．运输方向的不平衡
E．运输方式的不平衡

23．（　　）的特点是集装箱运输有别于传统运输方式的主要特征.
A．安全　　B．便捷　　C．标准　　D．低价
E．货运量大

24．“四就”直拨运输是指（　　）
A．就厂直拨　　B．就车站（港口）直拨
C．就库直拨　　D．就货直拨
E．就车（船）过载

25．在运价结构中，按货物分类的运价是（　　）
A．综合运价　　B．等级运价　　C．迟延运价　　D．协议运价
E．体积运价

三、判断题

1．运输规模经济主要体现为：随着货运量不断增加，运输总成本随之下降。　（　　）

2．成本导向定价法是基于竞争目的，以应付竞争、确保市场占有率、渗入市场为主要目的的定价方法。　（　　）

3．在弹性需求下，或在货源不充足而使货物运输需求变为弹性需求时，可以采取适当提高价格策略来扩大货物运输来源。　（　　）

4．差别定价法亦称区别需求定价法，这种定价法是以区分不同区域为定价原则。　（　　）

5．迂回运输是因为商品或物资供应地舍近求远的错误选择形成了运输距离拉长。　（　　）

6．过远运输是因为运输路线舍近求远的错误选择延长了运输路线。　（　　）

7．运输产品的非储存性使得运输产品表现为供不应求。　（　　）

8．与工农业生产过程的不同之处在于：运输业生产过程是在不改变劳动对象原有属性或形态的要求下实现劳动对象的空间位移。　（　　）

9．负担能力需求定价法是以货物的价值为基础的。　（　　）

10．区域差别运价是根据市场供求状况确定的一种运输价格。　（　　）

四、计算题

某物流公司有一批货物需要由仓库所在地 v_1 运至各客户所在地，其线路及距离如图 3-9 所示。试用狄克斯特拉算法（双标号法）确定仓库至各客户最短距离。

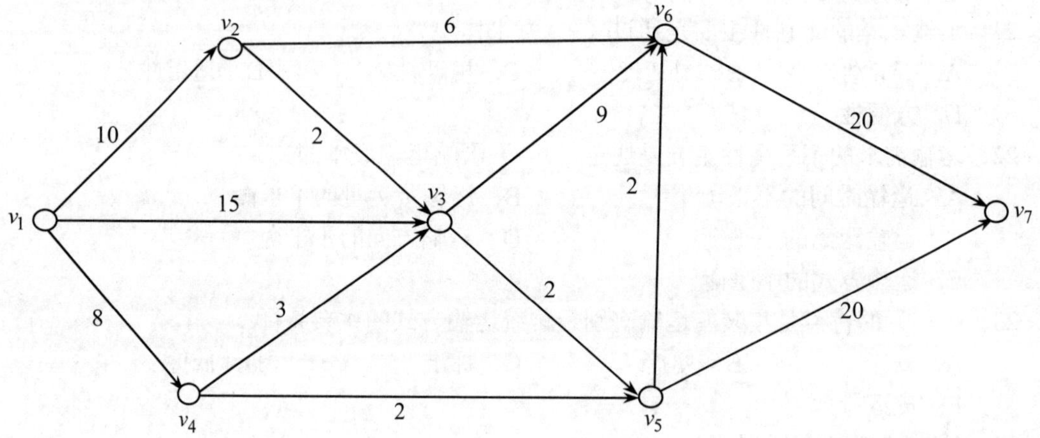

图 3-9　某物流公司仓库所在地 v_1 到各客户所在地可行驶道路示意图

第 4 章　流通加工成本管理

知识点

- 流通加工成本的概念、流通加工成本核算
- 流通加工成本分析与管理

难　点

- 流通加工的功能成本
- 流通加工成本动态分析

要　求

熟练掌握以下内容：

- 流通加工成本的含义与构成
- 流通加工成本核算条件
- 流通加工成本对象

了解以下内容：

- 流通加工的地位及作用
- 降低流通加工成本的措施

4.1　流通加工成本概述

4.1.1　流通加工的概念与特点

流通加工是为了有效地满足用户的需要，在物品进入流通领域后，按照客户的要求进行有目的的加工活动，即在物品从生产者向消费者流动的过程中，为了促进销售、维护商品质量和提高物流效率，对物品进行一定程度的加工。我国国家标准《物流术语》（GB/T 18354－2006）中对流通加工的定义是："物品在生产地到使用地的过程中，根据需要施加包装、分割、计量、分拣、刷标志、拴标签、组装等简单作业的总称。"流通加工通过改变或完善流通对象的形态来实现"桥梁和纽带"的作用。随着社会经济增长，国民收入增加，消费者的需求出现多样化，在客观上促使流通领域发生变革，流通加工正是顺应这一变革而出现的一种新的加工形式。

流通加工和一般的生产型加工在生产组织与管理方面并无显著区别，但在加工对象、加工程度以及价值表现方面差别较大，具有自身的特点。

（1）流通加工的对象是进入流通过程的商品。在社会生产向多品种、小批量生产方式转

型后，社会生产越来越复杂，生产方式的专业化与消费方式个性化的矛盾；生产方式的规模化与消费方式多样化的矛盾，在客观上要求生产过程向流通过程延伸或转移，在流通过程中形成了某些加工活动。流通加工的对象大多是原材料、零配件、半成品，通过流通加工，改变了商品的形态与使用方向，使商品更容易满足客户的需求。

（2）流通加工性质大多属于二次简单加工。随着生产向流通的转移，必然涉及产品在空间、时间及品种、数量上的供需矛盾，即生产与消费不在同一个地点，存在着一定的“空间差”；生产与消费在时间上的不同步，存在着一定的“时间差”；生产者与消费者的供需关系的不平衡，存在着一定的“个性差”。为了弥补上述问题所形成的缺陷，通过运输、储存及流通加工等手段改变商品的空间状态、时间状态和物化状态，在很大程度上缓解了生产与流通的矛盾。

（3）流通加工的价值形态大多属于增值服务。流通加工的出现使流通过程明显地具有了某种“生产性”，改变了长期以来形成的“价值及使用价值转移”的旧观念。流通加工实践证明了：流通过程中孕育着创造价值的潜在能力，流通过程可以主动创造商品的价值及使用价值的，而不单是被动地“保持”和“转移”的过程，可以通过流通加工提高商品的价值和使用价值，实现产品的价值增值。

（4）流通加工的组织者大多是从事物流服务的企业。物流企业与客户一般都保持着密切的联系，根据客户的要求，将流通加工纳入物流系统。流通加工可以以少量的投入获得很大的效果，是一种高效益的加工方式，自然得以大力的发展。因此，流通加工从技术上来讲，可能不需要采用什么特别先进的技术，但这种方式一旦形成物流一体化服务，就具有很强的竞争力，并在现代流通领域内具有极强的专业优势。

4.1.2 流通加工的地位及作用

1. 流通加工在物流中的地位

（1）流通加工是现代物流系统的重要组成部分。现代物流的一个显著特点是物流一体化的服务功能。流通加工一方面借助物流的运输功能，完善了流通与消费之间的密切关系，使商品的流通速度进一步加快；另一方面，流通加工借助仓储的功能，提供了生产与流通结合的便利条件，使商品的价值在流通领域得到进一步提升。虽然流通加工的普遍性不能与运输、储存相比，但绝不是说流通加工不甚重要，实际上它也是不可轻视的，是起着补充、完善、提高、增强等功能作用的。它能起到运输、储存等其他功能要素无法起到的作用。所以，流通加工的地位可以描述为是提高物流水平，促进流通向现代化发展的不可或缺的物流形态。

（2）流通加工是物流中的重要利润源。流通加工是一种低投入、高产出的加工方式，往往以简单的加工解决了销售的大问题。有的流通加工通过改变物品的装潢，使商品档次得到提升；有的流通加工通过对物品的分割与组装，使商品的利用率得到提高。这种在流通过程中，直接提升产品差异性的加工方法是传统生产方式难以企及的。根据我国近些年的实践，仅就流通加工向流通领域提供的利润，其成效并不亚于从运输和储存中挖掘的利润。

（3）流通加工在国民经济中也是一种重要的加工形式。在整个国民经济的组织和运行方面，流通加工是其中一种重要的加工形式，对推动国民经济的发展和完善国民经济产业结构有一定的意义。在流通过程中对商品进行有目的的加工，可以弥补生产部门、物资部门、商业部门加工程度的不足，更可有效地满足用户的需求，更好地衔接生产和需求环节，使流通过程更加合理。

2. 流通加工的作用

（1）提高原材料的利用率。利用流通加工环节进行集中加工，主要是将生产厂家运来的简单规格产品，按客户的要求进行集中下料。例如，将钢板进行剪板、切裁；钢筋或圆钢裁制成毛坯；木材加工成各种长度及大小的板料、方料等。集中下料可以优材优用、小材大用、合理套裁，有很好的技术经济效果。

（2）进行初级加工，方便用户。用量小或临时需要初级加工的单位，缺乏进行高效率初级加工的能力，依靠流通加工可以使用户省去进行初级加工的投资及人力耗费，从而搞活供应，方便了用户。目前发展较快的初级加工有：将水泥加工成生混凝土，将原木或板方材加工成门窗，冷拉钢筋及冲制异型零件，钢板预处理、整形、打孔等加工。

（3）提高加工效率及设备利用率。在分散加工的情况下，加工设备由于生产周期和生产节奏的限制，设备利用时松时紧，使得加工过程不均衡，设备加工能力不能得到充分发挥。而流通加工面向全社会，加工数量大、加工范围广、加工任务多。这样可以通过建立集中加工点，采用一些效率高、技术先进、加工量大的专门机具和设备，一方面提高了加工效率和加工质量，另一方面还提高了设备利用率。

4.1.3 流通加工成本的含义与构成

从整个物流系统来讲，流通加工几乎涉及了所有的物流功能要素，是物流活动在流通加工过程中的体现。一般的流通加工，集装卸搬运、包装、保管、配送于一体，通过一系列物流活动，实现流通加工的目的。流通加工成本是指流通加工活动中所消耗的物化劳动和活劳动的货币表现，即产品在流通加工过程中的人力、物力和财力的耗费，以及与流通加工有关的资金占用、物品损耗、保险和税收等成本构成。具体包括流通加工业务人员的工资福利、加工设施年折旧、燃料与动力消耗、设施设备维修保养费、业务费等。根据流通加工的成本属性，其主要成本应由以下费用构成：

（1）流通加工设备费用。流通加工设备费用是指流通加工设备购置费用。流通加工设备因流通加工形式不同而不同，购置这些设备所支出的费用以流通加工费用的形式转移到被加工的产品中去。

（2）流通加工材料费用。流通加工材料费用是指流通加工过程中需要消耗一些材料的费用，是在流通加工过程中，投入加工过程中的一些材料消耗所需要的费用。

（3）流通加工劳务费用。在流通加工过程中从事加工活动的管理人员、工人及有关人员工资、奖金等费用的总和。

（4）流通加工其他费用。流通加工中耗用电力、燃料、油料等所需的费用。

4.2 流通加工成本核算

4.2.1 流通加工成本核算范围

在核算流通加工成本时，必须要明确成本的核算范围。如果无视成本的核算范围，很难反映流通加工成本的真实成本。流通加工成本范围包括物流范围、功能范围和形态范围。

1. 物流范围

物流范围顾名思义，指的是物流的起点和终点的长短。人们通常所讲的物流有：原材料物流，即原材料从供应商转移到工厂时的物流；工厂内物流，即原材料、半成品，成品在工厂的不同车间、不同地点的转移和存储；从工厂到仓库的物流；从仓库到客户的物流。这个范围相当广阔。所以，从哪里开始到哪里为止，对于流通加工成本的核算影响很大。

按物流的范围划分，物流成本可以分为供应物流成本、企业内物流成本、销售物流成本、回收物流成本以及废弃物流成本。流通加工的成本大多数属于销售物流成本范围，指的是为了进行销售，产品从成品仓库运动开始，经过流通环节的加工制造，再运输至用户的仓库或现场的物流活动。人们通常所讲的加工成本是指在生产过程中消耗的物化劳动与活劳动的货币表现。虽然流通加工属于生产过程的延伸与补充，但是产品一旦进入流通领域，其生产过程的成本范围已经终结，产品的物化形态随着商流的转移，进入销售物流成本的范围。流通加工的成本范围涉及加工过程的物流成本和加工成本，包括加工对象从供应商转移到加工单位时的物流成本；加工单位内部物流成本与加工成本；从加工单位到客户的物流成本。这个范围可以说涉及了该商品的整个销售过程。

流通加工成本范围应该定义为按客户要求进行加工活动的开始到交到客户手里的全过程。即按客户的要求进行的加工活动的动态范围。一方面，按照流通加工的时空范围，界定流通加工的物流成本，包括运输、储存、装卸搬运、配送等活动内容；另一方面，按照流通加工的物态范围，界定流通加工的作业成本。这种方法可以看出流通加工成本的实际耗费，比按成本形态计算成本的方法能更进一步找出影响流通加工成本的症结，为进行流通加工作业管理，设定合理化目标提供决策依据。

2. 功能范围

物流功能范围是指在运输、保管、包装、装卸、信息等诸物流功能中，把哪些功能、哪些业务、哪些活动作为流通加工成本的计算对象。流通加工是将已完成加工的各种原材料、零部件或产品及时提供给生产商或是销售渠道或最终顾客，并保证产品的适用状态。从成本角度来讲，产品的适用状态是以尽可能低的总物流成本及时地送交给最终顾客。流通加工的功能取决于物流系统的基本要素的构成。它包括客户服务、订单处理、加工、包装、储存、运输、物流信息等多功能的组合。组织流通加工服务，就是指从顾客下订单直至产品最终送到顾客手中为止的整个过程中，为了确保产品能在恰当的时间、恰当的地点供应并运送到顾客手中而采取的一系列提高顾客满意度及物流效率的活动。因此，能否很好地满足顾客要求，能否保证顾客的生产顺利进行，是流通加工服务的衡量标准，也是最基本的指标。有多少符合客户要求的产品，有多少产品在客户可以接受的范围之内，不仅仅是流通加工单一功能解决的问题，它涉及产品特性、包装规格和要求、存储条件、周转量、运输环境等要素设计配套的仓库系统、装卸搬运系统以及标准化的操作流程。

流通加工还涉及为客户进行企业物流流程的诊断和分析、物流策略的分析和设计、物流实施策略的规划和设计等。其中包括物流信息服务，客户实现网上下单、货物跟踪查询、网上货物库存状态查询；资金收付服务：代理客户向收货方收取运费、服务费及贷款；对长期客户及大客户，还可以在加工期间代垫资金，按月结算。总之，流通加工的功能范围是一种定制类的多功能组合，其成本大小取决于服务水平与服务成本的对应关系。

3. 形态范围

按物流成本支付形态划分，流通加工成本可分为材料费、人工费、维护费、一般经费和特别经费。这些费用对应的成本科目构成了成本核算对象的范畴。在核算对象中，还涉及外部运输费、保管费等物流开支。这么多开支项目，把哪些列入流通加工的成本计算对象中，对流通加工成本的大小影响颇大。把流通加工成本划分为业务人员的工资福利、加工设施折旧、燃料与动力消耗、设施设备维修保养费、业务费等支付形态，便于进行流通加工成本分析。

所以，以上 3 个方面的选择，决定着流通加工成本的大小。在确定核算范围时，绝不可盲目或大意，而应立足于本企业的实际情况，来决定自己合理的成本核算范围。成本只有在相同的条件下进行比较时，才能得出正确的结果。

4.2.2　流通加工成本对象

确定流通加工成本对象是物流企业设置流通加工成本明细账、归集和分配业务费用、计算成本的基本前提。明确流通加工成本核算对象，也就是明确物流企业在流通加工业务过程中所发生的资源耗费的承担对象。考虑到物流企业所承接的流通加工业务运作的特点，可结合流通加工成本形态确定核算对象。

1. 按流通加工支付形态划分

把流通加工成本划分为业务人员的工资福利、加工设施年折旧、燃料与动力消耗、设施设备维修保养费、业务费等支付形态。从中可以了解物流成本总额，也可以了解什么经费项目花费最多。对认识流通加工成本合理化的重要性，以及考虑在物流成本管理应以什么为重点，十分有效。

2. 按流通加工功能形态划分

按照流通加工活动的功能，将流通加工分为包装加工、分割加工、计量加工、分拣加工、刷标志加工、拴标签加工、组装加工等作业内容。确定流通加工的功能对象，有利于区分流通加工作业成本。这种方法可以看出哪种流通加工更耗费成本，比按形态计算成本的方法能更进一步找出影响流通加工成本的症结。并且可以计算出流通加工成本功能耗费，为进行流通加工作业管理，设定合理化目标提供决策依据。

3. 按流通加工对象形态划分

按流通加工适用对象核算成本，可以分析出流通加工成本都用在哪一种对象上。如可以分别把商品、物流中心、用户作为适用对象来进行计算。

按商品核算流通加工成本是指按流通加工全过程计算出来的物流成本，这种方法可以用以采用不同的基准，将物流成本分配到流通加工对象。用来分析流通加工对象的盈亏，在实际运用时，要考虑进货和出货差额的毛收入与商品周转率之积的交叉比率。

按物流中心核算物流成本，就是要算出各物流中心单位流通加工成本与销售金额或毛收入的对比，用来了解各物流中心流通加工成本中存在的问题，以加强管理。

按顾客核算流通加工成本的方法，又可分为按标准单价计算和按实际单价计算两种计算方式。通过计算不同客户的流通加工成本，可作为选定顾客、确定物流服务水平、制订顾客战略的依据。

4. 按流通加工作业成本划分

以作业为基础的成本划分，是把消耗的资源按资源动因分配到作业，以及把作业收集的作业成本按作业动因分配到成本对象的核算方法。其理论基础是：生产导致作业的发生，作业消耗资源并导致成本的发生，产品消耗作业。因此，作业成本法计算成本就是把各种资源库成本分配给各作业，再将各作业成本库的成本分配给最终产品或劳务。

以作业为中心，不仅能提供相对准确的成本信息，而且还能提供改善作业的非财务信息。以作业为纽带，能把成本信息和非财务信息很好地结合起来，即以作业为基础分配成本，同时以作业为基础进行成本分析和管理。

应用作业成本法核算物流并进行管理可分为如下 4 个步骤：

（1）界定物流系统中涉及的各个作业。作业是工作的各个单位，作业的类型和数量会随着不同的服务水平而不同。

（2）确认物流系统中涉及的资源。资源是成本的源泉，资源包括直接人工、直接材料、生产维持成本（如采购人员的工资成本）、间接制造费用以及生产过程以外的成本（如广告费用）。资源的界定是在作业界定的基础上进行的，每项作业涉及相关的资源，与作业无关的资源应从物流核算中剔除。

（3）确认资源动因，将资源分配到作业。作业决定着资源的耗用量，这种关系称作资源动因。资源动因联系着资源和作业，它把总分类账上的资源成本分配到作业。

（4）确认成本动因，将作业成本分配到产品或服务中。作业动因反映了成本对象对作业消耗的逻辑关系，例如，计量、刷标志、拴标签、组装等作业形式，完全可以根据作业对象的成本动因（单位加工成本）乘以业务量计算出作业成本，再将作业成本分配到相应的产品中去。

4.2.3 流通加工成本核算

1. 流通加工直接材料费用的计算与归集

直接材料费用的计算与归集的数额是根据全部领料凭证汇总编制的“耗用材料汇总表”确定的。在归集直接材料费用时，凡能分清某一成本计算对象的费用，应单独列出，以便直接计入该加工对象的成本计算单中；属于几个加工成本对象共同耗用的直接材料费用，应当选择适当的方法，分配计入各加工成本计算对象的成本计算单中。

【例题 4-1】某物流企业某月份加工某产品，本月完工产品产量 1000 件，期末在产品数量 100 件。期初在产品成本为 2600 元，本期发生费用共计 45000 元。原材料在生产开始时一次投入，在产品单件材料费用定额 20 元，单件产品工时定额为 40 小时，每小时直接人工 0.05 元，每小时制造费用 0.02 元。

要求：在产品采用定额成本法，计算完工产品成本和期末在产品成本。

解：期末在产品定额成本：

直接材料成本=100×20=2000（元）

直接人工成本=100×40×0.05–200（元）

制造费用=10×40×0.02=80（元）

期末在产品定额成本=2000+200+80=2280（元）

完工产品成本=2600+45000–2280=45320（元）

2. 流通加工直接人工费用的计算与分配

计入成本中的直接人工费用的数额，是根据当期“工资结算汇总表”和“职工福利费计算表”来确定的。“工资结算汇总表”是进行工资结算和分配的原始依据。它是根据“工资结算单”按人员类别（工资用途）汇总编制的。“工资结算单”应当依据职工工作卡片、考勤记录、工作量记录等工资计算的原始记录编制。“职工福利费计算表”是依据“工资结算汇总表”确定的各类人员工资总额，按照规定的提取比例计算后编制的。

通常流通加工的成本是提供流通加工活动而发生的成本。凡是属于流通加工的活劳动消耗，应直接计入人工费用；凡不能直接归属于活劳动消耗的间接费用，应采用合理的基础分配计入人工费用。在分配过程中，企业应根据间接费用的不同特性选择不同的分配标准，可以选用的标准有重量、体积、劳务量等。

【例题 4-2】某物流企业加工甲、乙两种产品，实际工时为：甲产品 20000 小时，乙产品 32000 小时。根据工资结算凭证汇总的工资费用为：基本生产车间的工人工资为 23920 元，车间管理人员工资为 4100 元，企业行政管理部门人员工资 2350 元，生活福利部门人员工资 3000 元，专设销售机构人员工资为 2000 元。

要求：编制分配工资费用的会计分录；将基本车间工人工资在甲、乙产品间按实际工时分配。

解：工资费用分配率=23920/(20000+32000)=0.46

甲产品负担=20000×0.46=9200（元）

乙产品负担=32000×0.46=14720（元）

借：基本生产成本——甲产品	9200
——乙产品	14720
制造费用	4100
管理费用	2350
销售费用	2000
应付福利费	3000
贷：应付职工薪酬	35370

根据收入与费用配比的要求，企业在确认收入或会计期末，应结转相应的人工成本，计入流通加工的运营成本。对于单一流通加工合同，企业可以按照流通加工交易的结果分别对物流成本进行计量。可以采用完工百分比法计量人工费用，按照提供的物流劳务交易的完成进度确认相应的劳务成本。不能可靠估计劳务交易结果的，按已发生的劳务成本金额结转劳务成本。

3. *流通加工制造费用的计算与分配*

制造费用是通过设置制造费用明细账，按照费用发生的地点来归集的。制造费用明细账按照加工生产单位开设，并按费用明细账项目设专栏组织核算。流通加工制造费用表的格式可以参考工业企业的制造费用表的一般格式。由于流通加工环节的折旧费用、固定资产修理费用等占成本比例较大，其费用归集尤其重要。

制造费用的分配方法有生产工时分配法、机器工时分配法和计划分配率分配法。 生产工时分配法，是以加工各种产品的生产工时为标准分配费用的方法。机器工时分配法，是以各种加工产品（各受益对象）的机器工作时间为标准来分配制造费用的方法。计划分配率分配法，是按照年初确定的计划制造费用分配率分配制造费用，实际发生的制造费用与按计划分配率分配的制造费用的差异在年末进行调整。

4.3 流通加工成本分析与管理

4.3.1 流通加工成本分析

1. 总成本分析

流通加工总成本分析的基本概念就是以成本的观点来考察流通加工总体过程的绩效。以流通加工物流活动为基础，分析物流各功能成本的动态关系，权衡总成本的约束条件，为合理的物流决策提供依据。例如，在配送系统中加入流通加工内容，表面上看配送成本有所增加，但是加入流通加工之后能加快商品的运输速度，增强商品的可得性，从而减少运输与库存费用，最后增加的流通加工的成本将会由于较低的总成本而被视为是合理的选择。这个例子揭示了各物流活动成本的互换性，即存在“效益背反”定律。它也说明了通过精心策划的物流系统，可以降低总成本。虽然某些具体的物流活动可能因此而增加成本，但总成本反而降低了，所以任何一项决策的可行性，都取决于它是否能为物流总成本的节省带来好处。

2. 项目成本分析

流通加工项目成本分析首先要确定流通加工的对象，是以客户为对象，还是以订单、商品等为对象，然后将具体对象的有关费用都归类在不同的物流功能范围。流通加工成本的特殊性取决于客户的加工要求，既要考虑客户的地理范围，又要权衡满足顾客商品的要求，这是关于流通加工项目成本的决策问题。流通加工项目成本分析揭示了流通加工的活动的成本与收益的比较。其成本分析的目的主要体现在交易成本上，就是花多少钱购买令人满意的外部服务。如果市场是自由的，内部资源与外部资源平衡，双方信息充分共享，没有故意隐瞒关键信息的情况，交易成本是最低的。但实际上一些因为害怕从外部购买流通加工服务后，会失去了部分控制权的企业，担心物流企业在客户服务的过程中利用他们掌握的客户的内部信息，操纵服务费用，所以这些客户更倾向于自己解决问题，即使这样做成本很高。另外，有些服务供应商故意隐瞒不利于客户的信息，以确保交易成功，这样的行为也会让客户大失所望，不会轻易购买外界服务。如果市场上只有少数的物流服务公司，这时理想的自由竞争的市场就被垄断市场所代替，交易双方情况会变得更为复杂。例如，有些需要流通加工服务，市场仅有几家可以提供这样服务的公司，所以交易价格一般要比自由市场中的价格高。对于服务供应商而言，也存在一定的困难。如果流通加工的批量小，加工难度大，一旦合同结束，这种客户化的加工很难用于服务其他客户。所以在这种情况下，大多数物流服务商都不愿意接这种生意。最后，不得不自己投资完成有关活动。

综合以上分析可以看出，流通加工的需求来自自己投资的成本与从外部购买的成本比较。一般情况下，选择流通加工的理由基于以下 3 点考虑：

（1）市场上具有能提供一体化服务的第三方物流服务商。

（2）不具备有关流通加工活动需要的专用设备和设施。

（3）提供这种服务的供应商的报价低于自己加工的成本。

为了更好地进行决策，需要对流通加工进行具体评估。首先要列出内部完成和外部购买两种情况下的主要成本项目。下面列出的就是一些常见的成本项目。

内部的：

1）固定资本成本，如仓库设施。

2）可变成本（以数量为基础）。

3）设备成本。

4）管理成本。

5）直接劳动力如司机、搬运工等成本。

6）间接成本。

外部的：

1）运输成本，如运输费率。

2）仓库费率，如每平方米的成本。

通过项目成本分析来衡量一下自己加工还是购买服务商加工，哪种选择能够取得更好的经济效益，并在此基础上确定战略方针。例如，某经营过程中商品的需求量经常变化不定。平均每月需要 15000 个单位，顶峰时需要 30000 个单位，而季节性最低点仅需要 3000 个单位。如果完全自己加工，那么需要加工的设备最大负荷要大于高峰时的 30000 个单位，可是在低峰时，设备只能加工了 3000 个单位，设备利用率 10%。而固定费用、日常费用、劳动力费用和管理费用仍旧分摊在这些单位产品上，这会导致每个单位产品成本是非常高的。所以可选择的做法是购买流通加工，这时可以与外部物流服务商签定一个流通加工的协议。对于物流服务商来说，由于它是面向众多客户服务的，所以每个月都能很好地利用设备。

在进行流通加工决策的过程中，还要注意各种方案的机会成本、信息技术的成本和劳动力成本等对决策的影响。考虑流通加工的功能成本就是要求从长远利益出发，权衡自营与外购的得失，着重考察其中的机会成本，决定哪一种方案能提供最好的长期利益。

在进行决策时考虑的另一个因素是信息成本。信息技术是物流的基础。现在信息技术以惊人的速度发展。今天还是时髦的新软件、新设备，也许几个月，甚至几个星期之后，就已经落后了。在对物流进行自营与外购决策时，不得不考虑信息技术过时所带来的损失。如果是企业依靠自身力量完成物流服务，即“自营”决策，那么它就要投资于信息技术，而这种技术很有可能在全部提取折旧之前就已经过时了。而采用“购买”决策时，即从外部向第三方购买物流服务时，投资技术的责任就落在服务商身上。而且服务供应商可以通过充分使用该技术，将有关成本分摊在一大群顾客上，这样在技术过时之前，就能收回投资。同时，在技术过时，服务供应商也会被迫采用更新的技术，以增强它的吸引力，而不像采用“自营”决策的企业，过时的技术还得将就着用。在考虑外援服务时，最后还要考虑劳动力成本。企业在将内部的物流运作交给外部服务商来完成时，企业对劳动力的管理责任就会部分或全部转移到服务供应商方面。这样的转移会给企业带来很多人力资源管理方面的影响。如解雇人员、团队组合、培训等一系列的问题，所以企业在作决策时，要将人力资源管理因素考虑在内。

3. 经营战略分析

对任何企业来讲，一种产品或服务是否需要再加工，除了受经济利益驱动外，还取决于流通加工的战略策略。在进行流通加工决策时，外部服务公司的专业化水平是一个值得考虑的重要战略因素。例如有的物流能够提供高水平的流通加工能力，不仅能迅速地按照订单进行加工，还能向顾客提供精确的运送信息。在客户眼里，这种技术就是该物流服务的独特竞争优势，或者说流通加工能给客户带来战略利益。

用户接受流通加工服务，不仅仅是为了获得流通加工本身所带来的价值增值，更重要的是获取物流的专业化的支持，得到这些专业资源与核心竞争力的协同，在很大程度上增强了用户的竞争优势。

流通加工决策中应考虑的关键战略因素是物流服务完成能力，所以在打算从外部购买流通加工服务时，除了考虑经济因素外，更重要的是要考虑服务供应商是否能提供最佳的服务水平。许多企业在评估服务供应商时，将关注点集中在成本上，仅从成本的角度来看是否合理，而不看服务供应商是否具有核心竞争能力，通过该服务商的加入能否带来竞争优势。如果企业依靠自身力量来完成物流活动，发现物流水平不具有竞争优势，不能提供给顾客更好的服务，那么就应该请外部服务供应商来帮助完成物流活动。从外部物流服务供应商那里可以得到专业化的利益。因为这些供应商能提供更好的设施、设备，具有较低的劳动力成本。换句话说，用更少的资源做更多的事情。所以如果使用了外部服务能够改进企业的物流绩效与服务水平，那么从外部得到资源是一个有吸引力的选择。

经营战略分析要注意经济和战略因素之间的“利益互换”问题。有时决策在经济上验证是合理的，但在战略上却是目光短浅的做法。所以，企业在经过流通加工成本与服务评估之后，如果发现使用外部资源可以使成本减少并使物流服务改进，则从外部获得流通加工资源就是合理的决策。但也要考虑引入第三方的风险，有可能因此使企业丧失部分物流决策的灵活性。

4. 服务—成本分析

愿意购买流通加工服务的企业，更关心的是通过流通加工服务提升客户的满意度。在以客户为中心的经营理念下，企业的战略目标是赢得客户的信赖，物流服务是企业客户服务的重要组成部分。物流服务的指标包括商品库存的可得性、物流作业完成能力和物流系统的可靠性。可得性意味着在预测的基础上提供顾客需要的商品。可得性的保证来自安全库存，它是建立在供应商供货时间和顾客需求量预测的基础上的。物流作业完成能力是将商品递送到顾客手中，取得预定的运输速度，包括运输的一致性和灵活性。一个物流系统的优劣取决于物流系统的设计和客户对系统的信赖。可靠性就是衡量物流系统服务绩效的总质量指标。服务质量的保障是建立在对物流运作持续衡量的基础之上的。为了提供有效的流通加工服务，物流系统必须取得评估流通加工服务绩效的关键数据。要取得和维持卓越的流通加工服务，必须进行必要的服务—成本分析。从物流系统设计的观点来看，企业希望在提供给顾客的流通加工与所支付的运作成本之间取得平衡，这是至关重要的。从经济理论的观点来看，也就是在流通加工成本的约束下，要分析流通加工服务能为企业带来多少利益。

大多数商业企业的目标是利润最大化。在这种假设下，如果其他情况都相同，流通加工成本可以直接转化为企业的收入。换句话说，如果流通加工适合或超过顾客的期望的话，顾客对商品的需求将会增加。即在给定的服务需求弹性的条件下，更好的服务会增加购买数量。在这样的情况下，企业将会理性地增加流通加工投资，以期改进物流绩效，创造需求。理论上说起来很容易，但是在实践操作中涉及很多因素，一些主要的问题有以下几个方面：

（1）需要核算增加的流通加工成本。

（2）需要考核流通加工的服务绩效。

（3）在物流系统中考察流通加工的成本变化。

（4）发现问题，能对流通加工的合同迅速修正。

（5）能对流通加工的功能性收入进行衡量。

上述问题的核心在于分析缺少流通加工的功能给企业在未来销售中带来多少销售损失。

或者说，由于物流服务水平不高而造成销售损失，企业将要承担多少相关成本。物流服务对于顾客来说是至关重要的，所以从销售损失的角度进行分析，有助于确定物流合理的水平。但是这种方法还是有缺陷的。因为不能掌握精确的销售损失数据。流通加工的服务－成本分析旨在得到一个边际收益的精确答案，进而能得到评价流通加工方案的依据。

企业应该需要何种水平的流通加工服务，是通过成本－服务效益的论证来决定的。首先将所提供的特定水平的总服务成本定量化，然后再进一步就物流系统涉及的各个子系统的功能关系，分别估计各子系统的功能成本的收益贡献，最终以能否提升客户满意度作为评价的基准。譬如，对于适应多样化需要的流通加工，重点要分析产品延伸加工可能性与用户对产品需要的关系，既能保证高效率的大批量生产，又要满足用户的多样化要求，通过流通加工服务，增加了客户订单笔数。对于方便消费、省力的流通加工，重点分析在物流过程中，是否延长了商品在生产和使用期间的寿命，是否降低了商品在运输、储存、装卸搬运、包装等过程中遭受的损失。对于为弥补生产领域加工不足的流通加工，重点分析产品在生产领域受到各种因素的限制，通过增强产品的通用性，提升产品的竞争力；对于为促进销售的流通加工，重点分析流通加工所起到促进销售的作用。比如，将以保护商品为主的运输包装改换成以促进销售为主的销售包装，以起到吸引消费者、促进销售的作用。对于为提高加工效率的流通加工，重点分析供应链流程中初级加工的限制条件，通过流通加工解决了多少单个企业加工效率不高的弊病，流通加工代替了多少家生产企业的初级加工的成本贡献。对于为提高物流效率、降低物流损失的流通加工，重点分析商品在运输、装卸搬运过程中容易受损的因素，通过分析流通加工在多大程度上能加以弥补，从而使物流各环节易于操作，提高物流效率，降低物流损失；对于为衔接不同运输方式，使物流更加合理的流通加工，重点分析在干线运输和支线运输的结点，是否设置流通加工环节，在多大程度上可以有效解决大批量、低成本、长距离的干线运输与多品种、少批量、多批次的末端运输和集货运输之间的衔接问题；能否通过流通加工点与大生产企业间形成大批量、定点运输的渠道，以流通加工中心为核心，组织对多个用户的配送，从而有效衔接不同目的的运输方式。对于生产—流通一体化的流通加工形式，重点分析生产企业和流通企业实现联合可能性，或者生产企业涉足流通，或者流通企业涉足生产，对生产与流通加工进行合理分工、合理规划、合理组织，统筹进行生产与流通加工的安排，促成产品结构及产业结构的调整，充分发挥企业集团的经济技术优势。

成本－利益分析的步骤如下：

（1）估计各类流通加工服务的成本，然后分析服务与成本之间的动态关系，考察成本产生收益的贡献程度。在满足客户服务水平的前提下，确定流通加工成本的指标体系。如服务总成本、绩效成本、可靠性成本等量化指标。

（2）要计算流通加工服务的成本盈亏平衡点。计算时，要着重分析单位产品的边际贡献。依据盈亏平衡点，得出的成本－利益因果关系，再结合综合因素分析，确定流通加工服务级别。

（3）要确定流通加工成本的责任归属。流通加工成本是实际物流活动状态的反映，物流活动实际状态不同，成本的差别也就很大。决定流通加工成本大小的是流通加工活动的实际运营过程。确定流通加工成本的责任归属，除了要求以活动为基础，也需要从总成本的观点来设计流程。设计流程时要考虑与各部门直接的相互协同。重点分析流程设计的前提条件，如财务部门能提供的资金、市场部门提供的服务水平、本公司现有的流通加工能力等。流通加工的规模取决于这些前提条件，流通加工成本的高低也自然取决于此。

5. 运营成本分析

流通加工运营成本分析的方法很多，下面简述一下全面分析和详细分析的主要内容。

（1）流通加工运营成本的全面分析。确定流通加工的总成本之后，可以计算出以下各种比率，再用这些比率同前年、大前年比较来考察新流通加工成本的实际运营状况，还可以与同行业其他公司比较，或者与其他行业比较。

单位销售额流通加工成本率=流通加工成本/销售额×100%　（4-1）

这个比率越高则对价格的弹性越低，从历年的数据中大体可以了解其动向。另外，通过与同行业和行业外进行比较，可以进一步了解流通加工成本水平。

该比率受价格变动和交易条件变化的影响较大，因此作为考核指标还存在一定的缺陷。

单位营业费用流通加工成本率=流通加工成本/(销售额+一般管理费)×100%　（4-2）

通过流通加工成本占营业费用（销售额+一般管理费）的比率，可以判断流通加工成本的比重，而且这个比率不受进货成本变动的影响，得出的数值比较稳定，因此适合于做流通加工合理化指标。

流通加工功能成本率=流通加工功能成本/物流总成本×100%　（4-3）

该指标可以明确流通加工费占物流总成本的比率。

（2）流通加工成本的详细分析。通过全面分析，可以了解流通加工成本的变化情况及变化趋势，但是对引起物流成本变化的原因还要进一步按照职能分类，对物流成本进行详细分析，然后提出对策。详细分析所用的指标有 4 类，通过对这 4 类指标按生产部门、设施分类及同行业进行比较，就可以掌握物流成本的发展趋势及其差异。

1）与运输、配送相关的指标。

装载率=实际载重量/标准载重量×100%　（4-4）

车辆开动率=月总开动次数/拥有台数×100%　（4-5）

运行周转率=月总运行次数/拥有台数×100%　（4-6）

单位车辆月行驶里程=月总行驶里程/拥有台数　（4-7）

单位里程行驶费=月实际行驶三费/月总行驶里程　（4-8）

（行驶三费=修理费+内外胎费+油料费）

单位运量运费=运输费/运输总量　（4-9）

2）有关保管活动指标。

仓库利用率=存货面积/总面积×100%　（4-10）

库存周转次数=年出库金额(数量)/平均库存金额(数量)

=年出库金额(数量)×2/(年初库存金额+年末库存金额)　（4-11）

3）有关装卸活动指标。

单位人时工作量=总工作量/装卸作业人时数　（4-12）

（装卸作业人时数=作业人数×作业时间）

装卸效率=标准装卸作业人时数/实际装卸作业人时数　（4-13）

装卸设备开工率=装卸设备实际开动时间/装卸设备标准开动时间　（4-14）

单位工作量修理费=装卸设备修理费/总工作量　（4-15）

单位工作量卸装费=装卸费/总工作量　（4-16）

4）有关物流信息活动指标。

物流信息处理率=物流信息处理数量（传票张数等）/
标准物流信息处理数（传票张数等）　　(4-17)

4.3.2　流通加工成本管理

1. 通过流通加工标准化，提高流通加工的效率

流通加工标准化是以物流作为一个大系统，制定流通加工设施、机械设备、专用工具等各个分系统的技术标准。制定系统内各个分领域如包装、装卸、运输等方面的工作标准，以系统标准化为出发点，研究各分系统与分领域中技术标准与工作标准的配合性，统一整个物流系统的标准。流通加工标准化使货物在加工过程中的基本设备统一规范，如各种运输装备、装卸设备标准之间能有效衔接，大大提高了流通加工产出能力，缩短了加工的时间，也在一定程度上促进了货物运输、储存、搬运等过程的机械化和自动化水平的发展，有利于提高物流系统的运作效率，从而降低物流成本。

2. 通过实现供应链管理，降低流通加工的成本

实行供应链管理不仅要求物流系统具有效率化，也需要协调供应链实体之间的关系，实现整个供应链活动的效率化。正因为如此，强调供应链管理，对流通加工提出面向流程管理的战略要求：根据客户内部流程的特殊性，设计流通加工运作流程，逐步实现与客户内部流程的无缝衔接。面向流程的成本控制，不仅仅是物流部门或生产部门要加强控制，同时采购部门等各职能部门都要加强成本控制。对现有的物流业务进行合理的规划，构建面向供应链管理的流通加工系统，形成具有分层多级服务网络，为客户提供高质量、安全可靠、多样化、个性化的流通加工服务。

3. 通过信息化管理，构筑流通加工的运作流程

实现流通加工成本的控制，必须借助信息管理系统来构筑成本控制体系，尤其是利用互联网等高新技术来完成流通加工全过程的协调、控制和管理，实现从网络前端到网络终端的全过程服务。一方面通过信息的传导，使各种物流作业或业务处理正确、迅速地进行；另一方面通过信息的集成，强化了物流运作机制，实现了信息流、物流与资金流的三流合一运作流程。客户将购买流通加工的意向、数量、价格等信息在网络上进行传输，从而使生产、物流等部门实现快速的整合，敏捷应对客户的个性化的需求，实时调整不同客户的服务要求和计划，从整体上控制了物流成本重叠发生的可能性。同时，物流管理信息系统的全面管理，使混杂在其他业务中的物流活动的成本能精确地计算出来，而不会把成本转嫁到其他领域或部门。

4. 通过全过程管理，加强流通加工成本的控制

实现流通加工全过程的成本管理，是在从接到用户订单到产品送达到最终用户整个过程中实现成本控制。流通加工设施的投资或扩建要视整个流通渠道的发展和要求而定。例如，有些厂商是直接面对批发商经营的，因此流通加工服务要与批发商物流中心相吻合。随着零售业便民店、折扣店的迅速发展，客观上要求厂商必须适应零售业这种新型的业态形式，展开直接面向零售店铺的物流活动。在这种情况下，建立新型的符合现代物流发展要求的流通加工服务，就需要增加自动化分拣设备。显然，这些投资增加了物流成本，但从整个流通过程来看，却大大提高了物流绩效。

5. 通过效率化管理，提升流通加工的服务水平

提升流通加工的服务水平，一个重要的方面在于满足用户的时间要求。时间要求涉及采

购、进货方式、生产加工、送货方式等多方面的配合。随着流通加工产生的成本费用不断地降低，特别是多频次率、小批量的流通加工业务的发展，更要求采取效率化的管理模式，通过构筑有效的流通加工信息系统，使采购计划与生产计划联系起来进行，同时通过信息系统也能使物流计划或送货计划相匹配，从而提高流通加工效率，降低流通加工的成本，提升流通加工的服务水平。

4.4 降低流通加工成本的措施

4.4.1 不合理流通加工的若干形式

流通加工是在流通领域中对生产的辅助性加工。从某种意义来讲，它不仅是生产过程的延续，实际是生产本身或生产工艺在流通领域的延续。这个延续可能有正、反两方面的作用，即一方面可能有效地起到补充完善的作用，另一方面也必须估计到另外一个可能性，即对整个过程的负效应。各种不合理的流通加工都会产生抵消效益的负效应。几种不合理的流通加工形式如下所述。

1. 流通加工地点设置的不合理

流通加工地点设置即布局状况是使整个流通加工是否有效的重要因素。一般而言，为衔接单品种、大批量生产与多样化需求的流通加工，加工地设置在需求地区，才能实现大批量的干线运输与多品种末端配送的物流优势。如果将流通加工地设置在生产地区，其不合理之处在于：①多样化需求要求的产品多品种、小批量由产地向需求地的长距离运输会出现不合理；②在生产地增加了一个加工环节，同时增加了近距离运输、装卸、储存等一系列物流活动。所以在这种情况下，不如由原生产单位完成这种加工而无须设置专门的流通加工环节。一般而言，为方便物流的流通加工环节应设在产出地，设置在进入社会物流之前，如果将其设置在物流之后，即设置在消费地，则不但不能解决物流问题，还会在流通中增加一个中转环节，因而也是不合理的。即使是在产地或需求地设置流通加工的选择是正确的，还有流通加工在小地域范围的正确选址问题，如果处理不善，仍然会出现不合理。这种不合理主要表现在交通不便，流通加工与生产或用户之间距离较远，流通加工点的投资过高（如受选址的地价影响），加工点周围社会、环境条件不良等。

2. 流通加工方式选择不当

流通加工方式包括流通加工对象、流通加工工艺、流通加工技术和流通加工程度等。流通加工方式的确定实际上是与生产加工的合理分工。分工不合理，本来应由生产加工完成的，却错误地由流通加工完成；本来应由流通加工完成的，却错误地由生产过程去完成。这些情形都会造成不合理性。流通加工不是对生产加工的代替，而是一种补充和完善。所以，一般而言，如果工艺复杂，技术装备要求较高，或加工可以由生产过程延续或轻易解决者都不宜再设置流通加工，尤其不宜与生产过程争夺技术要求较高、效益较高的最终生产环节，更不宜利用一个时期市场的压迫力使生产者变成初级加工或前期加工，而流通完成装配或最终形成产品的加工。如果流通加工方式选择不当，就会出现与生产夺利的恶果。

3. 流通加工作用不大，形成多余环节

有的流通加工过于简单，或对生产及消费者作用都不大，甚至有时由于流通加工的盲目性，未能解决品种、规格、质量、包装等问题，相反却实际增加了环节，这也是流通加工不合理的重要形式。

4. 流通加工成本过高，效益不好

流通加工之所以能够有生命力，重要优势之一是有较大的产出投入比，因而有效地起着补充完善的作用。如果流通加工成本过高，则不能实现以较低投入实现更高使用价值的目的。除了一些必需的、从政策要求即使亏损也应进行的加工外，都应看成是不合理的。

4.4.2 流通加工合理化的途径

流通加工是按用户的订货要求，在物流据点进行定制类加工，并将加工好的产品送交收货人的活动。流通加工合理化是在满足一定的顾客服务水平与流通加工成本之间寻求平衡，实现流通加工的最优配置，不断改进流通加工服务策略，提升流通加工竞争力的发展过程。做到流通加工服务最优的选择，避免出现各种不合理现象，取决于如何设置流通加工环节，在什么地点设置，选择什么类型的加工，采用什么样的技术装备等，需要作出正确的抉择。目前，国内在进行这方面合理化的考虑中已积累了一些经验，取得了一定成果。实现流通加工合理化主要考虑下述几方面。

1. 建设高水平的加工配送中心

在现代物流理念日益深入的今天，传统的流通模式正受到极大的挑战，生产企业正在努力提高产品的直销比例，其首选手段就是在各地建设高水平的加工配送中心，提高其辐射能力，实现销地加工配送，为用户提供“零距离”服务。一些拥有铁路专用线的加工配送中心，利用自己得天独厚的运输资源优势，投入一定的配套加工生产线后，可以吸引更多的经销商，扩大其租赁业务。

将流通加工设置在配送点中，一方面按配送的需要进行加工，另一方面加工又是配送业务流程中分货、拣货、配货之一环，加工后的产品直接投入配货作业。这就无需单独设置一个加工的中间环节，使流通加工有别于独立的生产，而又使流通加工与中转流通巧妙地结合在一起。同时，由于配送之前有加工，可使配送服务水准大大提高。这是当前对流通加工作合理选择的重要形式，在煤炭、水泥等产品的流通中已表现出较大的优势。

2. 合理规划流通加工的配套设施

加工型配送中心以加工产品为主，因此在其配送作业流程中，储存作业和加工作业居主导地位。由于流通加工多为单品种、大批量产品的加工作业，并且是按照用户的要求安排的，因此对于加工型的配送中心，虽然进货量比较大，但是分类、分拣工作量并不太大。此外，因为加工的产品品种较少（指在某一个加工中心内加工的产品品种），一般都不单独设立拣选、配货等环节。通常，加工好的产品（特别是生产资料产品）可直接运到按用户户头划定的货位区内，实现配套加工。对配套要求较高的流通加工，配套的主体来自各个生产单位，但是，完全配套有时无法全部依靠现有的生产能力，可以适当地进行加工配套设施的投入，围绕核心企业开展配套服务，大大提高流通的桥梁与纽带的能力。

3. 建立现代化的流通加工服务体系

现代化的流通加工体系是指布局合理、交易方式先进、功能齐全、信息灵敏、安全可靠的流通加工组织，通过流通加工促进销售，使商流合理化，也是流通加工合理化的考虑方向之一。加工和配送的结合，提高了配送水准，强化了销售，是加工与合理商流相结合的一个成功的例证。此外，通过简单地改变包装加工，形成方便的购买量，通过组装加工，解除用户使用前的难处，都是有效促进商流的例子。通过多层次、多业态、多种经营方式，形成储藏、加工、运输、配送一体化流通加工服务体系。建设现代化的流通加工体系，关键是整合物流资源社会化。随着市场经济和社会化的发展，一方面专业化分工越来越细，另一方面各专业之间的合作越来越密切。生产企业与零售行业所需的原材料、中间产品、最终产品大部分由不同的物流中心、批发中心与配送中心提供，以实现少库存和零库存。现代物流社会化趋势是社会经济活动发展、物流规模经济效益、物流资源综合利用的必然结果。在大城市出现现代化综合性或专业性物流园区、物流中心、物流基地已成为普遍现象。现代流通加工体系则要求高度机械化、自动化、标准化、信息化，以组织高效的人、机、物系统，这是物流现代化的必要条件，也是现代流通加工体系生存发展的必要条件

4. 开拓农产品流通加工市场

发展我国的农产品流通加工，解决农产品流通加工滞后问题，是现代物流产业发展的新领域。农产品流通加工服务的重点是农产品的产前、产中、产后服务环节，以农户、基地为服务对象，建立农产品加工中心，在优化提高品种质量和档次的基础上，与大城市超市建立销售网络，扩大知名度。同时，注意品牌创新和发展深加工的利用，提高效益。发展农产品的流通加工，要注重农产品质量标准监测体系建设。质量标准是未来农产品的市场“准入证”，随着各大城市农产品准入制度的建立，农产品质量至关重要。在加工流程中要不断完善农产品的质量、卫生、安全等方面的监测手段，提高监测能力和水平，促进无公害、绿色和有机食品生产，提高农产品的市场竞争力，提升农产品价值。

5. 开展多层次、多功能的流通加工服务

目前，我国物流业还处在起步阶段，在流通加工合理化方面与国外还存在一定的差距。表现为组织不尽合理，受资源分布、流通体制、产业布局和企业生产组织的影响，物资舍近求远、迂回流动的现象较为严重；流通加工活动缺乏专业化运作，流通加工费较高。按照比较成本优势的经济原则，流通加工对象要分层考虑，要根据客户的规模、范围划分服务市场类别，根据商品的原料生产、半成品生产、零部件加工、成品组装、标志、包装和发运销售特点，分别设计服务水平。当企业拥有多种产品线时，不能对所有产品都按同一标准的顾客服务水平服务，而应按产品的特点、销售水平来设置不同的库存、不同的运输方式以及不同的加工地点，忽视产品的差异性会增加不必要的流通加工成本。流通加工的多功能服务是提供附加值的服务项目，其精髓在于系统的整合，即整合传统的作业领域，将生产、销售、包装、装卸、运输、存储、配送、流通加工以及物流信息处理等分散的、跨越各企业部门的活动综合、有机地结合在一起，作为一个系统来管理，使物流活动各作业环节有效地组合，形成以服务客户为主的综合能力，节约流通费用，提高流通的效率与效益。

小 结

本章的主要内容是流通加工成本的概念、流通加工成本核算、流通加工成本分析与管理。

流通加工是指物品从生产者向消费者流动的过程中，为了促进销售、维护商品质量和提高物流效率，对物品进行一定程度的加工。流通加工是现代物流系统的重要组成部分。它在物流系统中起着补充、完善、提高、增强的功能作用。流通加工是一种低投入高产出的加工方式，

往往以简单的加工解决了销售的大问题。流通加工在国民经济中也是重要的加工形式。它可以弥补生产部门、物资部门、商业部门在生产过程中衔接上的缺陷，有效地满足用户的需求。

从物流系统上来讲，流通加工几乎涉及了所有的物流功能要素，是物流系统在流通领域内的体现。流通加工成本是指流通加工活动中所消耗的物化劳动和活劳动的货币表现。即产品在流通加工过程中人力、物力和财力的耗费，以及与流通加工有关的资金占用、物品损耗、保险和税收等成本。具体包括流通加工业务人员的工资福利、加工设施年折旧、燃料与动力消耗、设施设备维修保养费以及业务费等。

流通加工成本范围涉及物流范围、功能范围和形态范围。明确流通加工成本核算对象，也就是明确物流企业在流通加工业务过程中所发生的资源耗费的承担对象。以作业为基础的成本核算是目前确定和控制流通加工费用最有前途的方法。

流通加工是按用户的订货要求，在物流据点进行定制类加工，并将加工好的产品送交收货人的活动。流通加工合理化是在满足一定的顾客服务水平与流通加工成本之间寻求平衡，实现流通加工的最优配置，不断改进流通加工服务策略，提升流通加工竞争力的发展过程。

习　题

一、选择题

1．在物流系统中的流通加工，如大包装改成小包装、散装改成小包装等，这种形式是（　　）。

A．剪板加工　　B．包装加工　　C．组装加工　　D．精致加工

2．凡是属于流通加工的活劳动消耗，应直接计入（　　）。

A．人工费用　　B．管理费用

C．机物料消耗　　D．配装费用

3．将水泥加工成生混凝土后，运往用户发生的运输费用，应直接计入（　　）成本。

A．运输成本　　B．物流成本　　C．流通成本　　D．流通加工成本

4．流通加工成本所涉及的材料费、人工费等，按成本核算的范围属于（　　）。

A．物流范围　　B．科目范围　　C．功能范围　　D．成本范围

二、判断题

1．流通加工的延迟性是指延迟了产品的加工时间。（　　）

2．流通加工几乎涉及了所有的物流功能要素，是物流活动在流通加工范围内的体现。（　　）

3．按物流的范围划分，物流成本包括运输成本、保管成本、装卸搬运成本、包装成本以及流通加工等成本。（　　）

4．在满足客户服务水平的前提下，确定流通加工成本的指标体系。（　　）

5．用户接受流通加工服务，在很大程度上增强了用户的竞争优势。（　　）

6．流通加工是一种契约化的委托加工，其成本范围取决于产品加工的时间长短。（　　）

三、简答题

1．流通加工作业成本划分的步骤是什么？

2．为什么流通加工服务对制造商来说具有一定的战略意义？

3．以活动为基础确定的流通加工成本的内容是什么？

4．如何进行流通加工成本计算？有哪些主要方法？

5．什么是流通加工总成本分析？举例说明总成本分析在进行物流决策时的作用。

6．流通加工成本与效益之间的关系是什么？

四、计算题

某物流企业某月份加工某产品，本月完工产品产量 1000 件，期末在产品数量 100 件。期初在产品成本为 1500 元，本期发生费用共计 35000 元。原材料在生产开始时一次投入，在产品单件材料费用定额 20 元，单件产品工时定额为 40 小时，每小时直接人工 0.05 元，每小时制造费用 0.02 元。

要求：在产品采用定额成本法，计算完工产品成本和期末在产品成本。

第 5 章　配送成本管理

知识点

- 配送成本的构成及核算
- 物流配送成本标准制定
- 物流配送成本控制的方法
- 物流配送成本的分析
- 物流配送中心设置投资成本分析
- 配送服务与成本之间的二律背反
- 影响配送成本的因素
- 配送合理化的标志及方法
- 配送成本的控制措施
- 降低配送成本的措施

难　点

- 配送成本的核算
- 物流配送中心设置投资成本分析
- 配送服务与成本之间的二律背反
- 配送成本的控制措施
- 降低配送成本的基础及措施

要　求

熟练掌握以下内容：

- 配送成本的构成
- 配送成本的核算
- 物流配送中心设置投资成本分析
- 降低配送成本的基础及措施

5.1　配送成本概述

配送是与市场经济相适应的一种先进的物流方式，是指物流企业按用户订单或配送协议进行配货，选择经济合理的运输路线与运输方式，在用户指定的时间内，将符合要求的货物送达指定地点的一种商品供应方式。

物流配送中心是高效益的连锁经营的供货枢纽和保证，它促进生产、满足消费、降低成本，实现了最少环节、最短距离、最低费用和最高效率，从而获得了最大物流效益。

物流配送中心在物流业中作用极大，加速了商品流通，减少了商品损耗，降低了流通成本，提高了库存周转率，降低了连锁超市系统的采购、验货和入库的费用，减少了仓库面积，节约土地面积、人力和财力，提高了经营灵活性和工作效率。

从以上讨论可知，物流成本包括包装费、搬运费、输送费、保管费及其他，其中配送费用比例最高，约占 35%～60%。为此，降低配送费用对降低物流成本、提高物流效益有极大贡献。

如图 5-1 所示为影响物流配送费用的一般因素。

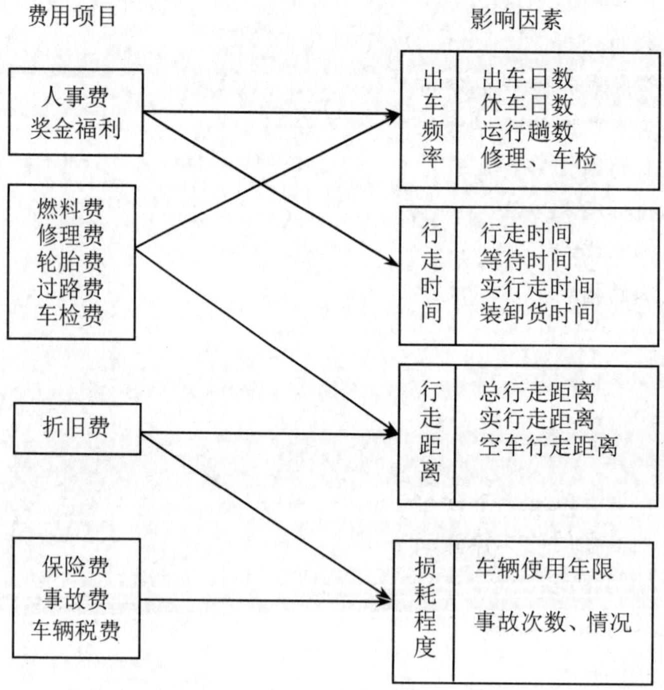

图 5-1 影响物流配送费用的一般因素

由图 5-1 可知，配送费用包括人工费、福利费、车检费、保险费、事故费、车辆税收、燃料费、修理费、轮胎费、折旧费和过检费等。这些费用和配送频率、时间、客户的远近及车辆的损耗状况有关。为此，可通过严格管理来降低成本，如提高车辆出车率、装载率，降低空车率等。

5.2 配送成本的构成与核算

5.2.1 配送成本的构成

配送是指集货、分拣、配载、包装、组配及加工等一系列活动的集合。通过配送，物流活动才得以最终实现。但完成配送活动是需要付出代价的，即需配送成本。配送成本是指配送过程中所支付的费用总和。对配送成本进行核算与控制，可以有效提高客户满意度，并 提升企业的经济效益。

配送是与市场经济相适应的一种先进的物流方式，是物流企业按用户订单或配送协议进行配货，经过科学统筹规划，在用户指定的时间，将货物送达用户指定地点的一种供应方式。从整个物流系统来讲，配送几乎包括了所有的物流功能要素，是物流活动的一个缩影或在某小范围中物流全部活动的体现。一般的配送集装卸搬运、包装、保管、运输于一体，通过一系列物流活动将货物送达目的地。特殊的配送则还要以流通加工活动为支撑。严格来讲，整个物流活动没有配送环节就不能成为完整的物流活动。

配送的主体活动是配送运输、分拣、配货及配载。分拣、配货是配送的独特要求，也是配送中有特点的活动。以送货为目的的配送运输是最后实现配送的主要手段，从这一点出发，常常将配送简化看成是运输中的一种。

根据配送流程及配送环节，配送成本实际上是含配送运输费用、分拣费用、配装及流通加工费用等的全过程。其成本有以下费用构成。

1. 配送运输费用

配送运输费用主要包括以下几个方面：

（1）车辆费用。车辆费用指从事配送运输生产而发生的各项费用。具体包括驾驶员及助手等工资及福利费、燃料、轮胎、修理费、折旧费、养路费、车船使用税等项目。

（2）营运间接费用。营运间接费用指营运过程中发生的不能直接计入各成本计算对象的站、队经费。包括站、队人员的工资及福利费，办公费，水电费，折旧费等内容。但不包括管理费用。

2. 分拣费用

（1）分拣人工费用。从事分拣工作的作业人员及有关人员工资、奖金、补贴等费用的总和。

（2）分拣设备费用。分拣机械设备的折旧费用及修理费用。

3. 配装费用

（1）配装材料费用。常见的配装材料有木材、纸、自然纤维和合成纤维、塑料等。这些包装材料功能不同，成木相差很大。

（2）配装辅助费用。除上述费用外，还有一些辅助性费用，如包装标记、标志的印刷，拴挂物费用等的支出。

（3）配装人工费用。从事包装工作的工人及有关人员的工资、奖金、补贴等费用总和即配装人工费用。

4. 流通加工费用

（1）流通加工设备费用。流通加工设备因流通加工形式不同而不同。购置这些设备所支出的费用，以流通加工费用的形式转移到被加工产品中去。

（2）流通加工材料费用。在流通加工过程中，投入到加工过程中的一些材料消耗所需要的费用，即流通加工材料费用。

（3）在流通加工过程中从事加工活动的管理人员、工人及有关人员工资、奖金等费用的总和。

在实际应用中，应该根据配送的具体流程归集成本，不同的配送模式，其成本构成差异较大。相同的配送模式下，由于配送物品的性质不同，其成本构成差异也很大。

5.2.2 配送成本的核算

配送成本费用的核算是多环节的核算，是各个配送环节或活动的集成。实际核算时，涉及哪一个活动，应当对哪一个活动进行核算。配送各个环节的成本费用核算都具有各自的特点，如流通加工的费用核算与配送运输费用的核算具有明显的区别，其对成本计算的对象及计算单位都不同。

配送成本费用的计算由于涉及多环节的成本计算，对每个环节应当计算各成本计算对象的总成本。总成本是指成本计算期内成本计算对象的成本总额。即各个成本项目金额之和。

配送成本费用总额是由各个环节的总成本组成。其计算公式为

配送成本=配送运输成本+分拣成本+配装成本+流通加工成本 (5-1)

需要指出的是，在进行配送成本费用核算时要避免配送成本费用重复交叉，夸大或减小费用支出，使配送成本、费用不真实，不利于配送成本费用的管理。

1. 配送运输成本的计算

（1）配送运输成本项目及内容。配送运输成本是指配送车辆在完成配送货物过程中所发生的各种车辆费用和配送间接费用。

车辆费用是指配送车辆从事配送生产所发生的各项费用，包括以下项目：

1）工资，是指支付给配送车辆司机的基本工资、附加工资及工资性津贴。

2）职工福利费，是指按规定的工资总数及规定比例计提的职工福利费。

3）燃料费，是指配送车辆运行所耗用燃料，如汽油、柴油等费用。

4）轮胎费，是指配送车辆耗用的外胎、内胎、垫带的费用支出及轮胎的翻新费用和修补费。

5）修理费，是指配送车辆进行各级保养和修理所发生的工料费、修复旧件费用和行车耗用的机油费用。

6）大修费，是指配送车辆计提的大修理基金以及车辆大修竣工后调整的费用差异和车辆超、亏大修里程定额差异应调整增减的费用。

7）折旧费，是指配送车辆按规定计提的折旧费。

8）公路运输管理费，是指按规定向运输管理部门交纳的营运车辆管理费。

9）车船使用税费，是指企业按规定向税务部门交纳的营运车辆使用税。

另外还有两项，一项是行车事故损失，是指配送车辆在配送过程中，因行车肇事所发生的事故损失，另一项是其他费用，是指不属于以上各项的车辆费用，如行车杂费、随车工具费、防滑链条费、中途故障救济费、司机和助手劳动保护用品费、车辆清洗费、冬季预热费、由配送方负担的过路过桥费等。

配送间接费用，是指配送运输管理部门为管理和组织配送运输生产所发生的各项管理费用和业务费用，包括配送运输管理部门管理人员的工资及福利费；配送运输部门为组织运输生产活动所发生的管理费用及业务费用，如取暖费、水电费、办公费、差旅费、保险费等；配送运输部门用固定资产的折旧费、修理费用；直接用于生产活动，构成营运成本但不能直接计入成本项目的其他费用。

上述车辆费用和配送管理费用构成了配送运输成本项目。配送运输成本在配送总成本构

成中所占比例很大，应进行重点管理。

（2）配送运输成本计算方法。配送运输成本的计算方法，是指配送车辆在配送生产过程中所发生的费用，按照规定的成本计算对象和成本项目，计入配送运输成本的方法。其数据来源如下：

1）工资及职工福利费。根据“工资分配汇总表”和“职工福利费计算表”中各车型分配的金额计入成本。

2）燃料费。根据“燃料发出凭证汇总表”中各车型耗用的燃料金额计入成本。配送车辆在本企业以外的油库加油，其领发数量不作为企业购入和发出处理的，应在发生时按照配送车辆领用数量和金额计入成本。

3）轮胎费。轮胎外胎采用一次摊销法的，根据“轮胎发出凭证汇总表”中各车型领用的金额计入成本；采用按行驶胎公里提取法的，根据“轮胎摊提费计算表”中各车型应负担的摊提额计入成本。发生轮胎翻新费时，根据付款凭证直接计入各车型成本或通过待摊费用分期摊销。内胎、垫带根据“材料发出凭证汇总表”中各车型成本领用金额计入成本。

4）修理费。辅助生产部门对配送车辆进行保养和修理的费用，根据“辅助营运费用分配表”中分配各车型的金额计入成本。

5）折旧费。根据“固定资产折旧计算表”中按照车辆种类提取的折旧金额计入各分类成本。

6）养路费及运输管理费。配送车辆应交纳的养路费和运输管理费，应在月终计算成本时，编制“配送营运车辆应纳养路费及管理费计算表”，据此计入配送成本。

7）车船使用税、行车事故损失和其他费用。如果是通过银行转账、应付票据、现金支付的，根据付款凭证等直接计入有关的车辆成本；如果是在企业仓库内领用的材料物资，根据“材料发出凭证汇总表”“低值易耗品发出凭证汇总表”中各车型领用的金额计入成本。

8）营运间接费用。根据“营运间接费用分配表”计入有关配送车辆成本。

（3）配送运输成本计算表。物流配送企业月末应编制“配送运输成本计算表”，以反映配送总成本和单位成本。

配送运输总成本是指成本计算期内成本计算对象的成本总额，即各个成本项目金额之和。单位成本是指成本计算期内各成本计算对象完成单位周转量的成本额。各成本计算对象计算的成本降低额，是指用该配送成本的上年度实际单位成本乘以本期实际周转量计算的总成本，减去本期实际总成本的差额。它是反映该配送运输成本由于成本降低所产生的节约金额的一项指标。

按各成本计算对象计算的成本降低率，是指该配送运输成本的降低额与上年度实际单位成本乘以本期实际周转量计算的总成本比较的百分比。它是反映该配送运输成本降低幅度的一项指标。各成本计算对象的降低额和降低率的计算公式为

成本降低额=上年度实际单位成本×本期实际周转量－本期实际总成本成本降低率

=成本降低额/(上年度实际单位成本×本期实际周转量)×100%　　(5-2)

配送运输成本计算表的格式见表 5-1。

2. 分拣成本的计算

分拣成本是指分拣机械及人工在完成货物分拣过程中所发生的各种费用，包括分拣的直接费用和间接费用两种。

表 5-1 配送运输成本计算表

项 目	计算依据	配送车辆合 计	配送营运车辆		
			解放	东风	江玲
一、车辆费用					
工资					
职工福利费					
燃料费					
轮胎费					
修理费					
折旧费					
养路费					
车船使用税					
运输管理费					
行车事故损失					
其他					
二、营运间接费用					
三、配送运输总成本					
四、周转量/千吨·千米					
五、单位成本/（元/千吨·千米）					
六、成本降低率					

（1）分拣成本的项目和内容。

1）分拣直接费用。

a．工资，是指按规定支付给分拣作业工人的标准工资、奖金、津贴等。

b．职工福利费，是指按规定的工资总额和提取标准计提的职工福利费。

c．修理费，是指分拣机械进行保养和修理所发生的费用。

d．折旧费，是指分拣机械按规定计提的折旧费。

e．其他费用，是指不属于以上各项的费用。

2）分拣间接费用，是指配送分拣管理部门为管理和组织分拣生产，需要由分拣成本负担的各项管理费用和业务费用。

（2）分拣成本的计算方法：分拣成本=分拣直接费用+分拣间接费用

（3）分拣成本的计算方法。配送环节的分拣成本的计算方法，是指分拣过程所发生的费用，按照规定的成本计算对象和成本项目，计入分拣成本的方法。

1）工资及职工福利费。根据“工资分配汇总表”和“职工福利费计算表”中分配的金额计入分拣成本。

2）修理费。辅助生产部门对分拣机械进行保养和修理的费用，根据“辅助生产费用分配表”中分配的分拣成本金额计入成本。

3）折旧费。根据“固定资产折旧计算表”中按照分拣机械提取的折旧金额计入成本。

4）其他费用。根据“低值易耗品发出凭证汇总表”中分拣成本领用的金额计入成本。

5）分拣间接费用。根据“配送管理费用分配表”计入分拣成本。

（4）分拣成本计算表。物流配送企业月末应编制“配送分拣成本计算表”，以反映配送分拣总成本。

配送总成本是指成本计算期内成本计算对象的成本总额，即各个成本项目金额之和。分拣成本可用表 5-2 进行计算。

表 5-2 分拣成本计算表

编制单位： 年 月 单位：元

项 目	计算依据	合 计	分拣品种		
			货物甲	货物乙	货物丙
一、分拣直接费用					
工资					
职工福利费					
修理费					
折旧费					
其他					
二、分拣间接费用					
分拣总成本					

3. 配装成本的核算

配装成本是指在完成配装货物过程中所发生的各种费用。包括直接费用和间接费用两种。

（1）配装直接费用。

1）工资是指按规定支付的配装作业工人的标准工资、奖金、津贴。

2）职工福利费是指按规定的工资总额和提取标准计提的职工福利费。

3）材料费是指配装过程中消耗的各种材料，如包装纸、箱、塑料等。

4）辅助材料费是指配装过程中耗用的辅助材料，如标志、标签等。

5）其他费用是指不属于以上各项费用，如配装工人的劳保用品费等。

（2）配装间接费用是指配送配装管理部门为管理和组织配装生产所发生的各项费用，由配装成本负担的各项管理费用和业务费用。

上述配装直接费用和配装间接费用则构成了配装成本。

（3）配装成本的计算方法。配送环节的配装活动是配送的独特要求，其成本的计算方法是指配装过程中所发生的费用按照规定的成本计算对象和成本项目进行计算的方法。

1）工资及福利费。根据“工资分配汇总表”和“职工福利费计算表”中分配的配装成本的金额计入成本。

计入产品成本中的直接人工费用的数额，是根据当期“工资结算汇总表”和“职工福利费计算表”来确定的。

“工资结算汇总表”是进行工资结算和分配的原始依据。它是根据“工资结算单”按人员类别（工资用途）汇总编制的。“工资结算单”应当依据职工工作卡片、考勤记录、工作量记录等工资计算的原始记录编制。

“职工福利费计算表”是依据“工资结算汇总表”确定的各类人员工资总额，按照规定的提取比例计算后编制的。

2）材料费用。根据“材料发出凭证汇总表”“领料单”及“领料登记表”等原始凭证，将配装成本耗用的金额计入成本。直接材料费用中，材料费用数额是根据全部领料凭证汇总编制“耗用材料汇总表”确定的；在归集直接材料费用时，凡能分清某一作业成本计算对象的费用应单独列出，以便直接计入该配装对象的产品成本计算单中；属于几个配装成本对象共同耗用的直接材料费用，应当选择适当的方法，分配计入各配装成本计算对象的成本计算单中。

3）非曲直辅助材料费用。根据“材料发出凭证表”“领料单”中的金额计入成本。

4）其他费用。根据“材料发出凭证汇总表”“低值易耗品发出凭证汇总表”中配装成本领用的金额计入成本。

5）配装间接费用。根据“配送间接费用分配表”计入配装成本。

（4）配装成本计算表。物流配送企业月末应编制配送环节“配装成本计算表”，以反映配装总成本。

配装作业是配送的独特要求，只有进行有效的配装，才能提高送货水平，降低送货成本。如表 5-3 所列为配装成本计算表。

表 5-3 配装成本计算表

编制单位： 年 月 单位：元

项 目	计算依据	合 计	配装品种		
			货物甲	货物乙	货物丙
一、配装直接费用					
工资					
职工福利费					
材料费					
辅助材料费					
其他					
二、配装间接费用					
配装总成本					

4. 流通加工成本的核算

（1）流通加工成本的项目和内容。

1）直接材料费。流通加工的直接材料费用是指流通加工过程中直接消耗材料、辅助材料、包装材料以及燃料和动力等费用。

2）直接人工费用。流通加工成本中的直接人工费用是指直接进行加工生产的生产工人的工资总额和按工资总额提取的职工福利费。

3）制造费用。流通加工制造费用是指物流中心设置的生产加工单位组织和管理生产加工所发生的各项间接费用。

（2）流通加工成本的计算方法。

流通加工成本=流通加工直接材料费+流通加工直接人工费+流通加工制造费用　（5-3）

5.3　物流配送成本标准制定与控制

5.3.1　物流配送成本标准的制定

物流配送流通加工等环节的标准成本的制定，应按配送的实际环节进行制定。在进行标准成本制定过程中要充分考虑各环节的实际情况。流通加工各环节的标准成本和业务数量标准通常由技术部门研究确定；费用标准由财务和有关责任部门研究确定，同时尽可能吸收负责执行标准的职工参加各项标准的制定，从而使所制定的标准符合实际配送活动的要求。

（1）标准成本的制定。配送各环节标准成本可按直接材料、直接工资、制造费用等项目制定，用“标准消耗量×标准价格”的公式来确定。之所以要这样做，有两个原因：①数量和价格区分开来便于分析“量差”和“价差”对成本的影响，以便分清责任，如材料用量差异，通常是作业部门的责任；②数量和价格分离开来便于修订标准成本，只要用标准消耗量乘以新的单位标准价格的简便方法即可求得。

标准成本可按直接材料、直接人工和制造费用 3 个成本项目分别制定。

1）直接材料标准成本的制定。配送成本构成中的直接材料标准成本的制定，一方面应从技术部门取得各作业过程的技术文件提供各作业过程所需各种材料的消耗量（如配送流通加工成本中的加工材料的消耗量）；另一方面，应从供应部门取得每种材料的标准单价，主要包括运杂费和购价等。把各种材料的标准消耗量乘其标准单价，就可以求得配送各环节直接材料的标准成本。

直接材料标准成本的计算公式为

配送各环节直接材料标准成本=直接材料标准数量×直接材料标准价格　（5-4）

2）直接人工标准成本的制定。计算各环节直接人工的标准成本，其中标准工作时间一般是通过“时间和动作研究”，按产品的加工工序、搬运装卸工序、拣选及配装工序等来制定。这个标准时间，除了包括直接作业时间外，还要考虑工人必要的间歇和停工时间。“标准价格”是确定作业工人工资的标准成本的另一因素，它一般是采用预算工资率，即每一标准工时应分配的工资乘以职工工时标准为基础来确定。各工序消耗的标准时间由各作业部门和工程技术部门来提供，预算工作率一般由人力资源部门来提供。

直接人工标准成本的计算公式为

配送某环节直接人工标准成本=直接人工标准数量×直接人工标准价格　（5-5）

3）制造费用标准成本的制定。制造费用标准成本的制定需考虑数量标准与费用率标准两个因素。制造费用的数量标准是指正常生产条件下生产单位产品所需的标准工作时间；制造费用的费用率标准是指每标准工时所负担的制造费用。制造费用分为固定性制造费用预算和变动性制造费用预算两部分。费用率标准的计算公式为

固定性制造费用标准分配率=固定性制造费用预算/标准总工时　（5-6）

变动性制造费用标准分配率=变动性制造费用预算/标准总工时　（5-7）

根据制造费用用量和费用分配率标准，制造费用标准成本的计算公式为

固定性制造费用标准成本=固定性制造费用分配率×标准工时 （5-8）

变动性制造费用标准成本=变动性制造费用分配率×标准工时 （5-9）

（2）标准成本差异分析。标准成本差异是实际成本与标准成本之间的差额。实际成本低于标准成本的差异为节约差异。实际成本高于标准成本的差异为超支差异。

1）直接材料的成本差异分析。直接材料的成本差异分析分为直接材料数量差异和直接材料价格差异，计算公式分别如下：

直接材料数量差异=(实际用量–标准数量)×标准价格 （5-10）

直接材料价格差异=(实际价格–标准价格)×实际用量 （5-11）

出现差异后要进行差异分析，并及时采取纠偏措施，找出事故责任人，进行调整。

2）直接人工差异分析。直接人工差异分析分为直接人工效率差异和直接人工工资率差异分析，计算公式分别如下：

直接人工效率差异=(实际工时–标准工时)×标准工资率 （5-12）

直接人工工资率差异=(实际工资率–标准工资率)×实际工时 （5-13）

3）制造费用差异分析。制造费用差异是指制造费用的实际发生额与标准发生额之间的差异。制造费用差异分析可分为固定制造成本差异分析和变动制造成本差异分析。

1）变动制造成本差异分析，计算公式分别如下：

变动性制造费用耗用差异=(实际分配率–标准分配率)×实际工时 （5-14）

变动性制造费用效率差异=(实际工时–标准工时)×标准分配率 （5-15）

2）固定制造成本差异分析，计算公式分别如下：

固定性制造费用效率差异=(实际工时–标准工时)×标准分配率 （5-16）

固定性制造费用能力差异=固定性制造费用预算数–实际工时×标准工时 （5-17）

固定性制造费用耗用差异=固定性制造费用实际发生额
–固定性制造费用预算数 （5-18）

5.3.2 物流配送成本的控制

1. 配送成本控制的意义

配送成本控制是指在配送经营过程中，按照规定的标准调节影响成本的各种因素，使配送各环节生产耗费控制在预定的范围内。

配送企业所取得的收入是通过降低配送过程中成本费用，和客户一起共同分享这一节约的利润。配送成本控制不仅是客户考虑的内容，也是配送企业考虑的内容。因此，进行配送成本控制显得尤为重要。由于配送是一个多环节物流活动的集成，实际运行中会出现一些不合理的情况。不合理配送的表现形式主要有：

（1）资源筹措的不合理。配送是通过筹措资源的规模效益来降低资源筹措成本，使配送资源筹措成本低于客户自己筹措资源成本，从而取得优势。如果不是集中多个客户需要进行批量筹措资源，而仅仅是为某一两个用户代购代筹，对客户来讲，不但不能降低资源筹措费用，相反却要多支付一笔配送企业的代办费，显然是不合理的。

（2）库存决策不合理。配送应实现集中库存总量低于各客户分散库存总量，从而大大节约社会财富，同时降低客户实际平均分摊库存负担。因此，配送企业必须依靠科学管理来实现一个低总量的库存，否则就会出现单是库存转移，而未解决库存降低的不合理。

（3）价格不合理。总的来讲，配送的价格应低于客户自己完成物流活动的价格总和，这样才会使客户有利可图。有时候，由于配送有较高的服务水平，价格较高，客户是可以接受的，但这不是普遍的原则。如果配送价格普遍高于客户自己进货价格，损伤了客户的利益，就是一种不合理的表现。价格制定过低，使配送企业处于无利或亏损状态下运行，会损伤配送企业的自身利益，也是不合理的。

（4）送货中不合理运输。配送与客户自提比较，尤其对于多个小客户来讲，可以集中配装一车送几家，这比一家一户自提可大大节省运力和运费。如果不能利用这一优势，仍然是一户一送，而车辆达不到满载，就属于不合理。

以上几种不合理形式，都会增加配送的成本费用，会使配送企业丧失成本领先的竞争优势。另外，配送成本是由物流多环节的成本费用组成的，对配送成本控制也是对各环节成本的分项控制，所以对配送成本的控制要有系统的观点，使配送成本费用控制在预定范围内。

2. 物流配送成本控制的方法

物流配送成本控制的方法包括绝对成本控制法和相对成本控制法。

（1）绝对成本控制。绝对成本控制是把成本支出控制在一个绝对金额以内的成本控制方法。绝对成本控制从节约各种费用支出，杜绝浪费的途径进行配送成本控制，要求把营运过程中发生的各环节的一切费用支出都列入成本控制范围。标准成本和预算控制是绝对成本控制的主要方法。

（2）相对成本控制。相对成本控制是通过成本与产值、利润、质量和功能等因素的对比分析，寻求在一定制约因素下取得最优经济效益的一种控制方法。相对成本控制扩大了配送成本控制领域，要求配送企业在降低配送成本的同时，充分注意与成本关系密切的因素，诸如配送产品结构、项目结构、配送服务水平等方面的工作，目的在于提高控制成本支出的效益，即减少单位产品成本投入，提高整体经济效益。

3. 物流配送成本控制的基本程序

（1）制定控制标准。成本控制标准是控制成本费用的重要依据，物流配送的成本标准的制定，应按实际的配送环节分项制定。不同的配送环节，其成本项目是不同的。配送作业的成本控制标准和业务数量标准通常由技术部门研究确定；费用标准由财务部门和有关责任部门研究确定，同时尽可能吸收负责执行标准的职工参加各项标准的制定，从而使所制定的标准符合实际配送活动的要求。

（2）揭示成本差异。成本的控制标准制定后要与实际费用比较，及时揭示成本差异。差异的计算与分析也要与所制定的成本项目进行比较。

（3）成本信息反馈。成本控制中，成本差异的情况要及时反馈到有关部门，以便及时控制与纠正。

4. 配送各环节成本控制的选择

配送各环节的成本控制应该在控制配送总成本的基础上分项控制。由于各环节的成本项目差异很大，在选用成本控制标准时应遵循合适的原则，对不同的环节应采用不同的成本控制标准。

配送运输环节的作业具有汽车运输的特点，受驾驶水平、道路条件和车辆性能的影响。尽管配送运输一般按优化的配送路线进行配送，但其不确定因素很大。因此，对配送运输成本的控制应选择计划成本控制。对配送运输成本应建立定额管理制度，技术经济定额如行车燃料消耗定额、轮胎使用胎千米定额、大修和各级保养间隔里程定额以及各种配件材料消耗定额和车辆保修费定额与工时定额等，这些定额是进行成本计划管理的依据。

配送的流通加工环节、分拣环节及配装环节应采用标准成本控制。虽然各环节成本项目具有一定差异，它们的控制标准可按直接材料费用、直接人工费用和制造费用分别制定。执行每一项控制标准都要考虑数量与单价两个基本因素。

5.3.3 物流配送成本分析

成本分析的方法多种多样，具体选用哪种方法，取决于企业成本分析的目的、费用和成本形成的特点、成本分析所依据的资料性质等。配送成本是由多环节的成本组成的，因此对配送成本的分析也应当按照各环节成本进行分项分析，通过分析能够真正揭示配送费用预算和成本计划的完成情况，查明影响计划或预算完成的各种因素变化的影响程度，寻求降低成本、节约配送费用途径的方法。

现以配送环节的配送运输成本为例进行分析。"配送运输成本报表"是反映配送环节在一定时期（年、季、月）的成本的构成、成本的水平和成本计划执行情况的综合性指标报表。利用配送汇总表，可以分析、考核各项计划执行情况和各种消耗定额完成情况，研究降低成本的途径，从而不断改善经营管理，提高配送盈利水平。

1. "配送运输成本汇总表"的内容、编制与分析

"配送运输成本汇总表"是总括反映配送部门在月份、季度、年度内配送车辆成本的构成、水平和成本计划执行结果的报表，见表 5-4。"配送运输成本计算表"是月报表，表内列有配送车辆的车辆费用、配送间接费用及各成本项目的计划数、本月实际数和本年累计实际数。计划数只在 12 月填列，实际数根据"配送支出"账户明细账月终余额填列。周转量根据统计部门提供的资料填列。成本降低额和成本降低率的计算公式为

配送运输成本降低额=配送车辆上年实际单位成本×本年配送实际周转量
–本年配送实际总成本 （5-19）

配送运输成本降低率=配送成本降低额+配送车辆上年实际单位成本
×本年实际配送周转量 （5-20）

表 5-4 配送运输成本汇总表

编制单位： 年 月 单位：元

项 目	行次	计划数	本期实际数	本年累计实际数
一、车辆费用	1	5217100		5139188
1. 工资	2	258700		258262
2. 职工福利基金	3	28700		28696
3. 燃料	4	1683400		1670141
4. 轮胎	5	462000		455372
5. 保修	6	851200		835966
6. 大修	7	487000		477960
7. 折旧	8	394500		380938

续表

项　目	行次	计划数	本期实际数	本年累计实际数
8．养路费	9	904600		883645
9．公路运给养路费	10	8500		88985
10．行车事故损失	11	32000		34240
11．其他	12	30000		29950
二、配送运输管理费用	13	967000		933254
三、配送总成本	14	6184100		6072442
四、周转量/千吨・千米	15	43452		43395134
五、单位成本/（元/千吨・千米）	16	142.32		139.93
六、成本降低额	17	65601		168684
七、成本降低率/%	18	1.05%		2.73
补充资料（年表填列）	19			
上年周转量	20			42689642
上年单位成本/（元/千吨・千米）	21			143.83
总行程/千车・千米	22	115		10999
燃料消耗：汽油/（升/百吨）	23	7.3		7.36
历史最好水平：单位成本	24			

表 5-4 中还要列出一些“补充资料”，包括上年配送运输总成本、上年周转量及配送总行程等项目，以供进行成本分析之用。

2．“配送运输成本汇总表”的分析

“配送运输成本汇总表”的一般分析，主要是根据表中所列数值，采用比较分析法，计算比较本年计划、本年实际与上年实际成本升降情况，结合有关统计、业务、会计核算资料和其他调查研究资料，查明成本水平变动原因，提出进一步降低物流配送成本的意见。现以表 5-4 所示数值为例进行分析：

（1）本年度计划配送成本要求比上年实际降低 1.05%，成本降低额为 65601 元。实际成本降低 168684 元，成本降低率为 2.73%。成本降低额大幅度超过计划要求，配送成本的降低是主要原因。

（2）车辆费用和配送间接费用的实际数均低于计划数，表明企业在节约开支方面是有成绩的。

（3）养路费计划为 904600 元，实际为 883654 元。实际数低于计划数，应进一步分析原因。

（4）行车事故损失，计划数是 32000 件，实际数为 34240 件。虽然实际数与计划数相差不大，但应引起重视，仔细分析原因。

配送运输成本的这种一般分析，只能了解成本水平升降的概略情况，为了进一步揭示成本变动的具体原因，需要从以下几个方面作比较深入的分析：①各种燃料、材料价格和一些费用比率（如折旧率、大修理基金提存率、养路费率等）变动对成本水平的影响；②各项消耗定额和费用开支标准变动对成本水平的影响；③配送车辆数及其载重量变动和车辆运用效率高低对成本水平的影响等。

5.4 物流配送中心设置投资成本分析

5.4.1 配送中心设置分析的程序

是否需要设置配送中心，在决策之前，必须进行充分的调研分析，用物流费用的减少来评价投资效果，利用评价分析结果作为决策依据。评价分析的步骤如下：

（1）掌握现状。目前是怎样配送的，物流费用为多少。

（2）制订改善方案。在什么地方、设置什么样的配送中心，并提出不同的设置方案。

（3）估算物流费用。估算出每个配送中心设置方案的物流费用。

（4）比较物流费用。比较各设置方案，找出物流费用最少的最佳设置方案。

（5）计算削减额。利用改善后的最佳方案替换现行的运作方案，计算出能减少多少物流费用。

（6）综合分析。对于以上的最佳方案用成本以外的其他因素进行分析，评价是否是真正的最佳方案。

5.4.2 综合比较物流成本，分析配送中心投资效果

在比较配送中心各设置方案的投资效果时，必须将配送中心的物流成本同服务水平一起进行综合分析。配送中心的物流成本不仅仅包括配送费、装卸搬运费等直接费用，还包括这些费用以外的各个物流过程中所发生的一切费用。综合比较物流成本时，应注意以下几项：

（1）配送费。将销售的商品配送给客户所需要的费用，由配送交易方业务委托的相等价格进行支付的配送费和从客户那里直接得到的配送费等费用构成。

（2）装卸搬运费。所销商品的进货及其他杂物等短距离输送所需费用，装卸、搬运、短距离输送及车辆运行等业务委托所支付的搬运费。

上述两项费用占配送中心成本的大部分，而且大多属于直接费用。此外，以下几项费用也应注意核算：

（3）物流设施、设备费。主要是由土地和建筑物费用、设备费、固定资产折旧费、设备及设施所缴税金、设施设备维修管理费以及水、电、暖气费等构成。

（4）物流配送人工费。

（5）信息系统费。包括仅限于信息系统运营所需要的订货费、信息仪器设备购置或租用费等信息处理费。

（6）其他物流运营费。除上述各项之外，还有用于物流业务所必需的电话、明信片、邮票、传真等通信费，再加上配送货单、包装纸、礼品纸、胶带纸等消耗品。

配送中心既要提高服务水平，又要降低配送运营的总成本，这是一个很大的课题。

5.4.3 配送中心最佳设置数成本分析

在决定配送中心设置数时，涉及运输费用与保管费用之间成本收益的选择问题，也就是说，配送中心设置数增加，仓库数量增加，保管费也增加，而运输次数减少，运输费也相应减

少。保管费和运输费合计成本降低到最低时的中心设置数是最佳设置数，将这称为综合成本接近法。

配送中心设置数的具体分析程序如下：

（1）试算配送中心设置的个数。

（2）预算各设置数的保管费和运输费。

（3）汇集设置个数的综合成本。

（4）根据综合成本决定最佳设置个数。

5.4.4　配送中心的设置方式

配送中心设置方式有以下 5 种，各种方式具有一定的优缺点。

（1）企业自身所有并负责运营的配送中心。

1）因企业要建设或购进仓库等设施，所以包括土地、建筑物、设备及库存在内的初期投资较多。

2）弹性小，需求或技术发生的变化，要承担较大的风险。

3）作业量大时运营费用低。另外，信息流通也仅限于企业内部。

4）本公司工作人员对各种手续负直接责任。

（2）企业租赁并负责运营的配送中心。

1）长期租赁建筑物，根据合同条件，在规定的时间内负责中心的运营，对于初期的投资可以按年度或按月支付，设备为本企业所有，其他设施出租方也可以提供。

2）弹性稍大一点，但本企业在租赁期间负责运营，一般情况下，放弃所租设施，要处以违约罚款。

3）出租业者利益以外的因素基本上同本企业所有配送中心相同。

（3）本企业租赁，第三方负责运营的配送中心。

1）本企业长期租赁建筑物，同第三方物流服务商达成协议。由第三方物流服务商负责设施监管及运营，本企业根据租贸合同条件在规定期间内负责运营，初期投资可以由租赁方和营运方按年度或按月支付，设备为本企业所有，其他设施与设备租赁业者也可提供。

2）弹性稍大，本企业在租赁期间要负责任，一般情况下如果放弃设施或中止合同要处以违约罚款。但是如果是本企业所有的设施，长期不用会受到陈腐和损失。

3）涉及出租业及合同运营业的利益以外的其他因素，同本企业所有并负责运营的配送中心一样。合同运营方所提供的报告书必须明确所利用的信息系统的情况，特别是租赁方、合同运营方等各方信息的异同。

4）对于配送中心的运营，负责运营的第三方支付租金。通常情况下应按照本企业的政策进行运营。

（4）本企业租赁由出租方负责运营的配送中心。

1）本企业向出租方租借建筑物或场地，通常租期为 1～5 年，初期投资的支付比前 3 种方式少，一般情况下，出租业者投资设备费用并支付装卸搬运等运营费用。

2）弹性稍大，只支付配送中心租赁费，不负担设备的陈腐损失。

3）运营费用同作业费用成比例，根据装卸搬运的单位数量由各租赁公司支付运营费用，将得到的配送中心信息系统报告书同本企业的信息系统进行连接。

4）本企业对于配送中心日常的运营几乎没有任何控制，但是需要明示需求量及装卸搬运方式。

（5）按月签订合同的配送中心。

1）本企业按月租赁仓库、货场等配送中心的设施，租赁方不负担初期投资，设备属出租方所有，包括装卸搬运在内的所有设备由出租方负担。

2）弹性最大，运营费用最高，但本企业不承担任何风险。

3）运营费用同作业量成比例，出租业者的利益包含库存风险。根据作业数量的多少，各租赁公司支付运营费用。报告书是利用出租方的信息系统制成的。

4）本企业对于配送中心的运营没有任何控制，但可以受邀参与进货价格的修订。

根据各企业的具体情况，在上述的 5 种配送中心设置方式中选择最有利的一种。

5.5 物流配送合理化

5.5.1 配送服务与成本之间的二律背反

降低配送成本和提高配送服务水平是配送管理肩负的两大使命，正确处理和协调两者的关系是配送管理的重要内容。

1. 配送系统的产生——物流服务

配送作为物流系统的终端，直接面对服务对象，其服务水平的高低直接决定了整个物流系统的效益。理想的配送服务水平要求达到 6R，即适当的质量（right quality）、适当的数量（right quantity）、适当的时间（right time）、适当的地点（right place）、适当的印象（right impression）、适当的价格（right price）。衡量服务水平的具体标准由以下若干因素组成：

（1）服务的可靠性。包括：商品品种齐全，数量充足，保证供应；接到客户订货后，按照要求的内容迅速提供商品；在规定的时间内把商品送到需要的地点；商品送到时，保证数量准确，质量完好。

（2）缺货比率。

（3）订货周期的长短；运输工具及运输方式的选择。

（4）特殊服务项目的提供。

（5）免费服务。

配送活动通过提供高水平、高标准的服务，可以满足企业销售的需要。争取更多的顾客，从而扩大企业的销售，但同时也产生了较高的成本。

2. 配送服务与配送成本的关系

配送的各项活动之间存在二律背反，配送服务水平与配送成本之间也存在着二律背反的关系，如图 5-2 所示。①一般来说，提高配送服务，配送成本即上升，成本与服务之间受收益递减法则的支配；②处于高水平的配送服务时，成本增加而配送服务水平不能按比例相应增加。管理者在抉择时应注意

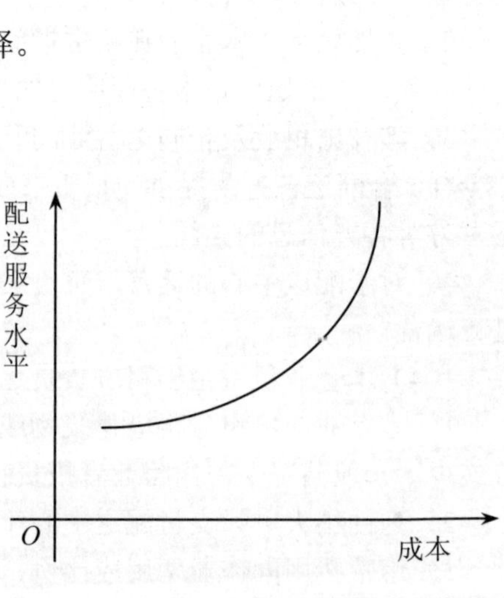

图 5-2 配送服务水平与配送成本的关系

权衡利弊，用综合的方法求得两者之间的平衡。

配送服务与配送成本之间的关系，具体来说可表述为以下 4 个方面：

（1）在配送服务不变的情况下，考虑降低成本；不改变配送服务水平，通过改变配送系统来降低配送成本，这是一种追求效益的办法，如图 5-3 所示。

（2）在成本不变的情况下提高服务质量，这是一种追求效益的办法，也是一种有效地利用配送成本特性的办法。如图 5-4 所示。

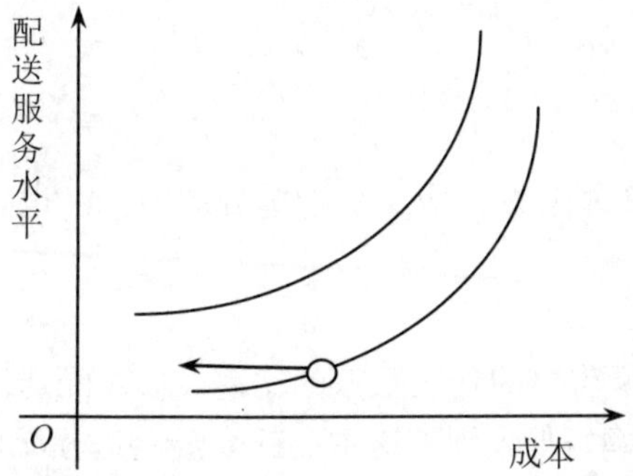

图 5-3　配送服务水平一定，成本下降

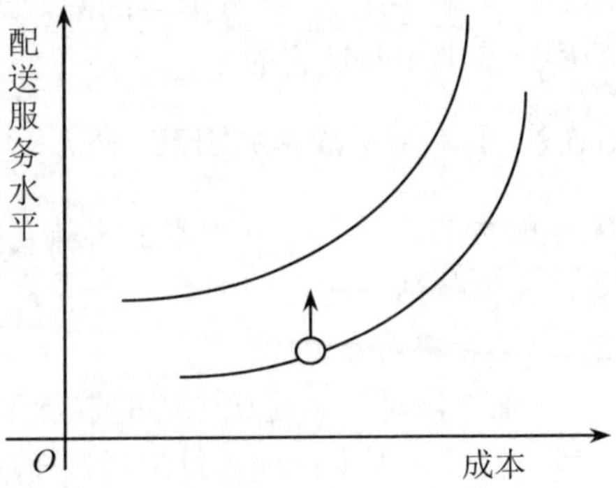

图 5-4　配送服务水平提高，成本一定

（3）为提高配送服务水平，不惜增加成本，这是企业在特定顾客或其特定商品面临竞争时，所采取的具有战略意义的做法，如图 5-5 所示。

（4）用降低的配送成本，实现较高的配送服务，这是增加销售、增加效益、具有战略意义的方法，如图 5-6 所示。

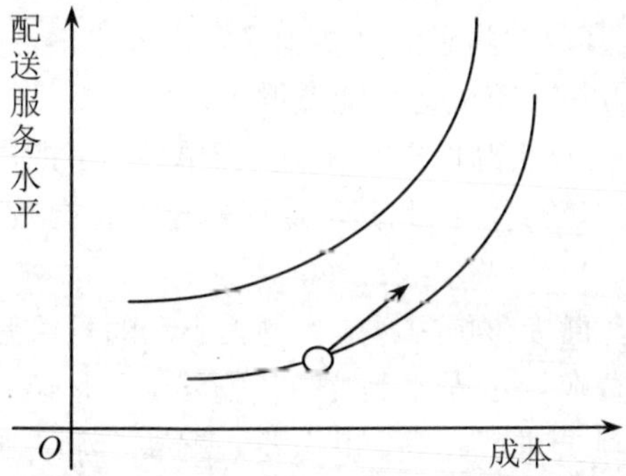

图 5-5　成本增加，配送服务水平提高

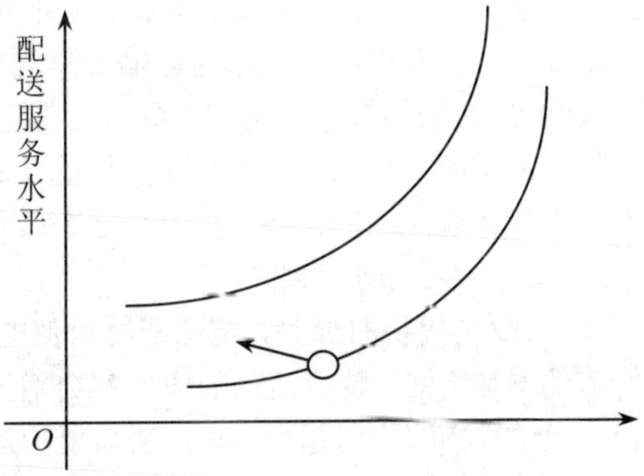

图 5-6　降低成本，实现较高的配送服务水平

在服务与成本之间，首先应该肯定服务是第一位的，是前提条件。与此同时，以尽可能低的配送成本达到这种服务水平，则是配送管理的第二使命，所以“首先是服务，其次是成本”。但是，如果完全按照顾客的要求来运作，从成本的角度是很不经济的。

企业该如何确定其适当的服务水平呢？一般来说，企业用来确定配送服务水平的方法主要有以下 3 种：

（1）采用销售竞争所需要的服务水平。根据竞争需要确定适宜的服务水平，既可以采用竞争对手所确定的服务水平或战略高于竞争对手的服务水平，也可以根据实际需要以比竞争对手高得多的服务水平去竞争，以牺牲眼前利益的代价去获取长远利益。

（2）在增加成本与销售额之间进行权衡抉择，抉择的原则是保证最大限度的利润。配送服务水平的提高对企业的影响是两方面的：增加销售收入的同时提高了配送成本。这种服务水平的提高对于企业是否适宜，评价的方法是将由此增长的销售额与增加的成本相比，考察企业的盈利状况。

（3）随着配送服务水平的提高，配送成本中有一部分随着上升，也有一部分不受服务水平提高的影响。如果后一部分成本的降低额不小于因服务水平提高而增加的成本额，这种服务水平的确定或调整是适宜的。

5.5.2 影响配送成本的因素

配送成本的高低受多种因素的影响，有配送管理因素、配送货物自身的因素，也有市场因素等，具体包括下述几个因素。

1. 配送管理因素

（1）配送满足率。配送中心的取货量占顾客所需要的货物数量的比率。如果配送满足率高，可以一次性、大批量地进行配送，而配送满足率较低，则配送中心就会分次进行配送，对不足的货物还需要花费另外的时间和车辆进行配送，这些额外的工作同样也会增加配送成本。有时还可能因缺货而失去客户。

（2）配送周期。配送持续时间的长短直接影响着配送成本的高低，如果配送效率低下，对配送中心的占用时间长，就会耗用更多的仓储固定成本。而这种成本往往表现为机会成本，使得配送中心不能提供其他配送服务获得收入或者在其他配送服务上需要另外增加成本。

（3）配送工具。不同的配送工具，其成本高低不同，运输能力大小也不同。运输工具的选择，一方面取决于所运货物的体积、重量及价值大小，另一方面又取决于企业对所运货物的需求程度及工艺要求，因此选择运输工具既要保证客户的需求，又要力求配送成本最低。

（4）配送物的数量、重量。数量和重量增加虽然会使配送作业量增大，但大批量的作业往往使得配送效率提高。配送的数量和重量是配送企业获得折扣的理由。而单件、小批量的配送不仅不能体现配送的优势，而且由于单位固定成本较高，因此其配送成本相对也会较高。

2. 配送货物自身的因素

（1）配送货物的价值。配送货物价值的高低会直接影响配送成本的大小。随着所配送货物价值的增加，每一物流活动的成本都会增加，运费在一定程度上反映货物移动的风险。一般来说，配送货物的价值越大，对其所需要的运输工具要求就越高，其分拣、配装、流通加工所花费的成本也会增加。

（2）配送货物的密度。配送货物的密度越大，相同运输单位所装的货物越多，运输成本就越低。同样，配送中心一定空间领域存放的货物也越多，库存成本也会降低。

（3）易碎性。易碎性的货物，在配送时对运输、包装、储存等提出了更高的要求，自然会增加成本。

（4）特殊要求的货物。有些货物在配送过程中有特殊要求（如加热、制冷等），这些都会增加配送成本。

3. 市场因素

（1）配送距离。运输成本是构成配送成本的主要内容，而距离则是影响运输成本的主要因素。距离越远，也就意味着运输成本越高；同时造成运输设备需要增加，送货员工需要增加的情况。

（2）外部成本。配送经营时有时还需要使用到配送企业以外的资源。而外部资源的使用成本是企业无法控制的，特别是一些垄断性的外部资源，配送企业在使用的过程中都会增加额外的成本开支。

5.5.3　配送合理化的标志

1. *库存标志*

库存是判断配送合理与否的重要标志。具体指标有以下两方面：

（1）库存总量。库存总量在一个配送系统中，从分散的各个客户转移给配送中心，配送中心库存数量加上各客户在实行配送后库存量之和应低于实行配送前各客户库存量之和。此外，从各个客户角度判断，各客户在实行配送前后的库存量比较，也是评估合理与否的标准，某个客户的库存量上升而总量下降，也属于一种合理现象。

库存总量是一个动态的量，上述比较应当是在一定经营量前提下。在用户生产有发展之后，库存总量的上升则反映了经营的发展，必须扣除这一因素，才能对总量是否下降作出正确判断。

（2）库存周转。由于配送企业的调剂作用，以低库存保持高的供应能力，库存周转一般总是快于原来各企业库存周转。此外，从各个客户角度进行判断，各客户在实行配送前后的库存周转比较，也是判断配送合理与否的标志。

为取得共同比较基准，以上库存标志都以库存储备资金计算，而不以实际库存商品数量计算。

2. *资金标志*

总的来讲，实行配送应有利于降低资金占用率及资金运用的科学化。具体判断标志如下：

（1）资金总量。用于资源储备所占用的流动资金总量，随储备总量的下降及供应方式的改变必然有一个较大的降低。

（2）资金周转。从资金运用来讲，由于整个节奏加快，资金充分发挥作用，同样数量资金，过去需要较长时期才能满足一定供应要求，配送之后，在较短时期内就能达此目的。所以，资金周转是否加快是衡量配送合理与否的标志。

（3）资金投向的改变。资金分散投入还是集中投入，是资金调控能力的重要反映。实行配送后，资金必然应当从分散投入改为集中投入，以增加调控作用。

3. *成本效益标志*

总效益、宏观效益、微观效益、资源筹措成本都是判断配送合理化的重要标志。对于不同的配送方式，可以有不同的判断侧重点。例如，配送企业、客户都是各自独立的以利润为中心的企业，不但要看配送的总效益，而且还要看对社会的宏观效益及企业的微观效益，不顾及任何一方，都必然会出现不合理。又例如，如果配送是由企业自己组织的，配送主要强调服务保证能力，那么效益主要是从总效益、宏观效益和企业、客户的微观效益来判断，不必过多顾及配送企业的微观效益。

由于总效益及宏观效益难以计量，在实际判断时，常以是否按国家政策进行经营，是否完成国家税收及配送企业和客户的微观效益来判断。

对于第三方物流配送企业而言（投入确定的情况下），企业利润反映配送合理化程度。

对于配送需求方企业而言，在保证供应水平或提高供应水平的（产出一定）前提下，物流成本的降低，反映了配送的合理化程度。

成本及效益对合理化的衡量，还可以具体到储存、运输等具体配送环节，使判断更为精细。

4. 供应保证标志

实行配送，各客户的最大担心是供应保证程度降低，这是个心态问题，也是承担风险的实际问题。

配送的重要一点是必须提高而不是降低对客户的供应保证能力，才算做到了合理。供应保证能力可以从以下方面进行判断。

（1）缺货次数。实行配送后，对各客户来讲，应到货而未到货以致影响客户生产、经营的次数，必须下降才算合理。

（2）配送企业集中库存量。对每一个客户来讲，其数量所形成的保证供应能力高于配送前单个企业保证程度，从供应保证来看才算合理。

（3）即时配送的能力及速度。这是客户出现特殊情况的特殊供应保障方式，这一能力必须高于未实行配送前客户紧急进货能力及速度才算合理。

特别需要强调一点，配送企业的供应保障能力，是一个科学的、合理的概念，而不是无限的概念。具体来讲，如果供应保障能力过高，超过了实际的需要，属于不合理。所以，追求供应保障能力的合理化也是有限度的。

5. 社会运力节约标志

末端运输是目前运能、运力使用不合理，浪费较大的领域，因而人们寄希望于配送来解决这个问题，这也成了配送合理化的重要标志。

运力使用的合理化是依靠送货运力的规划和整个配送系统的合理流程及社会运输系统合理衔接实现的。送货运力的规划是任何配送中心都需要花力气解决的问题，而其他问题有赖于配送及物流系统的合理化，判断起来比较复杂。可以简化判断如下：

（1）社会车辆总数减少，而承运量增加合理。

（2）社会车辆空驶减少为合理。

（3）一家一户自提自运减少，社会化运输增加为合理

6. 客户企业仓库、供应、进货人力/物力节约标志

配送的重要观念是以配送代劳客户。因此，实行配送后，各客户库存量、仓库面积、仓库管理人员减少为合理，用于订货、接货、搞供应的人员减少为合理。真正解除了客户的后顾之忧，配送的合理化程度则可以说是一个高水平了。

7. 物流合理化标志

配送必须有利于物流合理。这可以从以下几方面进行判断：

（1）是否降低了物流成本。

（2）是否减少了物流损失。

（3）是否加快了物流速度。

（4）是否发挥了各种物流方式的最优效果。

（5）是否有效衔接了干线运输和末端运输。

（6）是否不增加实际的物流中转次数。

（7）是否采用了先进的技术手段。

物流合理化的问题是配送要解决的大问题，也是衡量配送本身是否合理的重要标志。

5.5.4　配送成本的控制措施

配送企业所取得的收入是通过降低配送过程中的成本费用，和客户一起共享这一节约的利润。在物流总成本中，配送成本的比例最高，约占 35%～60%。因此，配送成本控制不仅是客户考虑的内容，也是配送企业考虑的内容。因为控制配送成本对降低整个物流成本、提高物流效益有极大贡献，因此配送企业应认真分析配送成本影响因素，积极探索控制成本的措施，达到降低成本，提高效率的目的。

1. 开展合理的资源筹措

配送利用较大批量筹措资源的优势来降低资源筹措成本，使配送资源筹措成本低于用户自己筹措成本，从而取得专业优势。如果不是集中多个用户需要进行批量筹措资源，而仅仅是为某一两户代购代筹，对用户来讲，就不仅不能降低资源筹措费，相反却要多支付一笔配送企业的代筹代办费。另外，配送量计划不准，资源筹措过多或过少，在资源筹措时不考虑建立与资源供应者之间长期稳定的供需关系等，都会给企业带来损失。

2. 进行合理的库存决策

配送应充分利用集中库存总量低于各用户分散库存总量，从而大大节约社会财富，同时降低用户实际平均分摊库存负担。因此，配送企业必须依靠科学管理来实现一个低于总量的库存，否则就会出现单是库存转移，而未解决库存降低的问题。当然配送企业在进行库存决策时，若为了保持较低库存而出现储存量不足，不能保证随机需求，将会造成缺货损失，有时甚至会失去现有的市场。

3. 制定合理配送价格

总的来讲，配送的价格应低于不实行配送时，用户自己进货时产品购买价格加上自己提货、运输、进货之成本总和，这样才会使用户有利可图。有时候，由于配送有较高服务水平，配送价格稍高，用户也是可以接受的，但这不能是普遍的原则。如果配送价格普遍高于用户自己进货价格，损伤了用户利益，就会失去客户。而价格制定过低，使配送企业处于无利或亏损状态下运行，配送企业也将无法生存下去。

4. 选择合理的配送路线

选择配送线路就是在知道了每辆车负责配送的具体客户后，如何以最快的速度完成对这些货物的配送，即如何选择配送距离短、配送时间短、配送成本低的线路。这需根据客户的具体位置、沿途的交通情况等作出优化选择和判断。除此之外，还必须考虑有些客户或其所在地点环境对送货时间、车型等方面的特殊要求，如有些客户不在中午或晚上收货，有些道路在某高峰期实行特别的交通管制等。

5. 正确积载货物

明确了客户的配送顺序及路线后，接下来就是如何将货物装车，以什么次序装车的问题，车辆的积载原则上应遵循下列原则：

（1）为了减少或避免差错，尽量把外观相近、容易混淆的货物分开装载。

（2）重不压轻，大不压小，轻货应放在重货的上面，包装强度差的应放在包装强度好的上面。

（3）不要将散发臭味的货物与吸臭性的货物混装。

（4）尽量不将散发粉尘的货物与清洁货物混装。

（5）切勿将渗水的货物与易受潮的货物一同存放。

（6）包装不同的货物应分开装载，如板条箱货物不要与纸箱、袋装货物堆放在一起。

（7）具有尖角或其他突出物的货物应和其他货物分开或用木板隔离，以免损伤其他货物。

（8）装载易滚动的卷状、桶状货物时，要垂直摆放。

（9）货与货之间，货与车辆之间应留有空隙并适当衬垫，防止货损。

（10）装货完毕时，应在门端处采取适当的稳固措施，以防开门卸货时，货物倾倒造成货损或人身伤亡。

（11）在装车时尽量做到“后送先装”。

如果在积载过程中方法不当，则会造成空载、迂回运输、商品串味、挤压等损失。

6. 减少退货和换货

经营物流配送，有时会遇到有瑕疵的商品、搬运中损坏、商品送错、商品过期等问题，遇到这些问题时退货或者换货则不可避免。而退货或换货的处理，会大幅度增加成本，减少利润。因此配送中心应采取有效措施，特别是在经常出错的地方增加控制点，尽量减少退、换货的次数，提高配送效率。

总之，配送成本是物流配送活动中所发生的人力、物力和财力的总和，它在整个物流成本中占有较高的比重，而这些成本支出的高低又会受到各种因素的影响，因此在进行配送成本管理的过程中，必须认真分析配送成本的构成，弄清楚影响配送成本高低的因素，并采取适当的措施来控制不必要的成本开支，为企业创造更多的利润。

5.5.5 配送合理化的方法

国内外推行配送合理化，有以下方法可供借鉴：

（1）推行一定综合程度的专业化配送。通过采用专业设备、设施及操作程序，取得较好的配送效果并降低配送过分综合化的复杂程度及难度，从而追求配送合理化。

（2）推行加工配送。通过加工和配送结合，充分利用本来应有的中转，而不增加新的中转点和合理化配送。同时，加工借助于配送，加工目的更明确，和客户联系更紧密，更避免了盲目性。这两者有机结合，投入不增加太多却可追求两个优势、两个效益，是配送合理化的重要经验。

（3）推行共同配送。通过共同配送，可以以最近的路程、最低的配送成本完成配送，从而追求合理化。

（4）实行送取结合。第三方物流配送企业与客户建立稳定、密切的协作关系。配送企业不仅成了客户的供应代理人，而且承担客户储存据点，甚至成为商品代销人，在配送时，将客户所需的物资送达，再将该客户生产的产品用同一车运回，这种产品也成了配送中心的配送产品之一，或者作为代存代储，免去了制造商的库存包袱。这种送取结合，使运力充分利用，也使配送企业功能有更大的发挥，从而追求合理化。

（5）推行准时配送系统。准时配送是配送合理化的重要内容。配送做到了准时，客户才有资源把握，可以放心地实施低库存或零库存，可以有效地安排接货的人力、物力，以追求最高效率的工作。

另外，保证供应能力，也取决于准时供应。从国外的经验看，准时供应配送系统是现在许多配送企业追求配送合理化的重要手段。

（6）推行即时配送。即时配送是最终解决客户企业担心断货之忧，大幅度提高供应保证能力的重要手段。即时配送是配送企业快速反应能力的具体化，是配送企业能力的体现。

即时配送成本较高，但它是整个配送合理化的重要保证手段。此外，客户实行零库存，即时配送也是重要保证手段。

5.5.6　降低配送成本的策略

对配送的管理就是在满足一定的顾客服务水平与配送成本之间寻求平衡：在一定的配送成本下尽量提高顾客服务水平，或在一定的顾客服务水平下使配送成本最小。一般来说，要想在一定的顾客服务水平下使配送成本最小可考虑以下策略。

1. 混合策略

混合策略是指配送业务一部分由企业自身完成。采取混合策略，合理安排企业自身完成的配送和外包给第三方物流完成的配送，能使配送成本最低。

2. 差异化策略

差异化策略的指导思想是：产品特征不同，顾客服务水平也不同。差异化势必降低配送资源利用效率，提高配送成本。因此，当企业拥有多种产品线时，不能对所有产品都按统一标准的顾客服务水平来配送，而应按产品的特点、销售水平来设置不同的库存、不同的运输方式及不同的储存地点，采用 ABC 分类法，将产品分为三类：A 类产品的销售量占总销售量的 70%以上，B 类产品占 20%左右，C 类产品则为 10%左右。对 A 类产品，在各销售网点都应备有库存，B 类产品只在地区分销中心备有库存而在各销售网点不备有库存，C 类产品连地区分销中心都不设库存，仅在工厂的仓库才有库存。这样，通过区分产品重要性来分别进行配送管理。

3. 合并策略

合并策略包括两个层次：一是配送方法上的合并；另一个则是共同配送。

（1）配送方法上的合并。配送成本增加的一个原因在于配货时由于货物的体积、重量、包装、储运性能及目的地各不相同导致一定的车辆空载率，实行合理的轻重配装、容积不同的货物搭配装车，就可以不但在载重方面达到满载，而且也充分利用车辆的有效容积，取得最优效果。

（2）共同配送。共同配送是一种产权层次上的共享，也称集中协作配送。它是几个企业联合集小量为大量共同利用统一配送设施的配送方式，其标准运作形式是：在中心机构的统一指挥和调度下，各配送主体以经营活动（或以资产为纽带）联合行动，在较大的地域内协调运作，共同对某一个或某几个客户提供系列化的配送服务。这种方式有两种情况：一种是中小生产、零售企业之间分工合作实行共同配送；第二种是几个中小型配送中心之间的联合，共同协作制订配送计划，共同组织车辆设备，对某一地区客户进行配送。具体执行时由于共同使用配送车辆，提高了车辆实载率和配送效率，有利于降低配送成本。

4. 延迟策略

传统的配送计划安排中，大多数的库存是按照对未来市场需求的预测量设置的，这样就存在着预测风险，当预测量与实际需求量不符时，就出现库存过多或过少的情况，从而增加配送成本。延迟策略的基本思想就是对产品的外观、形状及其生产、组装、配送应尽可能推迟到接到客户订单后再确定。一旦接到订单就要快速反应，因此采用延迟策略的一个基本前提是信息传递要非常快。

一般说来，实行延迟策略的企业应具备以下几个基本条件：

（1）产品特征。模块化程度高，产品价值密度大，有特定的外形，产品特征易于表达，定制后可改变产品的容积或重量。

（2）生产技术特征。模块产品设计、设备智能化程度高、定制工艺与基本工艺差别不大。

（3）市场特征。产品生命周期短、销售波动大、价格竞争激烈、市场变化大、产品提前期短。

实施延迟策略采用两种方式：生产延迟 （或称形成延迟）或物流延迟（或称时间延迟），而配送中往往存在着加工活动，所以实施配送延迟策略既可采用形成延迟方式，也可采用时间延迟方式。具体操作时，常常发生在诸如贴标签（形成延迟）、包装（形成延迟）、装配（形成延迟）和发送（时间延迟）等领域。

5. 标准化策略

标准化策略就是尽量减少因品种多变而导致附加配送成本，尽可能多地采用标准零部件、模块化产品。采用标准化策略要求厂家从产品设计开始就要站在消费者的立场去考虑怎样节省配送成本，而不要等到产品定型生产出来才考虑采用什么技巧降低配送成本。

小　结

本章主要介绍了配送成本的构成、配送成本的核算、物流配送成本标准制定、物流配送成本控制的方法、物流配送成本的分析、物流配送中心设置投资成本分析、配送服务与成本之间的二律背反、影响配送成本的因素、配送合理化的标志、配送合理化的方法、配送成本的控制措施、降低配送成本的措施。

习　题

一、判断题

1. 配送成本是指在配送活动的备货、储存、分拣、配货、送货、送达服务及配送加工等环节所发生的各项费用的总和，是配送过程中所消耗的各种活劳动和物化劳动的货币表现。（　）

2. 对配送的管理就是在配送的目标（即满足一定的顾客服务水平）与配送成本之间寻求平衡：在一定的配送成本下尽量降低顾客服务水平，或在一定的顾客服务水平下使配送成本最大。（　）

3. 采用延迟策略的一个基本前提是信息传播要非常快。（　）

4. 实施延迟策略常采用两种方式：生产延迟（或称形成延迟）和物流延迟（或称时间延迟）。（　）

二、选择题

1．工资、奖金、福利费、医药费、劳保费以及职工教育培训费和其他一切用于职工的费用属于（　　）。

A．材料费　　B．人工费　　C．一般经费　　D．特别经费

2．为了完成配送过程中商品、物资的物理性流动而发生的费用称为（　　）。

A．配送加工费　　B．物品流通费　　C．信息流通费　　D．短途运输费

3．配送成本的控制不能通过（　　）措施实现。

A．制订严密的配送计划　　B．确定合理的配送路线

C．合理利用车辆　　D．使用 GPS、EDI、RFID

4．配送业务一部分由企业自身完成，另一部分则外包给第三方物流企业完成的配送策略是（　　）。

A．混合策略　　B．差异化策略　　C．延迟策略

D．标准化策略　　E．合并策略

第 6 章　包装成本管理

知识点

- 包装
- 包装成本
- 价值分析

难　点

- 包装合理化的理解
- 包装成本的核算
- 降低包装成本的措施

要　求

熟练掌握以下内容:

- 包装的定义、种类、功能
- 包装的合理化
- 包装成本的概念及构成
- 包装成本的核算
- 降低包装成本的措施

了解以下内容:

- 包装与物流成本之间的关系
- 价值分析在物流成本管理中的应用

6.1　包装成本概述

6.1.1　包装的基本概念

1. 包装的定义

我国国家标准《包装流通术语》(GB/T 18354－2001)中对包装的定义为:“包装是指为在流通过程中保护产品、方便运输、促进销售，按照一定技术方法而采用的容器、材料及辅助物等的总体名称，也指为了达到上述目的而采用容器、材料和辅助物的过程中施加一定技术方法等的操作活动。”

包装作为物流的构成要素之一，与运输、保管、搬运、流通加工均有十分密切的关系。

包装是生产的终点，同时又是物流的起点。物流过程中能否实现商品的使用价值与包装的功能密切相关。包装作为生产的最后一道工序，标志着生产的完成，因此必须满足生产的要求。包装作为物流的始点，产品包装完成后应具有物流的能力，在整个物流过程中要发挥对产品的保护作用。在现代流通过程中，包装往往以大量生产、大量消费的商品为内装物，以规模化、速度化、省力化、低廉化和环保化为竞争优势，正在朝着包装尺寸标准化、包装作业机械化、包装成本低廉化、包装单位大型化、包装材料资源节省化、包装系统生态化等方向不断发展。

包装是实现商品价值和使用价值并能增加商品价值的一种手段。随着人们对商品感性需求的提高，以及市场竞争的日益激烈，商品销售方式的变化，商品包装已经不仅局限于在保护、容纳和宣传产品，更重要的是通过包装来提升商品的附加值，提高商品的竞争力。从这个意义上讲，商品包装已经成为竞争中的重要手段之一，商品包装是商品的重要组成部分。

2. 包装的属性

包装具有两个基本属性：一个是包装的商品性；另一个是包装的从属性。

包装的商品性是指商品包装是人类社会劳动的产品，在商品生产存在的条件下，包装同其他劳动产品一样具有商品性，因而同其他商品一样具有价值和使用价值。包装的使用价值是它在商品流通、消费过程中所承担的全部功能。包装的价值同样是凝结在包装中的一般人类劳动。由于包装是附属于商品的一种特殊商品，因此它的价值和使用价值的实现与包装商品的价值和使用价值的实现有关。一般来讲，包装的价值附加在商品上，在商品出售时得到补偿，而使用价值则要在商品消费时或者消费后才完全得以实现。

包装的从属性是指包装是从属于内装商品的，是内装商品的附属品。商品包装发展至今不管包装种类如何增多，包装功能变得如何多样，包装成本的比重如何增大，包装始终要受到内装商品的制约。因此，在设计商品包装时，要考虑包装的属性与功能，以免出现“过分包装”现象，也就是包装成本远远大于内装商品的成本，这不仅浪费资源，加重环境污染，而且增加消费者的经济负担。目前有许多国家的企业提出并实施减少商品包装策略，以降低商品成本，让利于消费者。

3. 包装的种类

包装的门类繁多，品种复杂，这是由于要适应各种物资性质的差异和不同运输工具等各种不同的要求和目的，使包装在设计、选料、包装技法、包装形态等方面出现了多样化。

（1）按包装功能不同分类，包装可分为工业包装和商业包装两个大类。工业包装又称为运输包装，是一种外部包装（包含内部包装），是物资运输、保管等物流环节所需求的必要包装，也就是从物流需要出发的包装。工业包装以强化运输、保护商品、便于储运为主要目的。工业包装要在满足物流要求的基础上使包装费用越低越好。对于普通物资的工业包装，其程度应当适中，才会有最佳的经济效果。工业包装的主要作用是具有保护功能、定量或单位化功能、便利功能和效率功能。

商业包装也叫零售包装或消费包装，是以促进商品销售为目的的包装。主要是根据零售业的需要，作为商品的一部分或为方便携带所做的包装，亦即逐个包装。这种包装的特点是：外形美观，有必要的装潢，包装单位应适合顾客购买量和商店设施的要求。商业包装的主要功能是定量功能、标识功能、商品功能、便利功能和促销功能。

应注意，在有些情况下工业包装同时又是商业包装，比如装橘子的纸箱子应属工业包装，连同箱子出售时，也可以认为是商业包装。为使工业包装更加合理并为促进销售，在有些情况下，也可以采用商业包装的办法来做工业包装，如家电用品就是兼有商业包装性质的工业包装。

（2）按包装层次不同，包装可分为个包装、中包装、外包装。个包装是指以一个商品为一个销售单位的包装形式。个包装直接与商品接触，在生产中与商品装配成一个整体。它以销售为主要目的，一般随同商品销售给顾客，因而又称为销售包装或小包装。个包装起着直接保护、美化、宣传和促进商品销售的作用。

中包装是指以若干个单体商品或包装组成一个小的整体包装。它是介于个包装与外包装的中间包装，属于商品的内层包装。中包装在销售过程中，一部分随同商品出售，一部分则在销售中被消耗掉，因而被列为销售包装。在商品流通过程中，中包装起着进一步保护商品、方便使用和销售作用，方便商品分拨和销售过程中的点数和计量，方便包装组合等。

外包装是指商品的最外层包装。在商品流通过程中，外包装起着保护商品、方便运输、装卸和储存等方面的作用。

（3）按包装容器质地不同，包装可分为三个大类：硬包装、半硬包装和软包装。

硬包装（又称刚性包装）是指充填或取出包装的内装物后，容器形状基本不发生变化，材质坚硬或质地坚牢的包装。

半硬包装（又称半刚性包装）是介于硬包装和软包装之间的包装。

软包装（又称挠性包装）是指包装内的充填物或内装物取出后，容器形状会发生变化，且材质较软的包装。

（4）按包装使用范围不同，包装可分为专用包装和通用包装。专用包装是指专供某种或某类商品使用的一种或一系列的包装。

通用包装是指一种能盛装多种商品，被广泛使用的包装容器。

（5）按包装使用的次数不同，包装可分为一次用包装、多次用包装和周转用包装。

一次用包装是指只能使用一次，不再回收复用的包装。

多次用包装是指回收后经适当地加工整理，仍可重复使用的包装。

周转用包装是指工厂和商店用于固定周转、多次复用的包装容器。

（6）包装的其他分类方法。按运输方式不同，包装可以分为铁路运输包装、卡车货物包装、船舶货物包装、航空货物包装、零担包装和集合包装等。

按包装防护目的不同，包装可分为防潮包装、防锈包装、防霉包装、防震包装、防水包装、遮光包装、防热包装、真空包装、危险品包装等。

按包装操作方法不同，包装可分为罐装包装、捆扎包装、裹包包装、收缩包装、压缩包装和缠绕包装等。

4. 包装的功能

（1）保护功能。保护功能是包装的最基本功能，主要指保护商品在流通过程中其价值和使用价值不受外界因素的影响。商品从生产领域向消费领域转移过程中，必然会经过不同情况、不同条件的空间移动、冲击、震动，以及温度、湿度、微生物等的影响，如果包装不当就会造成商品的破损、变形、霉变、腐烂、虫蛀、生锈等损失。科学的包装能有效地保护商品的外观形态和内在品质，维护商品的使用价值。

（2）传递信息功能。商品包装上标有商标、名称、品种、规格、产地、成分、功能以及使用说明等商品信息，有的商品包装上还标有建议零售价格，从而起到介绍、宣传商品的功能，尤其是在超市中，包装已经起到无声的推销员的作用。

（3）便利和复用功能。便利功能是指包装为商品的空间移动及消费者携带使用提供了方便条件，如方便运输、搬运，方便展销陈列、使用、处理等。商品生来就是要流通的，一种产品，从工厂到商店再到用户要经历各种条件下的运输、搬运、仓储等诸多环节，这就要求产品的包装应该便于运输、利于储存。

（4）卫生与环保功能。卫生功能是指包装能保证商品的卫生性能，尤其是用于食品、药品、化妆品的包装。这里包括两个方面的内容：一是包装能阻隔不卫生的因素，如灰尘、病菌等对内装物的污染，二是包装材料本身在与内装物接触时不污染商品。环保功能是指包装对环境的影响。主要包括两方面的内容：一方面是包装废弃物能回收再利用；另一方面是若不能再利用，废弃物能在大自然中自行降解。例如：以纸作为包装物，它的回收再利用率很高（1000kg 可再用 750kg），而且纸在自然界很容易被分解，所以纸材料属于绿色包装材料。

（5）容纳和成组化功能。容纳也是包装的基本功能，而成组化是容纳功能的延伸。它是把许多个体或个别包装物统一加以包装。例如瓶装饮料商品 24 瓶为一箱。成组容纳有利于商品运输和销售，并能减少流通费用。

（6）提高附加值功能。包装是商品的改良，不仅保护商品本身，而且通过优美的造型、色彩、图案和合理的定位来美化商品，把物质的、文化的、精神的内涵结合起来，通过包装表现出来，同时满足人们物质需要和精神需要，不仅提高了商品的竞争力，又增加了企业利润。在商品质量相同的情况下，精致、美观、大方的包装可以提升产品形象，引起消费者的注意，刺激消费者的购买欲望和购买动机，增强商品的吸引力。所以包装又被称为“无声的推销者”。

5. 包装的基本要求

包装应达到“科学、经济、牢固、美观、适销”的基本要求。

（1）科学。科学是指包装从设计到制作都要用科学的方法。即包装的设计要考虑商品运输的距离、自然地理条件、气候条件，不同的条件应该采取不同的设计方法，在造型设计上还要考虑货架陈列方式，以利于商品的陈列展示，并适应不同的消费习惯。

（2）经济。经济是指包装的用料和设计都要从节约材料、降低成本，减少运费支出，便于装卸、节约仓位等角度考虑。在保证牢固和美观的前提下，尽可能节约包装材料，这样不仅降低了包装费用，也减少了包装废弃物对环境的污染。

（3）牢固。牢固是指包装要结实、耐用，以保证商品在流通和使用过程中品质、数量完好无损。牢固性是保证商品使用价值的重要条件，不同品质的商品应该采用不同的包装材料和方法。

（4）美观。美观是指商品在造型、色彩、图案上美观大方，富有艺术价值。同时要和内装商品的包装材料和谐一致，提高竞争力，刺激消费者的购买欲望，达到促销目的。

（5）适销。适销是指包装一定要做到适销对路，要适合不同国家、不同地区、不同消费对象的文化特性、风俗习惯、宗教信仰、偏好和禁忌。

6.1.2　包装的合理化

1. 合理设置包装方式

第一因素是考虑装卸。不同的装卸方式决定了不同的包装方式。需要手工装卸的，包装及内容的重量必须限制在手工装卸的允许能力之内，一般设定为工人体重的 40%左右；包装的外形尺寸也应适合手工操作。发展国际性物流还要考虑不同地区物流载体的装卸交接，各种商品都按统一的规格尺寸进行包装，这些规格尺寸的单元基础叫“包装模数”。

第二因素是考虑保管。采用高层堆放的应要求包装有比较高的强度，以免压坏等。

第三因素是考虑运输。对于进行长距离及多次中转运输的，就要用严密厚实的包装；而短距离汽车运输，可采用轻便、防震的包装等。

2. 合理选用包装材料与技术

包装材料与技术涉及包装成本与包装效应，这是一个效益背反的问题。包装要避免包装不足和包装过剩。包装不足，指包装材料强度低、技术简易，如层次少、包扎与装订力度较小，这样成本虽低，但包装效果差；反之包装过剩，效果虽强，但成本较高。

3. 方便物流的回收利用，实现物流资源再循环

在这方面可采用许多措施：采用通用包装外形，如按一定标准模数尺寸制造通用包装箱，无论在什么地方装卸后都可转用于其他包装；采用梯级利用，经过这样考虑设计的包装物，在一次使用后进行简单处理可转作他用，如大纸板箱可改制成小纸板箱等；采用多用途、多功能的外形设计。如装饮料的包装物排空后可转作杯子等。

6.1.3 包装成本的概念

包装成本是指用于商品包装中的各种活劳动和物化劳动的耗费的货币表现。包装成本约占物流成本总额的 30%左右，仅次于运输成本。如果能在包装上采取措施，比如进行包装功能价值分析与包装功能优化设计等，在提高包装质量、优化包装功能的前提下，降低包装成本，不仅可以降低物流成本，而且可以大大减少商品流通过程中的损失。

6.1.4 包装与物流成本之间的关系

包装在很大程度上影响着物流系统运作的成本，包装的合理有效直接决定着物流运作的效率。

包装对物流成本的影响可概括为：轻便的包装可降低运输成本；合理设计包装尺寸可以提高存储和运输期间的空间利用率；保护性更强的包装可以减少对货物的损毁，并降低搬运要求；更注重环保的包装可以节省包装处理费用甚至回收再利用，节省了资金，并提升公司形象；采用机械化包装能提高包装效率，降低物流成本。

6.2 包装成本的构成和核算

包装是生产的终点和物流的起点，因而其实施过程可能在生产企业，也可能在物流企业。无论其为工业包装还是商业包装，都需耗用一定的人力、物力和财力。对于大多数商品，只有经过包装，才能进行流通。据统计，包装成本约占流通费用的 10%，有些商品（特别是生活消费品），其包装成本所占比例高达50%。从物流过程来看，包装成本约占物流成本总额的30%，仅次于运输成本。

6.2.1 包装成本的构成

1. 包装材料成本

包装材料成本是指各类物资在实施包装过程中耗费在材料费用支出上的费用。常用的包

装材料种类繁多，功能亦各不相同，企业必须根据各种物资的特性，选择适合的包装材料，既要达到包装效果，又要合理节约包装材料费用。常见的包装材料有木材、纸、金属、塑料、玻璃、陶瓷等。

2. 包装机械设备成本

现代包装发展的重要标志之一是包装机械的广泛应用。包装过程中使用机械作业可以极大地提高包装作业的劳动生产率，同时可以大幅度提高包装水平。使用包装机械设备就会发生购置费用或租赁费用支出，日常维护保养费支出以及每个会计期间终了计提折旧费用，这些都构成了包装机械设备成本。

3. 包装技术成本

为了使包装的功能能够充分发挥作用，达到最佳的包装效果，因而包装时，也需采用一定的技术措施。比如，实施缓冲包装、防潮包装、防霉包装等。这些技术的设计、实施所支出的成本合称包装技术成本。包装技术成本主要包括包装技术设计成本和包装技术购买成本。

4. 包装人工成本

在实施包装过程中，必须有工人或专业作业人员进行操作。包装人工成本包括对这些人员发放的计时工资、计件工资、奖金、津贴和补贴等各项费用支出，但是不包括这些人员的劳动保护费支出。包装人工成本的计算必须有准确的原始记录资料，包括工资卡、考勤记录、工时记录、工作量记录等原始凭证。企业的会计部门根据劳动合同等有关规定和企业规定的工资标准、工资形式、奖励津贴等制度，以及相关原始资料计算每个包装工人及其他有关人员的工资。

5. 包装辅助成本

包装辅助成本包括包装标记、标志及标识、拴挂物的成本，一些低值易耗品、燃料、动力的成本等。

6.2.2 包装成本的核算

包装作为企业的成本构成要素之一，与运输、保管、搬运、流通加工均有十分密切的关系。随着包装在物流过程中越来越被人们所重视，企业对生产经营中所发生的包装成本应该单独核算。包装成本可能发生在不同的物流环节，也可能发生在不同的企业。根据我国现行会计制度和法规政策，企业必须根据我国《企业会计制度》的要求组织会计核算。

1. 包装收入

企业在其经营活动中，对于包装业务所取得的收入，有两种情况：若是生产包装物的企业收入实现，可以作为企业的业务收入，计入“主营业务收入”账户；若是物流企业，收入已实现，计入“其他业务收入”账户。

【例题 6-1】某生产企业销售包装用纸箱 2000 件，单价 50 元，单位成本 35 元，试作会计分录。

解：取得销售收入时

借：银行存款　100000

贷：主营业务收入　100000

月末结转产品成本时

借：主营业务成本　70000

　　贷：库存商品　70000

【例题 6-2】某物流企业销售一批包装物，价款总计 10000 元，试作会计分录。

解：取得收入时

借：银行存款　10000

　　贷：其他业务收入——包装物　10000

2. 包装费用

对已经发生的包装费用进行核算，企业应该在“销售费用”总分类账户下设置“包装费用”二级账户以及相关明细账户：原材料、应付职工薪酬、累计折旧和库存现金等。

“销售费用”账户，主要核算物流企业在进货过程中发生的运输费、装卸费、包装费、保险费、运输中的合理损耗和入库前的挑选整理费等。该账户月度终了，将本期的销售费用全部从本账户的贷方转入“本年利润”账户的借方。“销售费用”账户期末无余额。该账户可以根据企业业务不同的特点下设相关明细账户。

【例题 6-3】某企业对商品进行包装，消耗包装材料 1000 元，支付包装人员工资 800 元，包装机械设备损耗 300 元，用于包装标记的费用支出 500 元，试作会计分录。

解：

借：销售费用——包装费用　2600

贷：原材料　1000

　　应付职工薪酬　800

　　累计折旧　300

　　库存现金　500

【例题 6-4】企业销售商品领取包装物，包装成本 2000 元，试作会计分录。

解：

借：销售费用　2000

　　贷：包装物　2000

【例题 6-5】某物流公司在对 D 类商品进行运输前进行分类包装和运输包装，领用包装材料 2500 元，应支付包装人员工资费用 1200 元，以现金支出其他包装成本 600 元。月中，为包装加工完成的商品，领用一次使用的包装箱 30 只，该包装箱每只单位成本为 50 元，共计 1500 元；月末，对一台包装机械计提折旧，该包装机械原值 20000 元，净残值率为 4%，年折旧率为 12%，试作会计分录。

解：

借：销售费用——包装费用　4300

　　贷：原材料　2500

　　　　应付职工薪酬　1200

　　　　库存现金　600

借：销售费用——包装费用　1500

　　贷：包装物　1500

该机械应计提折旧额=20000×(1–4%)×12%÷12=192（元）

借：销售费用——包装费　192
　　贷：累计折旧　192

6.3　降低包装成本

6.3.1　降低包装成本的方法

1．优化包装设计，避免过剩包装

应根据包装要达到的既定目标（保护和营销功能等），对包装的设计进行仔细的分析与研究，杜绝过程包装功能的出现，是降低包装成本的主要方法之一。

2．发展包装机械化

包装机械化主要从提高包装作业效率和缩减劳动工资两个方面来降低包装成本。例如以瓦楞纸箱而言，分别有纸箱组装机、装箱机、贴封签机、钉合机等，将上述几种机器连接起来组成全自动瓦楞纸箱生产线，便可大幅度地提高生产效率，且可节约劳动力 70%左右。

3．发展包装标准化

通过标准化，可以提高包装过程的效率，减少人工费用和材料费用的支出，同时也方便物流过程中的装卸和运输。包装标准是以包装为对象制定的标准，包括包装基础标准、包装材料标准、包装容器标准、包装技术标准、产品包装标准以及相关标准等几类内容。包装标准化工作就是制定、贯彻实施包装标准的全过程活动。实现包装的标准化，不仅能促进包装工业的发展，而且能使单位包装成本得到大幅度下降，包装材料单耗也会下降。

4．加强包装物的回收和旧包装的利用

包装物的回收和旧包装的利用是指将使用过的包装物和其他辅助包装材料，通过各种渠道和各种方式进行回收，然后进行修复、净化、改造以供再次使用。其可相对地节省包装材料，加工劳动，因包装而造成的能源、电力的消耗等。

5．组织散装运输

散装，也被称为“无包装运输”，是现代化物流中备受推崇的技术。散装是指对水泥、谷物等颗粒状或粉末状商品在不进行包装的情况下，运用专门的散装设备（车或船）来实现商品的运输。从另一个角度来看，这种专门的散装设备本身也是一种扩大了的包装。无包装运输从理论上可使包装成本为零，因此组织散装运输应引起经营者的高度重视并加以应用。

6.3.2　价值分析在降低包装成本中的应用

采用价值分析的目的是从品质上、使用上、耐用性上、外观上考虑降低包装成本的可能性，通过了解包装材料的效果，剔除不必要的功能和过剩质量，以达到效果好、成本省的目的。并不是找一个代用品使之比原来的价格低就可以了，而是为了实现更好的效果而进行周密的研究。

1．价值分析的基本概念

价值分析（Value Analysis，VA），又称为价值工程法（Value Engineering，VE），是一门新兴的管理技术，是降低成本提高经济效益的有效方法。起源于 20 世纪 40 年代的美国，麦尔斯（L.D.Miles）是价值工程的创始人。这一方法传入日本后与全面质量管理相结合，得到进一步发扬光大，成为一套更加成熟的价值分析方法。

价值分析，是指通过集体智慧和有组织的活动对产品或服务进行功能分析，使目标以最低的总成本（寿命周期成本），可靠地实现产品或服务的必要功能，从而提高产品或服务的价值。价值分析的主要思想是通过对选定研究对象的功能及费用分析，提高对象的价值。

价值分析中“价值”的概念，指的是反映费用支出与获得（使用价值）之间的比例，用数学比例式表达为

$$价值（V）=功能（F）\div 成本（C） \tag{6-1}$$

从式（6-1）中可以看出：价值与功能成正比，与成本成反比。价值大小是人们对这种关系所作出的判断。提高价值的基本途径有 5 种，即

- 提高功能，降低成本。
- 功能不变，降低成本。
- 功能有所提高，成本不变。
- 功能略有下降，成本大幅度降低。
- 大幅度提高功能，适当提高成本。

例如，两种电视机，其中一种功能高（多）、质量好、可靠性大、寿命长，这种电视机的价值高。或者两种电视机的功能相同，而成本不同，则成本低的一种价值高。

2. 价值分析的特点

（1）价值分析以提高价值为目的。不是单纯地强调提高产品（或包装物）功能，也不是片面地要求降低成本，而是致力于提高二者的比值。按照价值分析的观点，即使成本有所上升（或功能有所下降），只要功能大幅度提高（或成本大幅度下降），使价值提高，就是可行的。

（2）价值分析以功能分析为核心。以功能为对象开展研究，分析产品（包装物）是否适合用户的需要以及适合的程度。如何用少量的人力、物力资源来实现产品的功能。通过功能分析，可以确定哪些是产品的必备功能，排除不必要的功能：从实现必要功能的众多方式中选择出最经济的方式。

（3）价值分析是以集体智慧进行改革和创新为基础的。采用价值分析法从寻找有替代性廉价材料开始，采取合理的包装工艺，发挥专业人员的作用，一步一步地进行调查分析。在包装功能不变的情况下，博取各家之长，并把它们集中起来，从而产生一种更新的物美价廉的包装。同时应该不断地开发新材料，采用新工艺，以不断替代那些质次价高的旧材料。

3. 价值分析的项目（针对包装成本）

（1）必要性。通过进行逐次必要性检查，找出不必要的功能。

（2）效果。包装的各种功能是增强了，还是降低了。

（3）包装成本与功能是否相称。

（4）商品本身是否需要。

（5）材料价格是否合理，能否降低。

（6）规格尺寸是否恰当，能否标准化。

（7）包装作业是否高效经济。

（8）包装的安全性是否满足要求。

（9）包装费用的各项构成是否合理。

上述各项必须认真检查分析，以达到最佳的经济效果为最终结果。

4. 价值分析的实施

价值分析已发展成为一门比较完善的管理技术，在实践中已形成了一套科学的实施程序。这套实施程序实际上是发现矛盾、分析矛盾和解决矛盾的过程。

进行一项价值分析，首先需要选定价值分析的对象。一般说来，价值分析的对象是要考虑社会生产经营的需要以及对象价值本身有被提高的潜力。一般采取经验分析法、ABC 分析法以及百分比分析法。选定分析对象后需要收集对象的相关情报，包括用户需求、销售市场、科学技术进步状况、经济分析以及本企业的实际能力等。有了较为全面的情报之后就可以进入价值分析的核心阶段——功能分析。在这一阶段要进行功能的定义、分类、整理、评价等步骤。经过分析和评价，分析人员可以提出多种方案，从中筛选出最优方案加以实施。在决定实施方案后应该制定具体的实施计划，提出工作的内容、进度、质量、标准、责任等方面的内容，确保方案的实施质量。为了掌握价值分析实施的成果，还要组织成果评价。成果的鉴定一般以实施的经济效益、社会效益为主。

作为一项技术经济的分析方法，价值分析做到了将技术与经济的紧密结合。此外，价值分析的独到之处还在于它注重提高产品的价值，注重研制阶段开展工作，并且将功能分析作为自己独特的分析方法。

【例题 6-6】某企业用重点选择方法，从众多的包装箱中，选择了产量最大的主产品包装为价值分析对象。用 ABC 分类法确定包装箱的箱体作为具体的分析对象，资料见表 6-1。

表 6-1　产品包装价值分析表

序号	零件名称	数量	成本/元	占总成本比重/%	占零件总数的比重/%
1	箱体	1	5.18	91.04	6.25
2	夹板	2	0.30	5.27	12.50
3	柏油纸	1	0.15	2.64	6.25
4	钉子	12	0.06	1.05	75.00
合计		16	5.69	100	100

进行各零件的功能定义，见表 6-2。

表 6-2　各零部件功能定义表

序号	零件名称	功能定义
1	箱体	盛装物品、方便物流、造型美观
2	夹板	防止磕碰、缓冲外力
3	柏油纸	防尘、防潮、防雨
4	钉子	形成整体、紧密连接、坚固牢靠

进行功能整理：包装箱的整体功能是实现物流，是上位功能，放在功能系统的左侧，其他功能按目的与手段的逻辑关系整理如图 6-1 所示。

按照加权评分法对包装箱进行功能评分，求出功能系数，见表 6-3。

（1）价值系数=功能系数÷成本系数。

（2）成本系数=重要的零部件成本÷包装总成本。

（3）功能系数=某零部件功能得分÷包装物总功能得分。

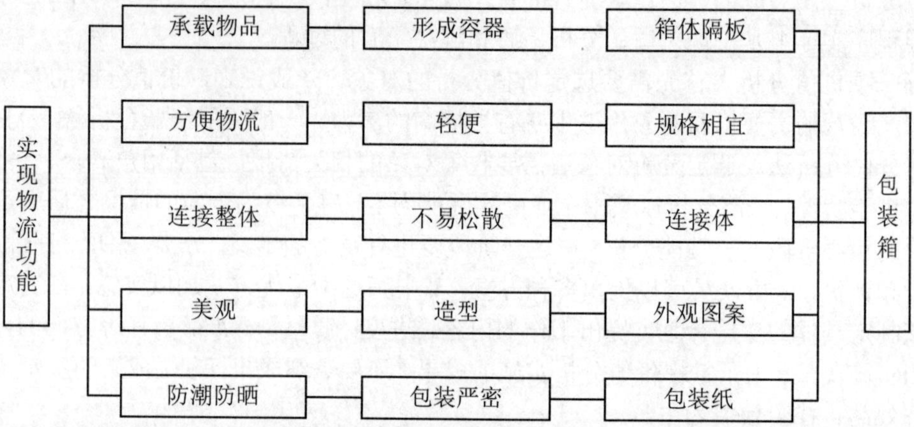

图 6-1　功能系统图

表 6-3　功能系数表

序号	零件名称	功能关系	评分值	相对重要性系数
1	箱体	$F_1>5F_2$	160	0.7442
2	连接件	$F_2>F_3+F_4$	30	0.1395
3	夹板	$F_3>F_4$	15	0.0698
4	柏油纸	F_4	10	0.0465
合计			215	1.0000

表中的功能关系：如 $F_1>5F_2$ 是指箱体功能重要程度是连接件的 5 倍以上；$F_2>F_3+F_4$ 是指连接件功能的重要程度是夹板和柏油纸功能之和以上。

从表 6-1 和表 6-3 中可得，箱体的成本系数和功能系数为

$$成本系数=5.18\div5.69=0.9104$$

$$功能系数=0.7442$$

$$价值系数=0.7442\div0.9104=0.8174$$

箱体价值系数小于 1，说明箱体成本过高，通过价值分析合理选用箱体材料，以降低箱体成本。根据分析结果，创建降低包装物成本的方案，并对方案进行经济技术评价和综合评价，最终确定最优方案。

小　结

本章的主要内容是包装、包装成本和价值分析。

包装是指为在流通过程中保护产品、方便运输、促进销售，按照一定的技术方法而采用的容器、材料及辅助物等的总体名称，也指为了达到上述目的而采用容器、材料和辅助物的过程中施加一定技术方法等的操作活动。包装具有商品性和从属性。按包装功能不同分类，包装可分为工业包装和商业包装两个大类。包装应达到“科学、经济、牢固、美观、适销”的基本

要求。包装成本是指用于商品包装中的各种活劳动和物化劳动的耗费的货币表现。

包装成本包括包装材料成本、包装机械设备成本、包装技术成本、包装人工成本、包装辅助成本和间接成本等。根据我国现行会计制度和法规政策，企业必须根据《企业会计制度》的要求组织会计核算。降低包装成本的措施主要有：优化包装设计避免过剩包装、发展包装机械化、发展包装标准化、加强包装物的回收再利用、组织散装运输等。

价值分析是指通过集体智慧和有组织的活动对产品或服务进行功能分析，使目标以最低的总成本（寿命周期成本），可靠地实现产品或服务的必要功能，从而提高产品或服务的价值。价值分析的主要思想是通过对选定研究对象的功能及费用分析，提高对象的价值。

习　题

一、选择题

1．包装具有的基本属性是（　　）。

A．商品性　B．不可分割性　C．从属性　D．可变性

2．按包装功能不同分类，包装可分为（　　）。

A．工业包装　B．内包装　C．外包装　D．商业包装

3．常见的包装材料有（　　）。

A．木材　B．纸　C．金属　D．塑料

4．包装成本包括（　　）。

A．包装材料成本　B．包装机械设备成本

C．包装人工成本　D．包装技术成本

E．包装辅助成本和间接成本

5．包装技术成本主要包括（　　）。

A．包装技术设计成本　B．包装技术购买成本

C．包装机械设备成本　D．包装人工成本

二、判断题

1．包装是生产的起点，同时又是物流的终点。（　　）

2．包装成本是指用于商品包装中的各种活劳动和物化劳动的耗费。（　　）

3．价值分析，又称为价值工程法，是一门新兴的管理技术，是降低成本，提高经济效益的有效方法。（　　）

4．包装人工成本包括给包装人员发放的计时工资、计件工资、奖金、津贴和补贴等各项费用支出，但是不包括这些人员的劳动保护费支出。（　　）

5．价值分析中价值的概念等同于政治经济学中的商品价值的概念。（　　）

三、简答题

1．我国对包装是如何定义的？

2．什么是包装成本？

3．简述包装成本的构成。

4．简述降低包装成本的方法。

5．简述价值分析在降低包装成本中的应用。

四、核算题

1．某物流企业为销售商品领取价值 3000 元的包装物对商品进行包装，同时支付包装人员工资 1000 元，包装标识费 300 元，机器损耗费 500 元。试做账务处理。

2．某物流公司销售包装物一批，价款总计 15000 元，款已收。试做账务处理。

3．某生产公司销售包装用的纸箱、容器共计 20000 元，款未付。试做账务处理。

第 7 章　装卸搬运成本管理

知识点

- 装卸搬运
- 装卸搬运成本

难　点

- 装卸搬运合理化的应用
- 降低装卸搬运成本的方法

要　求

熟练掌握以下内容:

- 装卸搬运的概念
- 影响装卸搬运难易程度的因素
- 装卸搬运合理化的方法
- 降低装卸搬运成本的方法

了解以下内容:

- 装卸搬运的分类
- 装卸搬运成本的核算

7.1　装卸搬运成本概述

7.1.1　装卸搬运的概念

装卸是指物品在指定地点进行的以垂直移动为主的物流作业。搬运是指在同一场所内将物品进行的以水平移动为主的物流作业。装卸搬运就是指在同一地域范围内进行的，以改变物品的存放状态和空间位置为主要内容和目的的活动，具体包括装上、卸下、移动、拣选、分类、堆垛、入库、出库等活动。

也可理解为，在同一地域范围内（如车站范围、工厂范围、仓库内部等）以改变“物”的存放、支承状态的活动称为装卸，以改变“物”的空间位置的活动称为搬运，两者全称装卸搬运。

在实际操作中，装卸与搬运是密不可分的，两者是伴随在一起发生的。因此，在物流科学中并不过分强调两者差别而是作为一种活动来对待。有时候在特定场合，单称“装卸”或“搬运”也包含了“装卸搬运”的完整涵义。在习惯使用中，物流领域（如铁路运输）常将装卸搬运这一整体活动称作“货物装卸”，在生产领域中常将这一整体活动称作“物料搬运”。实际上，活动内容都是一样的，只是领域不同而已。

搬运的“运”与运输的“运”的区别之处在于，搬运是在同一地域的小范围内发生的，而运输则是在较大范围内发生的，两者是量变到质变的关系，中间并无一个绝对的界限。

7.1.2 装卸搬运的特点

1. 装卸搬运是附属性、伴生性的活动

装卸搬运是物流每一项活动开始及结束时必然发生的活动，因而有时常被人忽视，有时被看作其他操作不可缺少的组成部分。例如，一般而言的“汽车运输”，就实际包含了相随的装卸搬运，仓库中泛指的保管活动，也含有装卸搬运活动。

2. 装卸搬运是支持、保障性和服务性活动

装卸搬运的附属性不能理解成被动的，实际上，装卸搬运对其他物流活动有一定决定性。装卸搬运会影响其他物流活动的质量和速度，例如，装车不当会引起运输过程中的损失；卸放不当会引起货物转换成下一步运动的困难。许多物流活动在有效的装卸搬运支持下，才能实现高水平运作。

3. 装卸搬运是衔接性的活动

在任何其他物流活动互相过渡时，都是以装卸搬运来衔接的，因而，装卸搬运往往成为整个物流“瓶颈”，是物流各功能之间能否形成有机联系和紧密衔接的关键活动，而这又是一个系统的关键。建立一个有效的物流系统，关键是看这一衔接是否有效。比较先进的系统物流方式——联合运输方式就是为着力解决这种衔接而实现的。

7.1.3 装卸搬运的地位和作用

装卸搬运是物流系统的构成要素之一，虽然它不直接创造价值，但它却是影响物流效率、决定物流成本的重要环节。

装卸搬运是物流各环节之间相互转换的桥梁，它不仅把物资运动的各个阶段连接成为连续的“流”，而且把各种运输方式连接起来，形成各种运输网络，极大地发挥其作用。

装卸搬运的基本动作包括装车（船）、卸车（船）、堆垛、入库、出库以及连接上述各项动作的短程输送，是随运输和保管等活动而产生的必要活动。

在物流过程中，装卸搬运活动是不断出现和反复进行的，它出现的频率高于其他各项物流活动，每次装卸搬运都要花费较长时间，所以往往成为决定物流速度的关键。装卸搬运所消耗的人力也很多，所以装卸搬运费用在物流成本中所占的比重也较高。以我国为例，铁路运输的始发和到达的装卸搬运作业费大致占总运费的 20%左右，船运占 40%左右。因此，装卸搬运成本是降低物流成本的重要环节。

此外，进行装卸搬运操作时往往需要接触货物，因此，这是在物流过程中造成货物破损、散失、损耗、混合等损失的主要环节。例如袋装水泥纸袋破损和水泥散失主要发生在装卸过程中，玻璃、机械、器皿、煤炭等产品在装卸时也最容易造成损失。由此可见，装卸搬运是影响物流效率、决定物流技术经济效果的重要环节。

以下数据可作为参考：

（1）我国统计，火车货运以500千米为分歧点，运距超过500千米，运输在途时间多于起止的装卸时间；运距低于500千米，装卸时间则超过实际运输时间。

（2）美国与日本之间的远洋船运，一个往返需25天，其中运输时间13天，装卸时间12天。

（3）我国对生产物流的统计，机械工厂每生产1吨成品，需进行252吨次的装卸搬运，其成本为加工成本的15.5%。

7.1.4 装卸搬运的分类

1. 按物流设施和设备对象分类

按此可分为仓库装卸、铁路装卸、港口装卸、汽车装卸等。

仓库装卸配合出库、入库、维护保养等活动进行，并且以堆垛、上架、取货等操作为主。

铁路装卸是对火车车皮的装进及卸出，其特点是一次作业就实现一车皮的装进或卸出，很少有仓库装卸时出现整装零卸或零装整卸的情况。

港口装卸包括码头前沿的装船，也包括后方的支持性装卸搬运，有的港口装卸还采用小船在码头与大船之间“过驳”的办法，因而其装卸的流程较为复杂，往往经过几次的装卸及搬运作业才能最后实现船与陆地之间货物过渡的目的。

汽车装卸一般一次装卸批量不大，由于汽车的灵活性，可以减少或根本减去搬运活动，而直接、单纯利用装卸作业达到车与物流设施之间货物过渡的目的。

2. 按机械及机械作业方式分类

按此可分成便于吊车作业的“吊上吊下”方式、使用叉车作业的“叉上叉下”方式、使用半挂车或叉车作业的“滚上滚下”方式，以及“移上移下”方式和散装方式等。

（1）“吊上吊下”方式。采用各种起重机械从货物上部起吊，依靠起吊装置的垂直移动实现装卸，并在吊车运行的范围内或回转的范围内实现搬运或依靠搬运车辆实现小搬运。由于吊起及放下属于垂直运动，这种装卸方式属垂直装卸。

（2）“叉上叉下”方式。采用叉车从货物底部托起货物，并依靠叉车的运动进行货物位移，搬运完全靠叉车本身，货物可不经中途落地直接放置到目的处。这种方式垂直运动不大，主要是水平运动，属水平装卸方式。

（3）“滚上滚下”方式。主要指港口装卸的一种水平装卸方式。利用叉车或半挂车、汽车承载货物，连同车辆一起开上船，到达目的地后再从船上开下。利用叉车的滚上滚下方式，在船上卸货后，叉车必须离船，利用半挂车、平车或汽车，则拖车将半挂车、平车拖拉至船上后，拖车开下离船，而载货车辆连同货物一起运到目的地，再原车开下或拖车上船拖拉半挂车、平车离开。滚上滚下方式需要有专门的船舶，对码头也有不同要求，这种专门的船舶称“滚装船”。

（4）“移上移下”方式。是在两车之间（如火车及汽车）进行靠接，然后利用各种方式，不使货物垂直运动，而靠水平移动从一个车辆上推移到另一车辆上。移上移下方式需要使两种车辆水平靠接，因此需对站台或车辆货台进行改变，并配合移动工具实现这种装卸。

（5）散装散卸方式。对散装物进行装卸，一般从装点直到卸点，中间不再落地，这是集装卸与搬运于一体的装卸方式。

3. 按被装物的主要运动形式分类

按此可分成垂直装卸、水平装卸两种形式。

4. 按作业对象分类

按此可分成散装货物装卸、单件货物装卸、集装货物装卸等。

5. 按作业特点分类

按此可分成连续装卸与间歇装卸两类。

连续装卸主要是同种大批量散装或小件杂货通过连续输送机械，连续不断地进行作业，中间无停顿，货间无间隔。在装卸量较大、装卸对象固定、货物对象不易形成大包装的情况下适用采取这一方式。

间歇装卸有较强的机动性，装卸地点可在较大范围内变动，主要适用于货流不固定的各种货物，尤其适于包装货物、大件货物，散粒货物也可采取此种方式。

7.1.5 装卸搬运的合理化

1. 防止和消除无效作业

无效作业是指在装卸作业活动中超出必要的装卸、搬运量的作业。显然，防止和消除无效作业对装卸作业的经济效益有重要作用。为了有效地防止和消除无效作业，可从以下几个方面入手：

（1）尽量减少装卸次数。要使装卸次数降低到最小，要避免没有物流效果的装卸作业。

（2）提高被装卸物料的纯度。物料的纯度是指物料中含有水分、杂质与物料本身使用无关的物质的多少。物料的纯度越高则装卸作业的有效程度越高，反之，则无效作业就会增多。

（3）包装要适宜。包装是物流中不可缺少的辅助作业手段。包装的轻型化、简单化、实用化会不同程度地减少作用于包装上的无效劳动。

（4）缩短搬运作业的距离。物料在装卸、搬运当中，要实现水平和垂直两个方向的位移，选择最短的路线完成这一活动，就可避免超越这一最短路线以上的无效劳动。

2. 提高装卸搬运的灵活性

装卸搬运的灵活性是指在装卸作业中，物料进行装卸作业的难易程度。所以，在堆放货物时，要事先考虑到物料装卸作业的方便性。

根据物料所处的状态，即物料装卸、搬运的难易程度，可将装卸搬运的灵活性分为不同的级别，如图 7-1 所示。

0 级——物料杂乱地堆在地面上的状态。

1 级——物料装箱或经捆扎后的状态。

2 级——箱子或被捆扎后的物料，下面放有枕木或其他衬垫后，便于叉车或其他机械作业的状态。

3 级——物料被放于台车上或用起重机吊钩钩住，即刻移动的状态。

4 级——被装卸、搬运的物料，已经被启动、直接作业的状态。

从理论上讲，活性指数越高越好，但也必须考虑到实施的可能性。例如，物料在储存阶段中，活性指数为 4 的输送带和活性指数为 3 的车辆，在一般的仓库中很少被采用，这是因为大批量的物料不可能存放在输送带和车辆上。

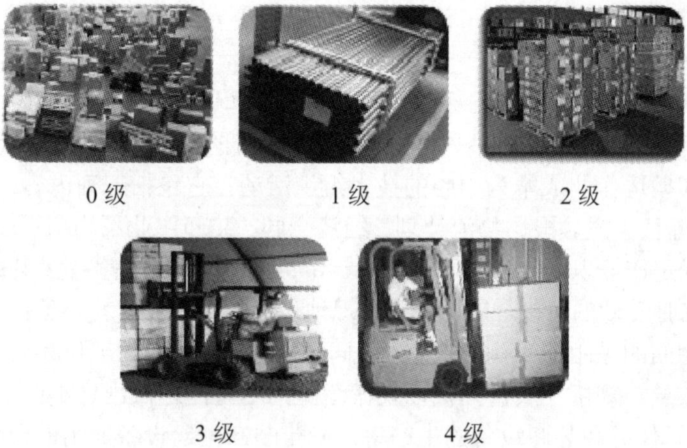

图 7-1　装卸搬运灵活性示意图

为了说明和分析物料搬运的灵活程度，通常采用平均活性指数的方法。这个方法是对某一物流过程物料所具备的活性情况，累加后计算其平均值，用“δ”表示。δ 值的大小是确定改变搬运方式的信号。具体如下：

当 $\delta<0.5$ 时，所分析的搬运系统半数以上处于活性指数为 0 的状态，即大部分处于散装情况，其改进方式可采用料箱、推车等存放物料。

当 $0.5<\delta<1.3$ 时，大部分物料处于集装状态，其改进方式可采用叉车和动力搬动车。

当 $1.3<\delta<2.3$ 时，装卸、搬运系统大多处于活性指数为 2，可采用单元化物料的连续装卸和运输。

当 $\delta>2.3$ 时，说明大部分物料处于活性指数为 3 的状态，其改进方法可选用拖车、机车车头拖挂的装卸搬运方式。

装卸搬运的活性分析，除了上述指数分析法外，还可采用活性分析图法。分析图法是将某一物流过程通过图示来表示出装卸、搬运活性程度，并具有明确的直观性能，使人一看就清楚，薄弱环节容易被发现和改进。运用活性分析图法通常分 3 步进行：①绘制装卸搬运图；②按搬运作业顺序作出物资活性指数变化图，并计算活性指数；③对装卸搬运作业的缺点进行分析改进，作出改进设计图，计算改进后的活性指数。

3. 实现装卸作业的省力化

装卸搬运使物料发生垂直和水平位移，必须通过做功才能实现，要尽力实现装卸作业的省力化。

在装卸作业中应尽可能地消除重力的不利影响。在有条件的情况下利用重力进行装卸，可减轻劳动强度和能量的消耗。将设有动力的小型运输带（板）斜放在货车、卡车或站台上进行装卸，使物料在倾斜的输送带（板）上移动，这种装卸就是靠重力的水平分力完成的。在搬运作业中，不用手搬，而是把物资放在一台车上，由器具承担物体的重量，人们只要克服滚动阻力，使物料水平移动，这无疑是十分省力的。

利用重力式移动货架也是一种利用重力进行省力化的装卸方式之一。重力式货架的每层格均有一定的倾斜度，利用货箱或托盘可沿着倾斜的货架层板自己滑到输送机械上。为了使物料滑动的阻力更小，通常货架表面均处理得十分光滑，或者在货架层上装有滚轮，也有在承重物资的货箱或托盘下装上滚轮。这样将滑动摩擦变为滚动摩擦，物料移动时所受到的阻力会更小。

4. 合理组织装卸搬运设备，提高装卸搬运作业的机械化水平

物资装卸搬运设备运用组织是以完成装卸任务为目的，并以提高装卸设备的生产率、装卸质量和降低装卸搬运作业成本为中心的技术组织活动。它包括下列内容：

（1）确定装卸任务量。根据物流计划、经济合同、装卸作业不均衡程度、装卸次数及装、卸车时限等，来确定作业现场年度、季度、月、旬、日平均装卸任务量。装卸任务量有事先确定的因素，也有临时变动的可能。因此，要合理地运用装卸设备，就必须把计划任务量与实际装卸作业量两者之间的差距缩小到最低水平。同时，装卸作业组织工作还要针对装卸作业的物资对象的品种、数量、规格、质量指标以及搬运距离尽可能地做出详细的规划。

（2）根据装卸任务和装卸设备的生产率，确定装卸搬运设备需用的台数和技术特征。

（3）根据装卸任务、装卸设备生产率和需用台数，编制装卸作业进度计划。它通常包括装卸搬运设备的作业时间表、作业顺序、负荷情况等详细内容。

（4）下达装卸搬运进度计划，安排劳动力和作业班次。

（5）统计和分析装卸作业成果，评价装卸搬运作业的经济效益。

随着生产力的发展，装卸搬运的机械化程度定将不断提高。此外，由于装卸搬运的机械化能把工人从繁重的体力劳动中解放出来。尤其对于危险品的装卸作业，机械化能保证人和货物的安全，也是装卸搬运机械化程度不断得以提高的动力。

5. 推广组合化装卸搬运

在装卸搬运作业过程中，根据不同物料的种类、性质、形状、重量的不同来确定不同的装卸作业方式。处理物料装卸搬运的方法有三种形式：普通包装的物料逐个进行装卸，叫作“分块处理”；将颗粒状物资不加小包装而原样装卸，叫作“散装处理”；将物料以托盘、集装箱、集装袋为单位进行组合后进行装卸，叫作“集装处理”。对于包装的物料，尽可能进行“集装处理”，实现单元化装卸搬运，可以充分利用机械进行操作。组合化装卸具有如下所述优点。

（1）装卸单位大、作业效率高，可大量节约装卸作业时间。

（2）能提高物料装卸搬运的灵活性。

（3）操作单元大小一致，易于实现标准化。

（4）不用手去触及各种物料，可达到保护物料的效果。

6. 合理地规划装卸搬运方式和装卸搬运作业过程

合理地规划装卸搬运方式和装卸搬运作业过程是指对整个装卸作业的连续性进行合理的安排，以减少运距和装卸次数。

装卸搬运作业现场的平面布置是直接关系到装卸、搬运距离的关键因素，装卸搬运机械要与货场长度、货位面积等互相协调。要有足够的场地集结货场，并满足装卸搬运机械工作面的要求，场内的道路布置要为装卸搬运创造良好的条件，有利于加速货位的周转。使装卸搬运距离达到最小平面布置是减少装卸搬运距离的最理想的方法。

提高装卸搬运作业的连续性应做到：作业现场装卸搬运机械合理衔接；不同的装卸搬运作业在相互联结使用时，力求使它们的装卸搬运速率相等或接近；充分发挥装卸搬运调度人员的作用，一旦发生装卸搬运作业障碍或停滞状态，立即采取有力的措施补救。

7.1.6　装卸搬运成本的构成

装卸搬运成本主要由人工成本、营运成本、损耗成本、其他成本等 4 个部分构成。

1. 人工费用

主要包括装卸搬运过程中所发生的工人工资、福利费用、奖金、津贴和补贴等。

2. 营运费用

主要包括固定资产折旧费用、机械设备维修费用、能源消耗费用、材料费用等。

3. 损耗费用

主要包括装卸搬运过程中合理损耗的费用。如装卸搬运过程中的货物破损、散失、损耗等损失。

4. 其他费用

主要包括办公费用、差旅费用、保险费用、相关税金等。

7.2　装卸搬运成本的核算

7.2.1　装卸搬运成本的账户设置

1. 装卸搬运收入

对物流企业所发生的装卸搬运业务所取得的收入，可以作为企业经营活动的收入。在取得价款或取得获取价款的权利时计入“主营业务收入”账户的贷方，借记“银行存款”“应收账款”等其他账户。

2. 装卸与搬运费用

对于企业发生的装卸与搬运费用，需要在“销售费用”账户下设置二级账户“销售费用——装卸搬运费”对该部分费用进行核算。

发生装卸搬运费用时，借记“销售费用——装卸搬运费”，贷记“应付职工薪酬”“累计折旧”“原材料”“低值易耗品”等相关账户。

7.2.2　装卸与搬运业务的账务处理

【例题 7-1】企业 2018 年 7 月在物资装卸与搬运中发生以下费用支出：7 月 11 日发放装卸人员工资 2280 元；7 月 19 日领用苫布、枕木等低值易耗品价值合计 750 元；7 月 21 日定额内搬运耗损共计 200 元，定额外耗损 150 元；月末本月应负担的折旧费用为 5000 元。试作会计分录。

解：

借：销售费用——装卸搬运费	8230
管理费用——商品毁损	150
贷：应付职工薪酬	2280
低值易耗品	750
累计折旧	5000
库存商品	350

7.3 降低装卸搬运成本的方法

7.3.1 提高货物装卸搬运的灵活性与可运性

提高货物装卸搬运的灵活性与可运性是合理装卸搬运和降低装卸搬运成本的重要手段之一。

装卸搬运的灵活性就是要求装卸搬运作业必须为下一环节的物流活动提供方便，即“活化”。不断提高活化的程度是装卸搬运灵活性的重要标准。

装卸搬运的可运性是指装卸搬运的难易程度。影响装卸搬运难易程度的因素主要包括以下几种：

（1）物品的外形尺寸。

（2）物品的密度或笨重程度。

（3）物品形状。

（4）损伤物品、设备或人员的可能性。

（5）物品所处的状态。

（6）物品的价值和使用价值等。

装卸搬运物料的可运性一般采用物品马格数值的大小来量度。“1 个马格”，是指可以方便地拿在一只手中，相当密实、形状紧凑并可以码垛，不易损伤，以及相当清洁、坚固、稳定的物品。不断降低马格数值，就意味着物品不断提高了可运性。因此，采用措施降低马格数，是提高装卸搬运可运性的重要标志，也是降低装卸搬运成本的重要手段。

7.3.2 利用重力作用，减少能量消耗

在装卸搬运时应尽可能消除货物重力的不利影响；同时，尽可能利用重力进行装卸搬运，以减轻劳动力和其他能量的消耗。消除重力影响的简单例子，是在进行人力装卸时“持物不步行”，即货物的质量由台车、传送带等负担，人的力量只用于使载货车辆水平移动。利用重力装卸的实例很多，如将槽或无动力的小型传送带倾斜安装在载货汽车或站台上进行货物装卸，使货物依靠本身质量完成装卸搬运作业。

7.3.3 合理选择装卸搬运机械

装卸搬运机械化是提高装卸效率、降低装卸搬运成本的重要环节。装卸搬运机械化程度共分为 3 个级别：第一级是用简单的装卸器具；第二级是使用专用的高效率机具；第三级是依靠计算机控制实行自动化、无人化操作。

以哪一级别作为目标实现装卸搬运机械化，要从是否经济，能否加快物流速度、减轻劳动强度和保证人与物的安全等方面来考虑。另一方面，装卸搬运机械的选择必须根据装卸搬运的物品的性质来决定。对以箱、袋或集合包装的物品可采用叉车、吊车、载货汽车装卸，散装粉粒体物品可使用传送带装卸，散装液体物可直接向装运设备或储存设备装取。

7.3.4　合理选择装卸搬运方式

在装卸搬运过程中，必须根据货物的种类、性质、形状、质量来确定装卸搬运方式。在装卸时对货物的处理大体有 3 种方式：

（1）“分块处理”，即按普通包装对货物逐个进行装卸。

（2）“散装处理”，即对粉粒状货物不加小包装而进行的原样装卸。

（3）“单元组合处理”，即货物以托盘、集装箱为单位进行组合后的装卸。

实现单元组合，可以充分利用机械进行操作，其优点是：

1）操作单位大，作业效率高。

2）能提高物流“活性”。

3）操作单位大小一致，易于实现标准化。

4）装卸不触及货物，对物品有保护作用。

单元组合这种装卸搬运方式并不是对所有货物都适用。

7.3.5　改进装卸搬运作业方式

装卸搬运是物流过程中重要的一环，合理分解装卸搬运活动，对于改进装卸搬运各项作业、提高装卸搬运效率、降低装卸搬运成本有着重要的意义。例如，采用直线搬运，减少货物搬运次数，使货物搬运距离最短；避免装卸搬运流程的“对流”“迂回”现象；防止人力和装卸搬运设备的停滞现象；合理选用装卸机具、设备等。在改进作业方法上，尽量采用现代化管理方法和手段，如排队论的应用、网络技术的应用、人机系统等，实现装卸搬运的连贯、顺畅、均衡。

小　结

本章主要内容是装卸搬运和装卸搬运成本。

在同一地域范围内（如车站范围、工厂范围、仓库内部等）以改变“物”的存放、支撑状态的活动称为装卸，以改变“物”的空间位置的活动称为搬运，两者全称装卸搬运。在实际操作中，装卸与搬运是密不可分的，两者是伴随在一起发生的。因此，在物流科学中并不过分强调两者差别，而是作为一种活动来对待。搬运的“运”与运输的“运”的区别之处在于，搬运是在同一地域的小范围内发生的，而运输则是在较大范围内发生的，两者是量变到质变的关系，中间并无一个绝对的界限。装卸搬运具有附属性、伴生性、支持性、保障性、服务性和衔接性的特点。装卸搬运按作业特点可分成连续装卸与间歇装卸两类。

装卸搬运是物流系统的构成要素之一，虽然它不直接创造价值，但它却是影响物流效率、决定物流成本的重要环节。装卸搬运是物流各环节之间相互转换的桥梁，它不仅把物资运动的各个阶段连接成为连续的“流”，而且把各种运输方式连接起来，形成各种运输网络，极大地发挥其作用。装卸搬运的合理化主要从以下几个方面考虑：防止和消除无效作业，提高装卸搬运的灵活性，实现装卸作业的省力化，合理组织装卸搬运设备提高装卸搬运作业的机械化水平，推广组合化装卸搬运，合理地规划装卸搬运方式和装卸搬运作业过程。

装卸搬运成本主要由人工成本、营运成本、损耗成本、其他成本等 4 个部分构成。降低装卸搬运成本的方法主要有：提高货物装卸搬运的灵活性与可运性、利用重力作用减少能量消耗、合理选择装卸搬运机械、合理选择装卸搬运方式、改进装卸搬运作业方式、在高峰期间或试用期间可暂时租用装卸搬运设备以减少设备投资、尽量提高一次装卸搬运作业的处理量，充分利用装卸搬运设备的处理能力。

习　题

一、选择题

1. 装卸搬运就是指在同一地域范围内进行的，以改变物品的存放状态和空间位置为主要内容和目的的活动，具体来说包括（　　）等活动。

A. 装上、卸下　　B. 移动、拣选
C. 分类、堆垛　　D. 入库、出库

2. 装卸搬运按作业特点可分成（　　）。

A. 连续装卸　　B. 垂直装卸　　C. 间歇装卸　　D. 水平装卸

3. 装卸搬运成本主要由（　　）构成。

A. 人工成本　　B. 营运成本　　C. 损耗成本　　D. 其他成本

4. 在装卸搬运过程中，必须根据货物的种类、性质、形状、质量来确定装卸搬运方式。在装卸时对货物的处理大体有（　　）形式。

A. 分块处理　　B. 散装处理
C. 单元组合处理　　D. 分批处理

二、判断题

1. 在实际操作中，装卸与搬运是分开进行的，两者是次序发生的。因此，在物流科学中强调两者差别并作为两种物流活动来对待。（　　）

2. 装卸搬运是物流系统的构成要素之一，它直接创造价值，是影响物流效率、决定物流成本的重要环节。（　　）

3. 搬运的"运"与运输的"运"的区别之处在于，搬运是在同一地域的小范围内发生的，而运输则是在较大范围内发生的，两者是量变到质变的关系，中间有一个绝对的界限。（　　）

4. 装卸搬运作业现场的平面布置是直接关系到装卸、搬运距离的关键因素，装卸搬运机械要与货场长度、货位面积等互相协调。（　　）

5. "单元组合处理"，即货物以托盘、集装箱为单位进行组合后的装卸。（　　）

6. "1 个马格"，是指可以方便地拿在一只手中，相当密实、形状紧凑并可以码垛，不易损伤，以及相当清洁、坚固、稳定的物品。不断降低马格数值，就意味着物品不断提高了可运性。（　　）

三、简答题

1. 简述装卸搬运的概念。

2．简述装卸搬运的地位和作用。

3．简述装卸搬运的特征。

4．简述如何实现装卸搬运的合理化。

5．简述降低装卸搬运成本的方法。

四、核算题

1．某物流企业 2018 年 9 月取得装卸搬运收入 40000 元，款已存入银行。试做账务处理。

2．华宇物流 2018 年 10 月提供物资装卸与搬运服务中发生以下费用支出：领用包装物价值 2000 元，装卸人员工资 1500 元，出差人员差旅费 400 元。试做账务处理。

3．某物流企业 2018 年 11 月发生下列经济业务，试做账务处理。11 月 1 日领用包装物价值 1500 元，苫布等低值易耗品价值 600 元；11 月 20 日定额内搬运损耗共计 240 元，定额外损耗 100 元；本月取得搬运收入 10000 元，款已收；应负担的折旧费用 1400 元。

第 8 章　仓储成本管理

知识点

- 仓储成本的核算
- 降低仓储成本的措施

难　点

- 仓储成本的计算范围
- 仓储成本的计算方法

要　求

熟练掌握以下内容：

- 仓储成本管理的内容
- 仓储成本的构成、计算范围和计算方法
- 降低仓储成本的措施

了解以下内容：

- 仓储管理的概念
- 仓储成本管理的定义和意义

8.1　仓储成本管理概述

8.1.1　仓储管理概述

1. 仓储的概念

"仓"即仓库，为存放物资的建筑物和场地，可以是房屋建筑、洞穴、大型容器或特定的场地等，具有存放和保护物品的功能。"储"即储存、储备，表示收存以备使用，具有收存、保管、交付使用的含义。仓储就是指通过仓库对商品与物品的储存与保管。

仓储是产品生产、流通过程中因订单前置或市场预测前置而使产品、物品暂时存放。它是集中反映工厂物资活动状况的综合场所，是连接生产、供应、销售的中转站，对促进生产和提高效率起着重要的辅助作用。同时，围绕着仓储实体活动，清晰准确的报表、单据账目、会计部门核算的准确信息也同时进行着。因此，仓储是物流、信息流、单证流的合一。

2. 仓储管理的概念

仓储管理，是指对仓库和仓库中储存的物资进行管理，是仓储机构为了充分利用所具有的仓储资源提供高效的仓储服务所进行的计划、组织、控制和协调过程。具体来说，仓储管理包括仓储资源的获得、仓储商务管理、仓储流程管理、仓储作业管理、保管管理、安全管理多种管理工作及相关的操作。

仓储管理是一门经济管理科学，同时也涉及应用技术科学，故属于边缘性学科。仓储管理的内涵是随着其在社会经济领域中的作用不断扩大而变化的。仓储管理，即库管，是指对仓库及其库存物品的管理，仓储系统是企业物流系统中不可缺少的子系统。物流系统的整体目标是以最低成本提供令客户满意的服务，而仓储系统在其中发挥着重要作用。仓储活动能够促进企业提高客户服务水平，增强企业的竞争能力。现代仓储管理已从静态管理向动态管理产生了根本性的变化，对仓储管理的基础工作也提出了更高的要求。

3. 仓储管理的内容

（1）利用市场经济的手段获得最大的仓储资源的配置。根据市场供求关系确定仓储的建设；依据竞争优势选择仓储地址；以生产差别产品决定仓储专业化分工和确定仓储功能；以所确定的功能决定仓储布局；根据设备利用率决定设备配置等。

（2）以不断满足社会需要为原则开展商务活动。商务活动是指仓储对外的经济联系，满足社会需要包括数量上的满足和质量上的满足两个方面。仓储管理者还要不断掌握市场的变化发展，包括市场调查和分析、市场营销、交易和合同关系、客户关系管理、争议处理等，不断开展创新，提供适合经济发展的仓储产品。

（3）以高效率、低成本为原则组织仓储生产。仓储生产包括货物入库、堆存、保管、出库的作业，仓储物的验收、理货交接，在仓储期间的保管照料、质量维护、安全防护等。

仓储生产的组织遵循高效、低耗的原则。高效是指实现快进快出，充分利用机械设备，提高仓储利用率；低耗是指降低成本，不发生差、损、错事故等。

（4）通过制度化、科学化的先进手段不断提高管理水平。仓储管理要根据仓储企业的经营目的的改变、社会需求的变化而实行动态化管理和管理变革，包括不断补充、修正、完善和提高管理内容和管理水平，不断吸收先进经验，将管理内容制度化、科学化。

8.1.2　仓储成本的定义

仓储成本是指仓储企业在储存物品的过程中，即装卸搬运、存储保管、流通加工、商品出库入库等各业务活动，以及建造、购置仓库等设施设备所消耗的人力、物力、财力及风险成本的总和。简单地讲，仓储成本是指在开展仓储业务活动中以货币计量的各种费用支出的总和。仓储成本是物流成本的组成部分，是衡量仓储企业经营管理水平和管理质量高低的重要标志，对物流成本的核算有重要影响。

8.1.3　仓储成本管理的内容

仓储成本管理就是用最经济的办法实现保存和管理的功能，即以最低的物流成本创造最大的物流效益。如果过分强调储存功能的实现，而投入过多的人力、物力、财力并不合理，所以应该科学地进行仓储成本管理。仓储成本管理的实质是在保证储存功能实现的前提下，尽量减少投入。一些不合理的储存和过度储存而占用资金或者因储存条件而发生质量变化，必然会造成仓储成本的提升，因此必须从各方面加强仓储成本的管理。“效益背反”是物流活动中普遍存在的基本规律。不可否认，仓储作为一种必要活动，由其自身特点决定，经常有冲减物流系统效益、恶化物流系统运行的趋势，所以有着对社会经济活动的“逆”作用。这种作用主要由于不合理储存和被储物在储存期间所发生的质量变化和价值损失造成的。

8.1.4 仓储成本管理的意义

仓储成本是伴随着物流仓储活动而发生的各种费用。仓储成本是企业物流成本中的重要组成部分，其高低直接影响着企业的利润水平。因此，合理控制仓储成本，加强仓储成本管理是企业物流管理的一项重要内容。

仓储成本管理对于物流企业意义重大，主要体现在以下几个方面。

1. 进行仓储成本管理可以有效降低库存成本，有利于实现企业利润最大化目标

企业库存成本的降低可以增加利润，增加利润又是企业的目标之一，也是社会经济发展的原动力。利润的最大化一定程度上决定于企业收入的增加和成本的降低，在企业收入增长的情况下，降低仓储环节的成本，有利于利润的快速增加；在企业收入减少的情况下，有效控制仓储成本开支，更可抑制利润的快速下降。无论企业在何种经营情况下，进行成本控制都将直接服务于企业的最终目标。

2. 进行仓储成本管理是提高企业竞争力的最有效的手段之一

加强企业竞争能力是求得生存和扩展的主要保障。企业在市场竞争中降低各种运作成本、提高产品质量、创新产品设计和增加产销量是保持竞争能力的有效手段。降低仓储成本可以提高企业价格竞争能力和安全边际率，使企业在经济萎缩时继续生存下去，在经济增长时得到较高的利润。

3. 仓储成本控制是企业持续发展的基础

只有把仓储成本控制在同类企业的先进水平上，才有迅速发展的基础。仓储成本降低了，可以削减售价以扩大销售，销售扩大后经营基础稳定了，才有力量去提高产品质量，创新产品设计，寻求新的发展。同时，仓储成本一旦失控，就会造成大量的资金沉淀，严重影响企业的正常生产经营活动。

进行仓储成本管理，就是利用尽可能少的人力、物力、财力来实现仓储管理。通过仓储成本管理，降低仓储生产经营中的各种费用，从而提高企业仓储经营管理水平和经济效益。

8.2 仓储成本核算

8.2.1 仓储成本的构成

仓储成本是指仓储企业在开展仓储业务活动中各种要素投入的以货币计算的总和。仓储成本是物流成本的重要组成部分，对物流成本的高低有直接影响。

大多数仓储成本不随存货水平的变动而变动，而是随存储地点的多少而变化。仓储成本包括仓库租金、仓库折旧、设备折旧、装卸费用、货物包装材料费用和管理费等。

1. 仓储储存成本

仓储储存成本是发生在仓储过程中，为保证商品合理储存，正常出、入库而发生的与储

存商品运作有关的费用。仓储储存成本包括房屋、设备折旧，库房租金，水、电、气费用，设备修理费用，人工费用等一切发生在库房中的费用。仓储储存成本可以分为固定成本和变动成本两部分。

（1）固定成本。仓库固定成本是在一定的仓储存储范围内，不随出、入库量变化的成本。它主要包括：①库房折旧；②设备折旧；③库房租金；④库房固定人工工资等。

仓库固定成本在每月的成本计算时相对固定，与日常发生的运作、消耗没有直接的关系，在一定范围内与库存数量也没有直接关系。固定成本中的库房折旧、设备折旧、外租库房租金和固定人员工资从财务部可以直接得到。库房中的固定费用可以根据不同的作业模式而有不同的内容，包括固定取暖费、固定设备维修费、固定照明费用等。

（2）变动成本。仓库变动成本是仓库运作过程中与进出入库货量有关的成本。它主要包括：①水、电、气费用；②设备维修费用；③工人加班费用；④货品损坏成本等。

库房运作变动成本的统计和计算是根据实际发生的运作费用进行的。包括按月统计的实际运作中发生的水、电、气消耗，设备维修费用，由于货量增加而发生的工人加班费和货品损坏成本等。

2．仓储订购成本

仓储订购成本是由于存货而发生的除储存成本以外的各种成本，包括以下几个方面：

（1）订货成本。订货成本是指企业为了实现一次订货而进行的各种活动的费用，包括处理订货的差旅费、办公费等支出。订货成本中有一部分与订货次数无关，如常设机构的基本开支等，称为订货的固定成本；另一部分与订货的次数有关，如差旅费、通信费等，称为订货的变动成本。具体来讲，订货成本包括与下列活动相关的费用：

1）检查存货费用。

2）编制并提出订货申请费用。

3）对多个供应商进行调查比较费用。

4）填写并发出订单费用。

5）填写并核对收货单费用。

6）验收货物费用。

7）筹集资金和付款过程中产生的各种费用。

（2）资金占用成本。资金占用成本是为购买货品和保证存货而使用的资金的成本。资金成本可以用公司投资的机会成本或投资期望值来衡量，也可以用资金实际来源的发生成本来计算。为了简化和方便，一般资金成本用银行贷款利息来计算。

（3）存货风险成本。存货风险成本是发生在货品持有期间的，由于市场变化、价格变化、货品质量变化所造成的企业无法控制的商品贬值、损坏变质等成本。

3. 缺货成本

缺货成本是指由于库存供应中断而造成的损失，包括原材料供应中断造成的停工损失、产成品库存缺货造成的延迟发货损失和丧失销售机会的损失（还应包括商誉损失）。当一种产品缺货时，客户就会购买该企业竞争对手的产品，这就会对该企业产生直接利润损失，如果失去客户，还可能为企业造成间接或长期成本。另外，原材料、半成品或零配件的缺货，意味着机器空闲，甚至停产。

缺货成本是由于外部和内部中断供应所产生的。当企业的客户得不到全部订货时，叫作外部缺货；而当企业内部某个部门得不到全部订货时，叫作内部缺货。

如果发生外部缺货，将导致以下情况的发生：

（1）延期交货。延期交货可以有两种形式：一种形式是缺货商品可以在下次规则订货时得到补充，另一种形式是利用快递延期交货。如果客户愿意等到下一个规则订货，那么企业实际上没有什么损失。但如果经常缺货，客户可能就会转向其他供应商。

商品延期交货会产生特殊订单处理费用和运输费用。延期交货的特殊订单处理费用要比普通处理费用高。由于延期交货经常是小规模装运，运输费率相对较高。而且，延期交货的商品可能需要从一个地区的一个工厂的仓库供货，进行长距离运输。另外，可能需要利用速度快、收费较高的运输方式运送延期交货的商品。因此，延期交货成本可根据额外订单处理费用的额外运费来计算。

（2）失销。由于缺货，可能造成一些用户会转向其他供应商。也就是说，许多公司都有生产替代产品的竞争者，当一个供应商没有客户所需的商品时，客户就会从其他供应商那里订货。在这种情况下，缺货导致失销，对于企业来说，直接损失就是这种商品的利润损失。因此，可以通过计算这批商品的利润来确定直接损失。

除了利润的损失，失销还包括当初负责相关销售业务的销售人员所付出的努力的损失，这就是机会损失。需要指出的是，很难确定在一些情况下失销的总损失。比如，许多客户习惯用电话订货，在这种情况下，客户只是询问是否有货，而未指明要订货多少，如果这种产品没货，那么，客户就不会说明需要多少，企业也不会知道损失的总量。此外，很难估计一次缺货对未来销售的影响。

（3）失去客户。第三种可能发生的情况是由于缺货而失去客户。也就是说，客户永远转向另一个供应商。如果失去了客户，企业也就失去了未来的一系列收入，这种缺货造成的损失很难估计，需要用科学管理的技术以及市场营销的研究方法来分析和计算。除了利润损失，还有由于缺货造成的商誉损失。

4. 在途存货成本

在途成本与选择的运输方式有关。如果企业以目的地交货价销售商品，就意味着企业要负责将商品运达客户，当客户收到订货商品时，商品的所有权才转移。从财务的角度来看，商品仍是销售方的库存。因为这种在途商品在交给客户之前仍然属于企业所有，运货方式及所需的时间是储存成本的一部分，企业应该对运输成本与在途存货持有成本进行分析。

在途物资库存的资金占用成本一般等于仓库中库存资金的占用成本。仓储运作成本一般与在途库存不相关，但要考虑在途货物的保险费用。选择快速运输方式时，一般货物过时或变质的风险要小一些，因此仓储风险成本较小。

一般来说，在途存货成本要比仓库中的存货成本小。在实际中，需要对每一项成本进行仔细分析，才能准确计算出实际成本。

8.2.2 仓储成本的计算范围

1. 按仓储物流成本的形成计算

仓储成本主要包括仓储储存成本、取得成本、缺货成本和在途库存持有成本。

（1）仓储储存成本。仓储储存成本是指企业为保持适当的库存而发生的成本，它可以分为固定成本和变动成本。固定成本是不随着存储货物数量的变化而变化的成本，与一定限度内的仓储数量无关，如仓储设备的折旧费、维修费、仓库员工工资等；变动成本与仓储数量的多少相关，如库存占用资金的利息费用、仓库的挑选整理费、仓储商品的毁损和变质损失、保险费用、搬运装卸费用等，可以分为资金占用成本、仓储维护成本、仓储运作成本和仓储风险成本 4 项。

1）资金占用成本也称为利息费用或机会成本，是仓储成本的隐性费用。资金占用成本反映失去的盈利能力，如果资金投入其他方面，就会要求取得投资回报。因此，资金占用成本就是这种尚未获得的回报的费用。资金占用成本通常用持有库存的货币价值的百分比表示，也有用企业新投资的最低回报率来计算资金占用成本的。因为从投资的角度来说，库存决策与做广告、建新厂、增加机器设备等投资决策是一样的。为了核算的方便，一般情况下，资金占用成本指占用资金能够获得的银行利息。

2）仓储维护成本主要包括与仓库有关的租赁、取暖、照明、设备折旧、保险费和税金等费用。仓储维护成本随着企业采取的仓储方式的不同而有不同的变化。如果企业利用自有的仓库，大部分仓储维护成本是固定的；如果企业利用公共的仓库，则有关存储的所有成本将直接随库存数量的变化而变化。在作仓储决策时，这些成本都要考虑。另外，根据产品的价值和类型，产品丢失或损坏的风险高时，就需要较高的保险费用。同时，许多国家将库存列入应税财产，高水平库存导致高税费。保险费用和税金将随着产品不同而有很大变化，在计算仓储维护成本时，必须对此加以考虑。

3）仓储运作成本主要与商品出入仓库有关，即通常所说的搬运装卸成本。

4）仓储风险成本，反映由企业无法控制的原因造成的库存商品贬值、损坏、丢失、变质等损失。

（2）取得成本。取得成本中的订货成本是指企业为了实现一次订货而进行的各种活动的费用，包括处理订货的差旅费、办公费等支出。订货成本中有一部分与订货次数无关，如常设机构的基本开支等，称为订货的固定成本；另一部分与订货的次数有关，如差旅费、通信费等，称为订货的变动成本。具体来讲，订货成本包括与下列活动相关的费用：检查和清点存货；编制并提出订货申请；对多个供应商进行调查比较，选择最合适的供应商；填写并发出订单；验收发来的货物；筹集资金并进行付款。这些成本很容易被忽视，但在考虑涉及订货、收货的全部活动时，这些成本很重要。

取得成本中的生产准备成本是指当某些产品不由外部供应而是由企业自己生产时，企业为生产这些产品而进行准备的成本。其中，更换模具、增添某些专用设备等属于固定成本。与生产产品的数量有关的费用如材料费、加工费、人工费等属于变动成本。

（3）缺货成本。缺货成本是指由于库存供应中断而造成的损失，包括原材料供应中断造成的停工损失、产成品库存缺货造成的延迟发货损失和丧失销售机会造成的损失（还应包括商誉损失）等。

许多企业都会考虑保持一定数量的安全库存或称缓冲库存以防在需求方面的不确定性，但是安全库存的存在自然会产生一定的库存成本，同时应该注意到安全库存每一追加的增量都将造成效益的递减，超过期望需求量的第一个单位的保险库存所提供的防止缺货的预防效能最大，第二个单位所提供的预防效能比第一个单位稍小，依次类推。在保持一定保险存货水平，储存额外数量的存货成本加期望缺货成本会有一个最小值，这个水平就是最优水平。高于或低于这个水平，都会产生净损失。

对于制造企业来说，如果发生内部原材料的短缺，就可能导致生产损失（人员和机器的闲置）和完工期的延误。如果由于某项物品短缺而引起整个生产线停工，这时的缺货成本可能非常高。尤其对于实施及时管理的企业来说更是这样。为了对保险存货量作出最好的决策，制造企业应该对由于原材料或零配件缺货造成的停产成本有全面的认识和理解。

（4）在途库存持有成本。如果企业以目的地交货价销售商品，就意味着企业要负责将商品运达客户，当客户收到订购的商品时，商品的所有权才转移。从理财的角度来看，商品仍是销售方的库存。因为这种在途商品在交给客户之前仍然归企业所有，运货方式及所需的时间是储存成本的一部分，企业应该对运输成本与在途存货持有成本进行分析。库存持有成本包括存货资金占用成本、仓储维护成本、仓储运作成本、仓储风险成本等，这些成本对于在途存货来说有所变化。

在途库存的资金占用成本一般等于仓库中库存的资金占用成本，仓储维护成本、仓储运作成本一般与在途库存不相关，但对保险费用要加以考虑；由于运输服务具有短暂性，货物过时或变质的风险要小一些，因此仓储风险成本较小。

一般来说，在途库存持有成本要比仓库持有成本小。

2. 按仓储物流成本核算项目计算

按仓储物流成本核算项目计算，仓储成本包括保管费、修理费、动力费、租赁费和保险费等。

（1）保管费。保管费是指存储货物所开支的货物养护、保管费用，它包括用于商品保管的货架、货柜的费用摊派，仓库场地的房地产税等。

（2）人工费。人工费是指支付给从事仓储业务活动人员的工资及福利费用。工资部分应包括仓储管理人员的固定工资、奖金和各种生活补贴；福利费可按标准提取，这包括住房公基金、医疗（保险）基金、退休基金等。

（3）折旧费。折旧费是指固定资产按折旧期分年提取所得的折旧费用，这包括库房、堆场等基础设施的折旧和机械设备的折旧等。

（4）修理费。修理费是指对仓库设施、设备和运输工具等进行修理而发生的费用，可按一定的修理费用每年提取，主要用于设施、设备和运输工具的定期大修理。每年的大修理基金可以按设施、设备和运输工具投资额的一定比率提取。

（5）动力费。动力费是指仓储照明和仓储设备所发生的电力和燃料、润滑材料费用。作为动力用的电力和燃料开支按装卸、搬运货物的吨数（有时也可按件数）分摊、照明用电的开支根据照明面积和规定的仓库照明亮度确定；用于设备润滑的材料费用可按设备使用情况计算。

（6）租赁费。如果仓储企业所使用的铁路线和码头不属于自己，则应按协议规定来支付这些设施的租用费用。

（7）保险费。货物仓储保险费是指为应付仓储企业在其责任期限内因发生货物意外灾害所造成的经济损失而支付给保险部门的费用。它已成为仓储成本的重要组成部分。

（8）其他业务开支。其他业务开支是指不属于以上项目的其他开支。如管理费（用于办公、业务处理、管理人员工资、人员培训等的支出），营销费（如企业宣传、广告及其他促销手段所需要的支出），水、煤、电话等的开支。

3. 按仓储物流作业环节计算

按仓储物流作业环节计算，仓储成本包括仓储费、进出库费用和服务费用。

（1）仓储费。仓储费专指物资储存、保管业务发生的费用。主要包括仓库管理人员的工资，物资在保管保养过程中的苫垫、防腐、倒垛等维护保养费，固定资产折旧费，修理费，劳动保护费，动力照明费等。

（2）进出库费用。进出库费用是指物资进出库过程中所发生的费用。包括进出库过程中装卸搬运和验收等所开支的工人工资、劳动保护费以及固定资产折旧费、大修费、材料费、燃料费、照明费、管理费等。

（3）服务费用。服务费用是指配送中心在对外保管服务过程中所消耗的物化劳动和活劳动的货币表现。

对以上每一项成本在进行核算时都要进行仔细分析，才能准确计算出实际成本。

8.2.3　仓储成本的计算方法

1. 购进存货成本的计算

库存商品购进是指流通企业为了出售或加工后出售，通过货币结算的方式取得商品或商品所有权的交易行为。

存货的形成主要有外购和自制两个途径。从理论上讲，企业无论是从何种途径取得的存货，凡与存货形成有关的支出，均应计入存货成本。流通企业由于其行业的特殊性，在购进商品时，按照进价和按规定应计入商品成本的税金作为实际成本，采购过程中发生的运输费、装卸费、保险费、包装费、仓储费等费用，运输途中发生的合理损耗、入库前的挑选整理费等，直接计入当期损益。

流通企业加工的商品，以商品的进货原价、加工费用和按规定应计入成本的税金作为实际成本。

2. 仓储成本的不同计算方法

为了合理计算仓储成本，有效监控仓储过程中发生的费用来源，可以按仓库支付形式、按仓储运作项目或按适用对象等不同方法计算仓储成本。

（1）按支付形式计算仓储成本。把仓储成本分别按仓储搬运费、仓储保管费、材料消耗费、人工费、仓储管理费、仓储占用资金利息等支付形态分类，就可以计算出仓储成本的总额。这样可以了解花费最多的项目，从而确定仓储成本管理的重点。

这种计算方法是从月度利润表中“管理费用、财务费用、销售费用”等各个项目中，取出一定数值乘以一定的比率（物流部门比率，分别按人数平均、台数平均、面积平均、时间平均等计算出来）算出仓储部门的费用。再将仓储成本总额与上一年度的数值做比较，弄清楚增减的原因并制订整改方案。

（2）按仓储运作项目计算仓储成本。按仓储活动项目计算仓储成本是将仓库中的各个运作环节发生的成本分别统计，例如仓储费用、入库费用、出库费用、分拣费用、检查费用和盘点费用等。在仓库众多的情况下，采用按活动项目计算仓储成本的方法可以较容易地进行相互之间的比较，从而达到有效管理的目的。

（3）按适用对象计算仓储成本。仓储成本的计算也可以按照仓库商品所适用的对象，按产品、地区的不同分别计算仓储成本，这就是一般所说的按适用对象计算仓储成本。按照不同地点的仓储发生成本，计算出各单位仓储成本与销售金额或毛收入所占比例，及时发现仓储过程存在的问题，并加以解决。

3. 销售存货的成本计算

仓储管理中的销售存货的成本计算是比较复杂的。对于种类众多、销售时间敏感的商品，必须选用正确的存货成本计算方法。商品销售是指企业以现金或转账结算的方式，向其他企业销售商品，同时商品的所有权转移的一种交易活动。

（1）确认销售商品收入的条件。流通企业销售商品时，从财务角度出发如同时符合以下3个条件，即确认为收入。

1）企业已将商品所有权上的主要风险和报酬转移给买方。风险主要指商品由于贬值、损坏、报废等造成的损失；报酬是指商品中包含的未来经济利益，包括商品因升值等给企业带来的经济利益。判断一项商品所有权上的主要风险和报酬是否已转移给买方，需要视不同的情况而定：在大多数情况下，所有权上的风险和报酬的转移伴随着所有权凭证的转移，或实物的交付而转移。但在有些情况下，企业已将所有权凭证或实物交付给买方，但商品所有权上的主要风险和报酬并未转移。

2）与交易相关的经济利益能够流入企业。与交易相关的经济利益即为企业销售商品的价款，销售商品的价款是否能够收回，是确认收入的一个重要条件，如收回的可能性大，则可作为收入确认，如收回的可能性不大，则不能确认为收入。

3）相关的收入和成本能够被可靠地计量。根据收入与费用配比原则，与同一项销售有关的收入和成本，应在同一会计期间予以确认。因此，如果成本不能被可靠地计量，相关的收入也无法确认。

（2）存货销货成本的计算。物流企业在将商品销售出去以后，既要及时反映商品的销售收入，也要计算已售存货的成本，以便据以计算商品的销售成果。正确计算存货发出的成本，不仅影响当期的经营损益，而且也影响期末存货价值的真实性。

实行数量进价金额核算的物流企业，商品发出的计价方法主要有以下几种；

1）个别认定法。个别认定法也称个别计价法、分批认定法及具体辨认法等，是指以某批材料购入时的实际单位成本作为该批材料发出时的实际成本的存货的计价方法，适用于大件物品、贵重物品。这种方法使存货的成本流动与实物流动完全一致，因而能准确地反映销货成本和期末存货成本。

优点：能正确计算存货的实际成本和耗用存货的实际成本。

缺点：分别记录各批的单价和数目，工作量很大，进货批次较多时不宜采用。

2）加权平均法。加权平均法是指期末用期初结存和本期入库存货的实际成本之和，据以计算加权平均成本作为期末存货成本和销货成本的存货计价方法。计算方法如下：

$$\text{加权平均单价}=\frac{\text{期初结存金额}+\text{本期进货金额合计}}{\text{期初结存数量}+\text{本期进货数量合计}} \tag{8-1}$$

$$\text{期末存货成本}=\text{加权平均单价}\times\text{期末结存数量} \tag{8-2}$$

$$\text{本期销货成本}=\text{期初成本}+\text{本期进货成本}-\text{期末存货成本} \tag{8-3}$$

3）移动加权平均法。移动加权平均法是指平时入库存货就根据当时库存存货总成本与总数量计算平均单位成本，作为下一次收入存货以前发出存货时的单位成本的存货计价方法。

采用移动加权平均法时，存货的计价和明细账的登记在日常进行，可以随时了解存货占用资金的动态，但日常核算工作较为繁琐。

$$移动加权平均单价=\frac{新购进金额+原结存金额}{新购进数量+原结存数量} \tag{8-4}$$

4）先进先出法。先进先出法是指假定先购进的存货先耗用或先销售，期末存货就是最近入库的存货，因此，先耗用或先销售的存货按先入库存货的单位成本计价，后耗用或后销售的存货按后入库存货的单位成本计价的存货计价方法。

特点：期末存货的账面价值反映最近入库存货的实际成本。

企业的仓储成本是影响企业经营效益的重要因素，企业必须在保证生产和销售正常运行的前提下，努力控制仓储经营过程中的各项成本，尽量减少不必要的开支，争取最大效益。

8.3　仓储成本降低

8.3.1　影响仓储成本的因素

构成仓储成本的重要部分是仓储存货成本，仓储存货增加，既增大了仓库的占用面积和运作量，同时占用了大量的资金。货物的存量多少是仓储费用的决定因素，那么决定货物的存量就成了控制成本的重要一环。对于不稳定的商品，易燃、易爆、易变质和时尚性强的商品，库存量要小一些，以避免在仓储过程中发生质量变化和商品贬值。对时尚性不强的商品、耐储存的商品库存量可以高一些。从货物管理方面来看，运输条件的便利与否也是影响因素之一。从交通方面来看，运输周期短的商品，可以保持较小的库存量；反之，运输不便，运输周期长的商品，应保持较高的库存量。从货物的使用和销售方面来看，一般销售量增加，相应的库存量也要增加；反之，销售量减少，库存量也要减少。在管理中，我们要重点考虑以上因素来决定采购批量和存货数量。

降低仓储费用首先要对仓储费用的组成要素进行分析，有针对性地找出对费用影响最大的因素并加以控制，以达到“对症下药”的目的。例如，在国外先进国家的仓储费用中，人工费用占到 50%以上，而我国目前仓储费用中的资产费用占据了相当大的一部分。控制仓储费用首先采取的措施是从快速见效的部分入手。我们可以从取得成本、储存成本、缺货成本和运输时间等几方面来考虑降低仓储成本。

1. 取得成本

它主要包括在采购过程中所发生的各种费用的总和。这些费用大体可以归结为两大类：一类是随采购数量的变化而变化的变动费用；另一类是与采购数量多少关系不大的固定费用。

2. 储存成本

生产销售使用的各种货物，在一般情况下，都应该有一定的储备。只要储备就会有成本费用发生，这种费用也可以分为两大类：一类是与储备资金多少有关的成本，如储备资金的利息、相关的税金、仓储货物合理损耗成本等；另一类是与仓储货物数量有关的成本，如仓库设施维护修理费、货物装卸费、车船运费、仓库设施折旧费、仓库管理人员薪酬、办公费等。

3. 缺货成本

计划不周或环境条件发生变化会导致企业在仓储中发生缺货现象，从而影响生产的顺利进行，由此造成的生产销售上的损失和其他额外支出称为缺货损失。所以，为了防止缺货损失，在确定采购批量时，必须综合考虑采购费用、储存费用等相关因素，以确定最佳的经济储量。

4. 运输时间

在商品采购过程中，要做到随要随到的情况是有条件的。一般情况下，从商品采购到企业仓库总是需要一定的时间。所以在采购时，需要将运输时间考虑在相关因素中。

只有对上述影响商品储存成本的因素进行分析之后，才能更好地做好仓储成本的核算和管理。

8.3.2 降低仓储成本的措施

1. 加强成本核算管理，降低仓储成本

仓储服务成本是制定仓储服务价格的主要依据。通过对仓储服务产品成本的科学管理，在逐步提升服务质量的前提下，使仓储服务成本降至最低，便可在社会平均利润率的基础上降低其产品价格，企业就可能取得更大的市场份额。

2. 整合仓储业务，促进规模经济效益，从而降低仓储成本

在进行仓储业务活动中，适度集中储存，减少装卸次数，发挥仓储的整合作用，形成经济规模。适度集中储存是合理化的重要内容。集中储存的优点：①对单个用户的保证能力提供保障；②有利于采用机械化、自动化的方式；③有利于形成一定批量的干线运输，成为干线运输的起始点。同时，集中储存也有储存点与用户之间的距离变长、运费支出变大、在途时间加长等不足，使得库存量必须相应增加，在开展仓储经营时应协调好集中储存和分散储存之间的关系。

集中仓储受到两个因素的制约，一个因素是仓储费，另一个因素是运输费。而过分分散，因每一处的仓储保证的对象有限，互相间难以调度调剂，需分别按其保证的对象要求确定库存量。集中仓储易于调度调剂，集中仓储总量可低于分散仓储之总量。但过分集中仓储，使得仓储点与用户之间距离拉长，迫使用户周围的货物储备增加。因此，适度集中就是在总仓储费及运输费之间权衡，取得最优集中程度。此外实施适度集中库存的经济意义还表现在：适度集中库存有利于“零库存”，适度集中有利于提高仓储密度，提高仓储利用率。

3. 采用 ABC 分类管理法，降低仓储成本

一般说来，对所有的仓储货物都进行详尽的严格管理是不经济的，也是相当复杂的。比较经济的办法是对重点货物进行重点管理，而对一般货物则可以采用相对放松的管理方式。ABC 分类法应用在仓储管理上就是强调对货物进行分类管理。根据仓储货物的价值高低将其分为 A、B、C 三类货物，其中 A 类储存货物的成本最大，一般应占 70%以上，但实物数量则不超过 20%；B 类储存货物的成本占 20%左右，其实物量则一般不超过 30%；C 类储存货物实物量不低于 50%，但其成本比例则不超过 10%。

采用 ABC 分类抑制库存方法时，对于 A 类存货，由于占用资金较大，应严格按照最佳库存量的方法，采取定期订货方式，设法将库存降到最低限度，并对库存变动实行经常或定期检查，严格盘存。C 类存货物资虽然品种数量较多，但占用资金不大。一般按订货点组织订货，在库管上定期盘点，适当控制库存。对 B 类存货，可进一步再分类，对金额偏高的可参照 A

类存货管理，金额偏低的参照C类存货管理。

可以利用ABC分类的管理方法对仓储货物根据其种类、数量、价值、性质等因素进行综合分析，解决各类货物的结构关系、储存量、重点管理、技术措施等合理化问题，分别决定各种货物的合理储存量，采用合理储存的方法，分门别类地进行仓储成本控制。

（1）A类货物的储存管理。这类货物数量虽少但对企业却最为重要，是最需要严格管理和控制的储存。企业必须对这类库存定时盘点，详细记录并经常检查分析货物的使用、存量增减、品质维持等信息，一般采用勤进货、勤发货的方式，加强进货、发货、运送管理，在满足企业内部需要和顾客需要的前提下维持尽可能低的经常库存量和安全库存量，加强与供应链上下游企业的合作以降低库存水平，加快库存周转率。

（2）B类货物的储存管理。在仓储物流成本管理中，这类储存属于一般重要的储存，对这类储存的管理强度介于A类储存和C类储存之间。对B类储存一般进行正常的常规管理和控制。

（3）C类货物的储存管理。这类库存货物数量最大，但对企业的重要性最低，因而被视为不重要的库存。对于这类库存一般进行简单的管理和控制。比如，采购大量库存，减少这类库存的管理人员和设施，延长库存时间间隔等。

实施ABC管理法，首先对储存货物进行分析，确定各类货物的类别。其次，在ABC分析的基础上对货物实施重点管理，分别决定各种货物的合理储备量，最终实现零库存。在ABC分类管理法下，最为畅销的货物为A类货物，其次为B类货物，周转最慢的是C类货物。对A类货物，库管人员应做到每天检查；对B类货物，做到每周检查一次；对C类货物，做到每两周检查一次。显然，A类货物数量最少，但每天的检查作业成本高，而C类货物数量多，但它只需要每隔一段时间检查一次就可以，因此作业成本却低。B类货物则介于这两者之间。

4. 充分利用仓库空间，提高库容利用率，从而降低仓储成本

充分利用仓库空间的主要目的是减少存储设施的投资，提高单位存储面积的利用率，以降低地面的占用、降低成本。主要的方法有3种。第一，采取高垛的方法，增加储存的高度。具体方法有采用高层货架仓库、使用集装箱等，都可以比一般的堆存方法增加储存高度。第二，缩小库内通道宽度以增加存储有效面积。具体措施有：采用窄巷道式通道，配备轨道式装卸车辆，减少车辆运行宽度要求；采用侧叉车、推拉式叉车，减少叉车转弯所要的宽度等。第三，减少库内通道数量以增加储存有效面积。具体方法有：采用密集型货架、可进车的可卸式货架、不依靠通道的桥式吊车装卸技术等。

5. 加速存货周转，提高资金利用率，从而降低仓储成本

加速物资在仓库中的周转，实现快进、快出、多储存、保管好的目标。存货周转速度加快，能使企业的资金循环周转快、资本增值快、货损货差小、仓库吞吐能力增强、成本下降。

加快周转速度可以使资金周转加快，提高资本效益。具体可以采用单元集装存储，建立快速分拣系统等方法实现快进快出、大批量进大批量出。采用有效的先进先出方式，保证每个存储物的储存期不至过长。因此，在管理过程中，核定先进、合理的物资储备定额，加强对进出库的管理，积极处理积压货物，加速货物流转，是有效降低仓储成本的方法之一。

此外，定期核查仓库中的货品，对长期不用、过期、过时的货品及时上报清理，排除无用的库存，也是加速存货周转重要的途径。无用的库存既占用空间，又浪费库房运作费用，要

建立制度对无用库存货品进行及时处理，减少库存量。仓储费用的发生与库存数量成正比例的关系，在满足存货保证功能的前提下，将存货数量减到最低，无疑是减少仓储成本的直接办法。库存数量的减少既要靠存货控制部门合理的计划、与客户和供应商的良好沟通，也要依靠仓储部门的良好管理。仓储部门快速的信息传递、账物的准确，都能为降低库存提供良好的帮助。

6. 加强劳动管理，降低仓储管理成本

仓储管理是对仓库保管和储存物资的管理，但这种管理是由人来实现的。所以，只有较高素质的劳动者和现代化的机械设备有效结合，才能充分发挥仓库和这些机械设备的作用。反之，没有高素质的管理者，就不能有高水平的管理。人工费是仓储成本的重要组成部分，加强管理能避免人员浪费和劳动效率低下，也是提高仓储管理水平和降低管理成本的手段之一。

7. 利用机械化和自动化的设备科学高效地进行管理

充分利用计算机管理系统进行仓储管理的优势，有效地控制进、销、存系统，使物流、资金流、信息流保持一致。运用物流、资金流、信息流的动态资料辅助决策，能有效降低库存的成本费用，提高仓储服务的效率。

在此，我们可以采用计算机定位系统、计算机存取系统、计算机监控系统等计算机管理技术，仓储条码技术，现代化货架，专业作业设备，叉车，新型托盘等。仓储定位的作用是确定被储货物的位置。有效的定位系统能大大节约货物寻找、存放、提取的时间，节约不少物化劳动及活劳动，而且能防止差错，便于清点及实行订货点订货等管理方式。采用按编号定位方式，在货物入库时，对货物编号并在账卡上进行记录，提货时按编号的指示拣选，有利于提高取货速度，减少差错；采用电子计算机定位系统进行定位，在计算机上进行储存，能迅速检索出货品所在位置和货位的使用状况，有利于提高仓库货位的利用率。

在使用计算机管理的过程中，仓库必须认真及时地制定物资储备量，并及时向计划、采购、运输等环节提供库存动态信息，并且努力做到低储存、高储存报警，这样可以保证仓储环节的物资充足，又可以防止积压浪费资金。

8. 加强日常管理工作，进一步降低仓储成本

为了保证仓储管理工作正常进行，并取得良好的经济效果，就必须做好日常人、机器设备、工具、物资等之间的关系。只有加强日常的工作管理，人和物才能按照规定的工作内容、工作流程、工作时间和工作方法进行工作。为保证仓储货物数量和质量的真实和正确，仓储企业应经常对库内货物进行监督和清点。而货物的监测清点成本与日常的作业方式、管理系统的使用有着密切的联系。采用“五五化”堆码，可过目成数，大大加快了人工点数的速度；使用光电识别系统或电子计算机监控系统，在低人工费用、短作业时间的前提下就能准确掌握货物的存取记录和库存的实有数量，减少货物存取时可能出现的差错，也只有这样才能为进一步降低仓储成本做出贡献。

这些合理的对策，可以单独实施，也可以同时实施。实施时，要充分掌握费用的权衡关系，必须在降低总的物流费用中研究其合理化的效果。

小 结

本章主要内容有仓储管理、仓储成本、仓储成本管理和仓储成本计算。

仓储管理是指对仓库和仓库中储存的物资进行管理。仓储机构为了充分利用所具有的仓

储资源提供高效的仓储服务所进行的计划、组织、控制和协调过程。具体来说，仓储管理包括仓储资源的获得、仓储商务管理、仓储流程管理、仓储作业管理、保管管理、安全管理多种管理工作及相关的操作。

仓储成本指仓储企业在储存物品过程中，即装卸搬运、存储保管、流通加工、商品出库入库等各业务活动以及建造、购置仓库等设施设备所消耗的人力、物力、财力及风险成本的总和。简单地讲，仓储成本是指在开展仓储业务活动中以货币计量的各种费用支出的总和。仓储成本包括仓储储存成本、仓储订购成本、缺货成本和在途存货成本。

仓储成本管理就是用最经济的办法实现保存和管理的功能，即以最低的物流成本创造最大的物流效益。仓储成本管理的实质是在保证储存功能实现的前提下，尽量减少投入。

仓储成本的计算范围主要包括按仓储物流成本的形成计算、按仓储物流成本核算项目计算及按仓储物流作业环节计算。仓储成本的计算方法主要包括购进存货成本的计算、仓储成本的不同计算方法和销售存货的成本计算。

习　题

一、选择题

1．仓储成本包括（　　）。

A．固定成本　B．订购成本　C．变动成本　D．缺货成本

2．缺货成本的发生可能带来（　　）问题的发生。

A．延期交货　B．停工　C．失销　D．失去客户

3．按照仓储作业环节计算仓储成本应该包括（　　）。

A．折旧费　B．仓储费

C．出入库费用　D．服务费用

4．销售存货成本的计算方法有（　　）。

A．个别认定法　B．加权平均法

C．移动加权平均法　D．先进先出法

5．影响仓储成本的因素主要有（　　）。

A．取得成本　B．储存成本

C．缺货成本　D．运输时间

二、判断题

1．仓储管理是指对仓库中的储存的物资进行管理。（　　）

2．仓储成本指仓储企业在储存物品的过程中，即装卸搬运、存储保管、流通加工、商品出库/入库等各业务活动，以及建造、购置仓库等设施设备所消耗的人力、物力、财力及风险成本的总和。（　　）

3．先进先出核算仓储成本的方法能使期末存货的账面价值反映最先入库存货的实际成本。（　　）

4．采用 ABC 分类方法时，对于 A 类存货，储存货物的成本一般应占 70%以上，但实物

数量则不超过 20%，所以不用严格进行订货和盘存。（ ）

5. 利用计算机管理系统进行仓储管理能有效降低库存的成本费用，提高仓储服务的效率。（ ）

三、简答题

1. 什么是仓储成本？
2. 什么是仓储成本管理？
3. 简述仓储成本的计算方法。
4. 简述影响仓储成本的因素。
5. 简述降低仓储成本的措施。

第 9 章　物流成本分析、预测与决策

知识点

- 物流成本分析
- 物流成本预测
- 物流成本决策

难　点

- 物流成本决策方法

要　求

熟练掌握以下内容：

- 物流成本分析方法
- 物流成本预测方法
- 物流成本决策方法

了解以下内容：

- 物流作业成本分析法

9.1　物流成本分析与预测

9.1.1　物流成本分析

物流成本分析是在成本核算及其他有关资料的基础上，运用一定的方法，揭示物流成本水平的变动，进一步查明影响物流成本变动的各种因素。物流成本分析的主要目的是在实现既定的顾客服务水平的条件下降低企业的物流成本，提高企业的竞争能力。

在实际工作中，物流成本分析可以采用对比分析法、比率分析法、因素分析法和作业成本分析法等方法。

1. 对比分析法

对比分析法是把两个经济内容相同、时间或空间地点不同的经济指标相减从而进行分析的一种方法。对比分析法是日常分析工作中最常用的一种方法。

物流成本指标的对比分析一般有 3 个方面：实际物流成本指标与计划成本指标对比、本期实际物流成本指标与前期实际物流成本指标对比、本期实际物流成本指标与同行业先进水平对比。

对比分析法是一种绝对数的比较分析，只适用于同类型企业、同质指标进行对比分析。

采用对比分析法时，应注意进行对比的成本指标，在经济内容、计算方法、计算期间和影响指标形成的客观条件等方面的可比性。如果相比的指标之间有不可比因素，应先按可比的口径进行调整，然后再进行对比。

2. 比率分析法

比率分析法是通过计算各项指标之间的相对数，即比率，借以考察成本活动的相对效益的一种分析方法。比率分析法一般有以下 3 种形式：

（1）相关指标比率分析法。这种分析方法是计算两个性质不同但又相关的指标的比率进行数量分析的方法。在实际工作中，由于企业规模不同等原因，单纯对比销售收入或利润等绝对数的多少，难以准确说明各个企业经济效益的好坏，但如果计算成本与销售收入或利润相比的相对数，即销售收入成本率或成本利润率，就可以较为准确地反映各企业经济效益的好坏。

（2）结构比率分析法。结构比率分析法又称比重分析法，或称构成比率分析法，它主要是通过计算某项成本指标的各个组成部分占总体的比重来分析其内容构成的变化。例如：把构成产品生产成本的各个成本项目（直接材料、直接工资、制造费用）与产品生产成本比较，计算占总成本的比重，然后把不同时期同样产品的成本构成相比较，观察产品成本构成的变化与提高生产技术水平和加强经营管理的关系，就能为进一步降低成本指明方向。

（3）趋势比率分析法。趋势比率分析法是指对某项经济指标不同时期数值进行对比，求出比率，分析其增减速度和发展趋势的一种分析方法。由于计算时采用的基期数值不同，趋势比率又分为定基比率和环比比率两种形式。

$$定基比率=比较期数值/固定基期数值\times 100\% \tag{9-1}$$

$$环比比率=比较期数值/前一期数值\times 100\% \tag{9-2}$$

比率分析法的主要优点在于，通过比率计算，可以把某些不可比的企业变成可比的企业，便于外部或内部决策者选择投资方案时进行对比分析。但比率法也存在不足之处：①比率的数字只反映比值，不能说明其绝对额的变动；②比率分析法与对比分析法一样，无法说明指标变动的具体原因。

3. 因素分析法

对比分析法和比率分析法两种方法，只能揭示实际数与基准数之间的差异，即揭示差距，但难以揭示产生差距的原因。因为一个经济指标的完成，往往是多种因素影响的结果。只有把这种综合性的指标分解为各种构成，从中找出主要因素，分清责任，才能了解指标完成好坏的真正原因。这种把综合性指标分解为各个因素的方法，称为因素分析法。

因素分析法是将某一综合指标分解成若干个相互联系的因素，并分别计算、分析每个因素影响程度的一种方法。因素分析法是一种常用的方法，它可以衡量各项因素影响程度的大小，从而找出原因，提出改进措施，降低成本费用。采用因素分析法是把某产品成本费用综合指标分解为各个原始相关因素，从而分析和计算引起指标变化的各因素的影响程度。

在进行因素分析法操作时，常采用连环替代法（也叫连锁代替法）来对各项因素影响程度的大小进行分析。连环替代法是根据因素之间的内在依存关系，依次测定各因素变动对经济指标差异影响的一种分析方法。

连环替代法的分析程序为：

（1）分解指标因素并确定因素的排列顺序。将影响某项经济指标完成情况的因素，按其内在依存关系，分解其构成因素，并按一定的顺序排列这些因素。

（2）逐次替代因素。每次将其中一个因素由基期数替换成分析期数，其他因素暂时不变。每个因素替换为分析期数后不再返回为基期数。后面因素的替换均是在前面因素已经替换成分析期数的基础上进行的。如此类推，有几个因素就需要替换几次，逐一地替换。

（3）确定影响结果。每个因素替换以后，均会得出一个综合指标的结果，将每个因素替换以后的结果与替换以前的结果相减，即可得出该替换因素变动对综合指标的影响数额。

（4）汇总影响结果。将已计算出来的各因素的影响额汇总相加与综合指标变动的总差异比较，确定其计算的正确性。

连环替代法的主要作用在于分析计算综合经济指标变动的原因及其各因素的影响程度。但该方法也有一定的局限性，在运用时应注意它的 3 个特点。一是连环替代的顺序性。二是替代因素的连环性。连环替代法是严格按照各因素的排列顺序逐次以一个因素的实际数替换其基数。除第一次替换外，每个因素的替换都是在前一个因素替换的基础上进行的。三是计算结果的假设性。运用这一方法测定某一因素影响是以假定其他因素不变为条件的。

4. 作业成本分析法

作业成本分析法的指导思想是：“成本对象消耗作业，作业消耗资源。”作业成本分析法把直接成本和间接成本（包括期间费用）作为产品（服务）消耗作业的成本同等地对待，拓宽了成本的计算范围，使计算出来的产品（服务）成本更准确、真实。

作业是成本计算的核心和基本对象，产品成本或服务成本是全部作业的成本总和，是实际耗用企业资源成本的终结。

作业成本分析法在精确成本信息，改善经营过程，为资源决策、产品定价及组合决策提供完善的信息等方面，都受到了广泛的赞誉。自 20 世纪 90 年代以来，世界上许多先进的公司已经实施作业成本分析法以改善原有的会计系统，增强企业的竞争力。

作业成本分析法的过程如下：

（1）定义业务和成本核算对象（通常是产品，有时也可能是顾客、产品市场等）。这一过程很耗费时间。如果两种产品满足的是顾客的同一种需求，那么在定义业务时，选择顾客要比选择单个产品更为恰当。

（2）确定每种业务的成本动因（即成本的决定因素，如订单的数量）。

（3）将成本分配给每一成本核算对象，对各对象的成本和价格进行比较，从而确定其盈利能力的高低。

9.1.2　物流成本预测

物流成本预测是根据有关成本数据和企业具体的发展情况，运用一定的技术方法，对未来的成本水平及其变动趋势作出科学的估计。成本预测是成本决策、成本计划和成本控制的基础工作，它可以提高物流成本管理的科学性和预见性，所以在物流成本管理的许多环节都存在成本预测的问题，如仓储环节的库存预测、流通环节的加工预测、运输环节的货物周转量预测等。

一般来说，物流成本有两类预测方法，分别为时间序列预测法和回归分析法。

1. 时间序列预测法

时间序列预测法的基本思路是把时间序列作为随机变量序列的一个样本，应用概率统计的方法，尽可能减少偶然因素的影响，作出在统计意义上较好的预测。时间序列预测法又分为趋势平均法和指数平滑法。

（1）趋势平均法。基本计算公式为

某期预测值=最后一期移动平均数+推后期数×最后一期趋势移动平均数

【例题 9-1】某物流公司 2018 年各月的实际物流成本见表 9-1，请运用趋势平均法预测该公司 2019 年第一季度各月份的物流成本（假设移动周期数为 5）

表 9-1　某物流公司 2018 年各月的实际物流成本　　单位：万元

月份	实际物流成本	5 期移动平均数	变动趋势	5 期趋势移动平均数
1	165			
2	167			
3	172	169.0		
4	171	171.6	2.6	
5	170	172.0	0.4	
6	178	169.6	–2.4	1.0
7	169	171.4	1.8	0.2
8	160	173.8	2.4	0.5
9	180	172.8	–1.0	
10	182	174.4	1.6	
11	173			
12	177			

根据表 9-1 的有关数据，可对该公司 2019 年第一季度各月份物流成本预测如下：

2019 年 1 月份物流成本=174.4+4×1.6=180.8（万元）

2019 年 2 月份物流成本=174.4+5×1.6=182.4（万元）

2019 年 3 月份物流成本=174.4+6×1.6=184（万元）

（2）指数平滑法。设以 F_n 表示下期预测值，F_{n-1} 表示本期预测值，D_{n-1} 表示本期实际值，a 为平滑数（其取值范围为 $0<a<1$），则 F_n 的计算公式可表示为

$$F_n = F_{n-1} + a(D_{n-1} - F_{n-1}) = aD_{n-1} + (1 - a)F_{n-1} \tag{9-3}$$

2. 回归分析法

回归分析法是通过对观察值的统计分析来确定它们之间的联系形式的一种有效的预测方法。回归分析法是一种从事物因果关系出发进行预测的方法。在实际操作中，根据统计资料求得因果关系的相关系数，相关系数越大，因果关系越密切。通过相关系数就可确定回归方程，预测今后事物发展的趋势。求一个变量对另一个变量的因果关系，叫一元回归分析；而求多个变量之间的因果关系，叫多元回归分析。此外，回归分析中，又依据描述自变量与因变量之间因果关系的函数表达式是线性的还是非线性的，分为线性回归分析和非线性回归分析。通常情况下，线性回归分析法是回归分析中最基本的分析方法，遇到非线性回归问题可以先借助数学手段化为线性回归问题再处理。

回归分析法的主要步骤如下：

（1）相关性分析。相关性分析是借用统计方法用计算自变量、因变量观察样本资料的相

关系数，说明变量之间的线性相关密切程度，并通过 r 显著性检验指出这种线性相关密切程度的显著性水平。相关性分析是回归分析的前提，只有预测的变量间存在相关关系才可运用这种方法，如果变量间没有相关关系，则不能利用回归分析法进行分析和预测。

（2）确定预测模型。根据主要影响因素自变量的个数和自变量与因变量之间因果关系关联形态，以及搜集的资料，按照回归分析基本原理，建立回归方程预测模型。

（3）利用模型进行预测。以下仅就一元线性回归分析介绍回归分析法的主要步骤。

1）相关性分析。相关性分析可以通过画散点图或计算相关系数 r 来判断自变量 x 和因变量 y 之间是否存在线性关系及其相关程度。

散点图又称散点分布图，是以一个变量为横坐标，另一变量为纵坐标，利用散点（坐标点）的分布形态反映变量统计关系的一种图形。散点图的特点是能直观表现出影响因素和预测对象之间的总体关系趋势。

将散点图运用于相关性分析，大致可以分为完全正线性相关、完全负线性相关、正线性相关、负线性相关、非线性相关和不相关等 6 种类型。

相关系数公式如下：

$$r=\frac{\sum(x-\overline{x})(y-\overline{y})}{\sqrt{\sum(x-\overline{x})^2\sum(y-\overline{y})^2}} \tag{9-4}$$

r 计算结果在-1 和 1 之间，$r=0$ 时，变量之间不相关；r 的绝对值越接近于 1 时，表明相关程度越高。经验数据表明，$0<|r|\leqslant 0.3$ 为微弱相关；$0.3<|r|\leqslant 0.5$ 为低度相关；$0.5<|r|\leqslant 0.8$ 为显著相关；$|r|>0.8$ 为高度相关。

2）确定预测模型。根据主要影响因素自变量的个数和自变量与因变量之间因果关系关联形态，以及搜集的资料，按照回归分析基本原理，建立回归方程预测模型。

3）参数估计。假设预测目标因变量为 y，影响它变化的一个自变量为 x，因变量随自变量的增（减）方向的变化而变化。一元线性回归分析就是要依据一定数量的观察样本（x_i,y_i），$i=1$，2…，n，找出回归直线方程：

$$y=b_0+b_1x \tag{9-5}$$

线性回归分析中估计参数和常用的方法是最小二乘法。

$$b_1=\frac{\sum(x-\overline{x})(y-\overline{y})}{\sum(x-\overline{x})^2}=\frac{n\sum xy-\sum x\sum y}{n\sum x^2-(\sum x)^2} \tag{9-6}$$

$$b_0=\overline{y}-b_1\overline{x} \tag{9-7}$$

4）利用模型进行预测。根据模型及确定的参数对某一变量下的因变量进行预测。

5）统计检验。预测值是否可信，其波动范围如何，需要进行置信度检验，以对预测结果进行评定。

【例题 9-2】某企业 2018 年各月份的物流作业量与物流成本数据见表 9-2。

表 9-2　某企业物流成本资料

物流作业量/h	101	113	142	175	198	204	216	244	271	314	352	339
物流成本/万元	48	58	69	74	85	95	115	130	180	167	197	188

假定，显著性水平为 0.05，请根据以上资料预测物流作业量达到 500h，该企业的物流成本是多少。

解：

（1）相关分析：将物流作业量作为自变量 x，将物流成本作为因变量 y，根据以上资料绘制散点图，如图 9-1 所示。

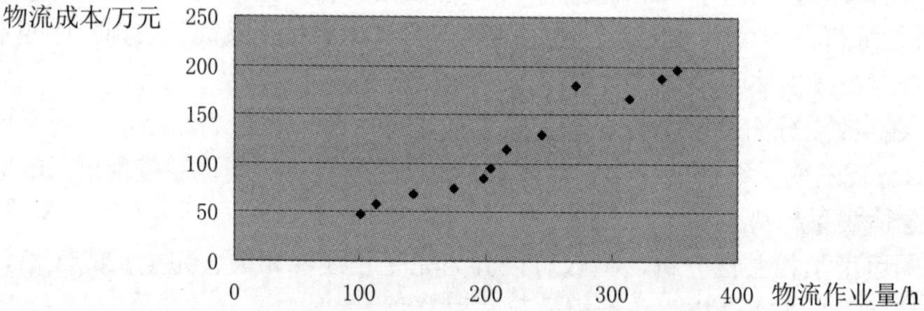

图 9-1 物流成本与物流作业量关系图

从图 9-1 可以看出，物流成本与物流作业量是一种正相关关系，近似于直线。

计算相关系数进一步分析可得：

$$r=\frac{\sum(x-\overline{x})(y-\overline{y})}{\sqrt{\sum(x-\overline{x})^2\sum(y-\overline{y})^2}}=48496.17/(279.29\times178.85)=0.9709$$

说明物流作业量与物流成本两个变量高度相关。

（2）确定预测模型形式。以上分析说明两个变量呈线性关系，选择线性回归模型得

$$y=b_0+b_1x$$

（3）计算参数。参数计算相关数据见表 9-3。

表 9-3 参数计算表

月份	物流作业量（x）	物流成本（y）	$\overline{x}$	$\overline{y}$	xy	x^2	$x-\overline{x}$	$y-\overline{y}$
1	101	48	222.42	117.17	4848	10201	−121.42	−69.17
2	113	58	222.42	117.17	6554	12769	−109.42	−59.17
3	142	69	222.42	117.17	9798	20164	−80.42	−48.17
4	175	74	222.42	117.17	12950	30625	−47.42	−43.17
5	198	85	222.42	117.17	16830	39204	−24.42	−32.17
6	204	95	222.42	117.17	19380	41616	−18.42	−22.17
7	216	115	222.42	117.17	24840	46656	−6.42	−2.17
8	244	130	222.42	117.17	31720	59536	21.58	12.83
9	271	180	222.42	117.17	48780	73441	48.58	62.83
10	314	167	222.42	117.17	52438	98596	91.58	49.83
11	352	197	222.42	117.17	69344	123904	129.58	79.83
12	339	188	222.42	117.17	63732	114921	116.58	70.83
合计	2669	1406	222.42	117.17	361214	671633	–	–

$$b_1 = \frac{n\sum xy - \sum x\sum y}{n\sum x^2 - (\sum x)^2} = \frac{12\times 361214 - 2669\times 1406}{12\times 671633 - 1406^2} = 581954/936035 = 0.6217$$

$$b_0 = \overline{y} - b_1\overline{x} = 117.17 - 0.6217\times 222.42 = -21.11$$

将两个参数的值带入回归模型，即可得到

$$y=-21.11+0.6217x$$

（4）预测当物流作业量为 500h 时，物流成本数据为

$$y=-21.11+0.6217\times 500=289.74\text{（万元）}$$

也就是说，当物流作业量为 500h 时，该物流公司的物流成本为 289.74 万元。

9.2　物流成本决策

9.2.1　量本利分析法

量本利分析法，全称为产量成本利润分析，也叫保本分析或盈亏平衡分析，是通过分析生产成本、销售利润和产品数量这三者的关系，掌握盈亏变化的规律，指导企业选择能够以最小的成本生产最多产品并可使企业获得最大利润的经营方案。量本利分析法通常也称为盈亏分析法。利用量本利分析法可以计算出组织的盈亏平衡点，又称为保本点、盈亏临界点、损益分歧点、收益转折点等。其分析原理是：当产量增加时，销售收入成正比增加，但固定成本不增加，只是变动成本随产量的增加而增加。

量本利分析法建立在对物流成本的性态分析基础之上。按物流成本的性态特性，可将物流成本划分为变动成本、固定成本和混合成本。变动成本是指其发生总额随业务量的增减变化而近似成正比例增减变化的成本。

需要注意的是，变动的对象是成本总额，而非单位成本。事实上，就单位成本而言，并非变动而是固定的。典型的物流变动成本包括材料消耗、燃料消耗、工人工资等。固定成本是指成本总额保持稳定，与业务量的变化无关的成本。同样也需要注意的是，固定的是成本总额，而非单位成本。事实上，就单位成本而言，并非固定的而是变动的。常见的物流固定成本包括固定资产折旧费和管理部门的办公费等。在生产经营活动中，还存在一些既不与产量的变化成正比例变化也非保持不变，而是随产量的增减变动而适当变动的成本，这种成本表现为半变动成本或半固定成本，由于这类成本同时具有变动成本和固定成本的特征，所以也称为混合成本。例如车辆设备的日常维修费等。混合成本中固定成本特征明显的称为半固定成本，变动成本特征明显的称为半变动成本。在物流系统运营过程中，混合成本所占比重较大。在进行成本分析时，一般运用专门的方法将混合成本分解成为变动成本和固定成本，从而更适宜运用量本利分析法进行决策。

在运用量本利分析法进行成本决策时，应注意固定成本 a、单位变动成本 b、业务量 x、单价 p、利润 P 等因素。这些因素之间的关系为

利润=总收益–总成本

=单价×业务量–(固定成本+变动成本)

=单价×业务量–(固定成本+单位变动成本×业务量)

也即

$$P=px-(a+bx)=(p-b)x-a \tag{9-8}$$

利润为零时对应的点称为盈亏平衡点，或称保本点，此时，$x=a/(p-b)$；当业务量超过保本点时，即 $x>a/(p-b)$，企业盈利；当 $x<a/(p-b)$，企业亏损。

将这些变量反映在平面直角坐标上，并形成了量本利分析图，如图 9-2 所示。

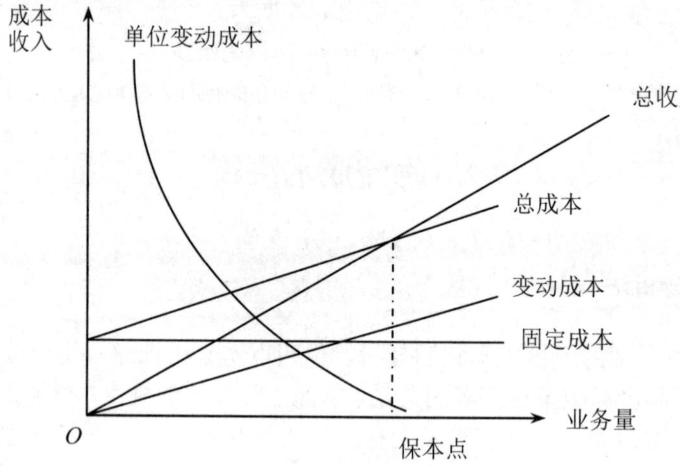

图 9-2 量本利分析图

对照量本利分析图进一步深入分析，可知成本、业务量、利润存在以下关系：

（1）在销售总成本已定的情况下，盈亏临界点的高低取决于单位售价的高低。单位售价越高，盈亏临界点越低；单位售价越低，盈亏临界点越高。

（2）在销售收入已定的情况下，盈亏临界点的高低取决于固定成本和单位变动成本的高低。固定成本越高，或单位变动成本越高，则盈亏临界点越高；反之，盈亏临界点越低。

（3）在盈亏临界点不变的前提下，销售量越大，企业实现的利润便越多（或亏损越少）；销售量越小，企业实现的利润便越少（或亏损越多）。

（4）在销售量不变的前提下，盈亏临界点越低，企业能实现的利润便越多（或亏损越少）；盈亏临界点越高，企业能实现的利润便越少（或亏损越多）。

量本利分析法是物流企业成本决策中常用的方法，多用于保本量分析、保利点分析、产品自制或外购、企业生产规模等实际问题的决策。

以下按照单项物流项目和多项物流项目两种情况介绍量本利分析法在企业物流中的实际应用。

1. 单项物流服务项目的量本利分析

单项物流服务项目的量本利分析包括保本分析和盈利条件下的量本利分析。

单项物流服务项目保本点是指能使物流达到保本状态的单项业务量的总称，即在该业务量水平上，该项物流业务收入与变动成本之差刚好与固定成本持平。稍微增加一点业务量，就有盈利；反之，稍微减少一点业务量就会导致亏损发生。单项物流服务项目的保本点有两种表现形式：一种表现形式是保本点业务量，另一种表现形式是保本点营业收入，它们都是标志达到收支平衡实现保本的物流业务量指标。保本点的确定就是计算保本点业务量和保本点营业收入额的过程。在物流多项作业条件下，虽然也可以按具体品种计算各自的保本业务量，但由于不同服务的业务量不能直接相加，因而往往只能确定它们总的保本点营业收入，而不能确定总保本点业务量。

【例题 9-3】某运输公司依据历史数据分析，确定单位变动成本 320 元/（千吨・千米），固定成本总额为 54 万元，假设该公司的营业税率为 3%。预计年度计划 1 月份货物周转量为 8000 千吨・千米，单位运价为 400 元/（千吨・千米）。请对该公司进行运输业务的量本利分析。

解：运用量本利进行分析和决策时应确定两个指标：即保本点的运输周转量及一定货物周转量时的营业收入。

保本点的运输周转量=固定成本总额/[单位运价×(1−营业税率)−单位变动成本]

$x=a/(p-b)$

$=540000/[(400\times(1-3\%)-320)=7941$（千吨・千米）

保本点营业收入额=7941×400=3176400（元）

当货物周转量为 8000 千吨・千米时，

营业收入额=8000×400=3200000（元）

公司利润=400×(1−3%)×8000−540000−320×8000=4000（元）

所以，该公司的保本业务量为 7941 千吨・千米，当业务量超过这个标准时，企业盈利，反之，企业则亏损。当货物周转量为 8000 千吨・千米时，企业可获得利润 4000 元。

由【例题 9-3】也可以计算该运输公司的预计安全边际和安全边际率，以分析企业所面临的经营风险。安全边际和安全边际率的计算公式为

安全边际量=实际或预计业务量−保本点业务量　　(9-9)

安全边际额=实际或预计营业收入额−保本点营业收入额　　(9-10)

安全边际率=安全边际量（额）/正常销售量（额）×100%　　(9-11)

如【例题 9-3】中：

安全边际量=8000−7941=59（千吨・千米）

安全边际额=3200000−3176400=23600（元）

安全边际率=59/8000=0.07375%

该公司的安全边际率为 0.7375%，经营安全程度处于危险程度，应寻找有效途径，改善经营，提高安全边际率，降低经营风险。

在既定单价和成本水平条件下，物流系统为了实现一定的目标利润，就需要达到一定的业务量或营业收入，这可以称为实现目标利润的业务量或营业收入，也可以称为保利点业务量或营业收入。保利点业务量和保利点营业收入的计算公式为

保利量=(固定成本+目标利润)/(单价−单位变动成本)　　(9-12)

保利额=(固定成本+目标利润)/贡献边际率　　(9-13)

贡献边际是量本利分析中的一个重要指标，贡献边际就是产品销售收入与相应的变动成本之间的差额，其表现形式为单位贡献边际、贡献边际总额和贡献边际率等几种形式。

贡献边际=销售收入−变动成本=单位贡献边际×销售量=销售收入×贡献边际率　　(9-14)

单位贡献边际=单价−单位变动成本=贡献边际/销售量=销售单价×贡献边际率　　(9-15)

贡献边际率=贡献边际/销售收入×100%=单位贡献边际/单价×100%　　(9-16)

【例题 9-4】某小型物流企业，固定费用 30000 元，每日变动成本为 8000 元，每日销售

200 个，单位商品价格为 440 元，欲盈利 48000 元，试求其保利点销售量和保利点销售额。

解：已知，固定成本=30000 元，目标利润=48000 元，单位价格=440 元/个，变动费用总额=8000 元，日销量=200 个，则：

单位变动成本=8000/200=40 元/个

单位边际贡献率=(440–40)/440=0.9091

保利点销售量=(30000+48000)/(440–40)=195（个）

保利点销售收入=195×440=85800（元）

量本利分析法还可以用于不同项目选优决策，即通过比较不同项目所产生的边际贡献率，以其较高者为优。

上述的量本利分析中，诸因素均是已知和确定的，但实际上这种静态平衡是理想状态或短期存在的。运用量本利进行决策时，还应注意当有关因素变动对各项相关指标的影响。按照逻辑关系，需要考虑以下 3 种情况：①考虑相关因素的变动对保本点和保利点的影响；②考虑相关因素变动对安全边际的影响；③考虑相关因素变动对利润的影响。

（1）相关因素的变动对保本点和保利点的影响。

1）单价单独变动的影响。当单价上升时，单位贡献边际和贡献边际率同时上升，保本点和保利保点就会降低，使得经营状况向安全方向发展；单价下降时，单位贡献边际和贡献边际率同时下降，保本点和保利保点就会升高，使得经营状况向不安全的方向发展。

2）单位变动成本单独变动的影响。单位变动成本的变动，会引起单位贡献和贡献边际率向相反方向变化，因而使得保本点和保利点向着单价变动影响的相反方向变化。变动成本上升，会增加保本点和保利点，使企业的经营状况向不安全的方向发展；单位变动成本下降时，会减少保本点和保利点，使企业的经营状况向安全的方向发展。

3）固定成本因素单独变动的影响。固定成本的增加会使保本点和保利点提高，使企业的经营向不利方向发展；相反，固定成本的减少会使保本点和保利点降低，使企业的经营向有利方向发展。

4）目标利润因素单独变动的影响。目标利润的变动只会影响保利点，而不会影响保本点。

5）销售量因素单独变动的影响。由于保本点和保利点本身就是业务量指标，因此销售量的变动只会影响营业利润，对保本点和保利点的计算都不会产生影响。

（2）有关因素变动对安全边际的影响。

1）单价因素单独变动的影响。由于单价变动会引起保本点向相反方向发展，因而在销售业务量既定的条件下，会使安全边际向着同方向变动。

2）单位变动成本因素单独变动的影响。单位变动成本的变动会导致保本点向相同方向变化，从而在销售业务量既定的条件下会使安全边际向反方向变化。

3）固定成本因素单独变动的影响。固定成本变动使保本点向相同方向变化，从而使安全边际向相反方向变化。

4）预计销售量因素单独变动的影响。预计销售量的变动会使安全边际向相同方向变化。

（3）有关因素变动对利润的影响。

单价的变动可通过改变销售收入从而从正方向影响利润，即在不考虑其他因素时，单价提高，利润增加，反之，单价降低，利润减少；单位变动成本的变动可通过改变变动成本总额从而从反方向影响利润。在不考虑其他因素时，变动成本降低，利润增加，反之亦然；固定成本的变动会从反方向直接改变利润；销售量的变动可通过改变贡献边际总额从而从正方向影响利润。

2. 多项物流服务项目的量本利分析

一般来说，物流系统提供的物流服务项目往往不止一项，在这种情况下，由于每项物流服务的业务量计量单位都不同，给量本利分析带来了一定的困难。例如，仓储服务业务量的计量单位可能是托盘数、吨等，而运输服务业务量的计量单位可能为吨·千米。在这种情况下，一般运用加权平均法对多项物流服务项目进行量本利分析。

以多项物流服务项目保利分析为例，多项物流服务项目的保本分析依据的原理是单项目保本分析的基本公式，但需要先确定出多项目的综合贡献边际率。

$$\text{综合贡献边际率}=\Sigma(\text{某种项目的贡献边际率}\times\text{该项目的销售额比重}) \tag{9-17}$$

$$\text{多项目的保本额}=\text{固定成本}/\text{综合贡献边际率} \tag{9-18}$$

$$\text{多项目保利额}=(\text{固定成本}+\text{目标利润})/\text{综合贡献边际率} \tag{9-19}$$

可用的方法还包括：联合单位法、分算法和主要项目法等。

（1）如果物流企业提供的多项目物流服务销售量之间存在着固定的数量比例关系，那么也可以将多种按照实物量比例构成的一组产品视为一个联合单位。以这种实物量的比例可以计算出每一个联合单位的联合单位售价和联合单位变动成本，在此基础上，可以按照单一品种盈亏平衡分析法计算盈亏平衡点联合单位和盈亏平衡点综合销售额。

（2）分算法是多项目保本点预测的一种方法。在预测多项目保本点时先将固定成本总额分配给各项目，然后按照单一产品的预测方法计算各项目的保本点。在将固定成本总额分配给各项目时，对专属固定成本可直接分配给各项目；而对共同固定成本则可以选择适当的分配标准将其分配给各项目，如可以以销售量或销售额的比例，也可以以产品的重量、长度、面积或所需工时等作为分配标准。采用这种方法时，如果项目过多，也可先将贡献毛益率相同或相近的项目归为一类，然后按类别计算。

（3）如果物流企业提供的多项目物流负重中只有一种是主要服务项目产品，其他服务项目占销售额的比重极小，为了简化计算，可将该类企业视同于提供单一服务项目的企业，按单一项目的保本计算方法确定保本点。

9.2.2　重心法

重心法是将物流系统的需求点和资源点看成是分布在某一平面范围内的物体系统，各点的需求量和资源量分别看成是物体的重量，物体系统的重心将作为物流网点的最佳设置点，利用确定物体重心的方法来确定物流网点的位置。

在储运企业的选址决策中，用占物流成本的绝大部分的运输费用代替了物流成本，物流的运输费用和工厂到储运企业的距离成正比，求最省的物流成本，即转化为物流网络平面空间的若干物流据点之间的距离最小时，求最优解的问题。

设有 n 个销售点（需求点），地点分布为$(x_1,y_1),(x_2,y_2),\cdots(x_n,y_n)$,各自对应的需求量分别为 w_1，w_2，…，w_n。假设物流设施的地点坐标为(x_0,y_0)，当流通中心与零售点的直线距离乘以其对应的需求量 w_j，再乘以运费率 C_j 所得的积为最小时，此地点便为最优地点 $Z(x_0,y_0)$。

重心法公式：

$$x_0 = \frac{\sum C_j W_j x_j}{\sum C_j W_j} \quad y_0 = \frac{\sum C_j W_j y_j}{\sum C_j W_j} \tag{9-20}$$

【例题 9-5】某市欲确定一物流公司选址，其所在区域的资源点与需求点的分布情况如图 9-3 所示，各点的资源量、需求量和运费率见表 9-4，如从运输费用考虑，选择最佳选址 $Z(x_0,y_0)$。

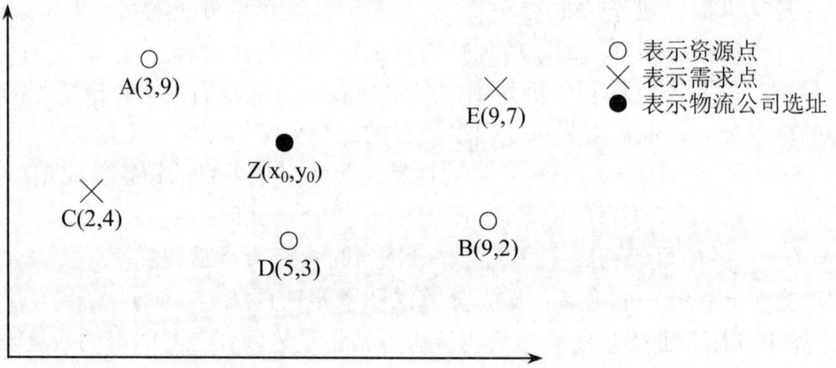

图 9-3 周边区域资源点、需求点分布情况

解：依据重心法公式，计算 x_0 和 y_0 如下：

x_0=(4000×0.8×3+6000×0.8×9+5000×0.95×2+2000×0.95×5+3000×0.95×9)/(4000×0.8+6000×0.8+5000×0.95+2000×0.95+3000×0.95)=5.57

y_0=(4000×0.8×9+6000×0.8×2+5000×0.95×4+2000×0.95×3+3000×0.95×7)/(4000×0.8+6000×0.8+5000×0.95+2000×0.95+3000×0.95)=4.75

由此，可以确定物流公司最佳选址的坐标点是(5.57,4.75)。

表 9-4 各点资源量、需求量及运费率表

位置	资源量或需求量	至 Z 点的运费率
A	4000	0.8
B	6000	0.8
C	5000	0.95
D	2000	0.95
E	3000	0.95

9.2.3 决策的主要步骤

1. 收集有助于决策的相关资料

搜集与进行该项物流成本决策有关的所有成本资料及其他资料，是决策是否可靠的基础。一般来讲，全面、真实、具体是这种搜集工作的基本要求。若做不到这几点，决策便很难保证正确、可信。

2. 拟定可行性方案

物流成本决策的可行性方案就是指保证成本目标实现，具备实施条件的措施。进行决策，

必须拟定多个可行方案，才能从比较中择优。换言之，一个成功的决策应该有一定数量（当然应各自具备一定的质量）的可行性方案为保证。

拟定可行性方案时，一般应把握住两个基本原则：一个原则是保持方案的全面完整性；另一个原则是满足方案之间的互斥性。当然，在实际工作中，这些原则可以根据具体情况，灵活掌握应用。

3. 作出选优决策

对各种可行性方案，应在比较分析之后根据一定的标准，采取合理的方法进行筛选，作出成本最优化决策。

对可行性方案的选优决策主要应把握两点：一点是确定合理的优劣评价标准，包括成本标准和效益标准；另一点是选取适宜的抉择方法，包括定量方法和定性方法。

小 结

本章主要内容有物流成本分析、物流成本预测和物流成本决策。

物流成本分析是在成本核算及其他有关资料的基础上，运用一定的方法，揭示物流成本水平的变动，进一步查明影响物流成本变动的各种因素。在实际工作中，物流成本分析可以采用对比分析法、比率分析法、因素分析法和作业成本分析法等方法。

物流成本预测是根据有关成本数据和企业具体的发展情况，运用一定的技术方法，对未来的成本水平及其变动趋势作出科学的估计。一般来说，物流成本有两类预测方法，分别为时间序列预测法和回归分析法。

物流成本决策主要有量本利分析法和重心法。量本利分析法全称为产量成本利润分析，也叫保本分析或盈亏平衡分析，是通过分析生产成本、销售利润和产品数量这三者的关系，掌握盈亏变化的规律，指导企业选择能够以最小的成本生产最多产品并可使企业获得最大利润的经营方案。重心法是将物流系统的需求点和资源点看成是分布在某一平面范围内的物体系统，各点的需求量和资源量分别看成是物体的重量，物体系统的重心将作为物流网点的最佳设置点，利用确定物体重心的方法来确定物流网点的位置。

习 题

1. 某物流中心 2018 年 1～12 月的实际物流成本见表 9-5。假定该年 1 月份的成本预测值为 590 万元，平滑系数为 0.6，运用指数平滑法预测该中心 2019 年 1 月份的物流成本。

表 9-5 某物流中心 2018 年 1～12 月实际物流成本

月份	1	2	3	4	5	6	7	8	9	10	11	12
实际值	500	510	490	440	430	470	510	564	526	533	573	580
预测值	590											

2. 某物流公司只提供一种物流服务，其单位变动成本为每件 50 元。今年销售该物流服

务共获得营业利润 40000 元，变动成本总额为 18000 元。如果该公司预计下年度该物流服务的销售价格和固定成本总额保持不变，且变动成本率仍维持本年的 40%。

要求：

（1）计算下年度的盈亏平衡点销售量和销售额。

（2）如果下年度计划销售量比本年提高 20%，计算下年度营业利润。

（3）计算下年度安全边际销售量和安全边际率，并判断其经营安全程度。

第 10 章　供应链物流成本管理

知识点

- 供应链、供应链管理
- 供应链成本、供应链成本管理
- 供应链成本管理理论、模式、方法

难　点

- 供应链成本管理特点
- 供应链成本管理理论、模式、方法

要　求

熟练掌握以下内容：

- 供应链成本的概念和特点
- 供应链物流管理的概念和特征
- 供应链物流成本管理的概念和特征
- 供应链物流成本管理基本理论

了解以下内容：

- 供应链物流成本管理模式和方法

10.1　供应链物流成本管理概述

10.1.1　供应链管理的概念和特征

1. 供应链的概念

《物流术语》（GB/T 18354－2006）对供应链进行了具体的定义：供应链是“生产及流通过程中，为了将产品或服务交付给最终用户，由上下游企业共同建立的需求链状网”。供应链围绕核心企业，对企业的信息流、资金流、物流进行全面的管理和控制，从原材料的采购开始一直到最终的产品营销等各个不同环节的工作，由核心企业与供应商、制造商、分销商、销售商和最终用户组建成一个完整的功能网链结构。根据供应链的定义，建立供应链结构模型如图 10-1 所示。

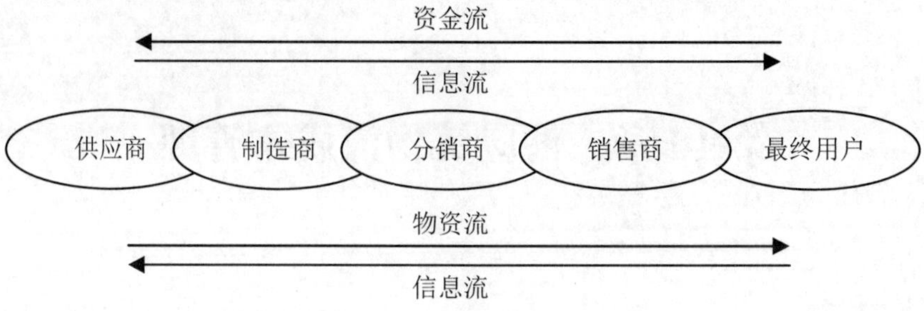

图 10-1　供应链结构模型

2. 供应链管理的概念

《物流术语》（GB/T 18354－2006）对供应链管理的定义是："供应链管理是对供应链涉及的全部活动进行计划、组织、协调与控制。"

供应链管理产生于 20 世纪 90 年代，是先进的管理思想和管理技术。供应链管理主要是以企业自身所在供应链为核心而开展相关的活动，是企业通过对外部资源的调动来提升企业内部生产经营综合实力的重要策略。供应链管理主要强调供应链上的所有成员协调工作，然后共同有效地对供应链上所涉及的物流、资金流、信息流进行控制，优化资源配置以及提高资源利用率，从而达到稳定的供求关系的目的，保持核心竞争力。

供应链思想的提出和应用是企业在规模效应和成本收益模式下所进行的创新性思考与实践。供应链管理的思想使得企业打破了边界，将视角延伸至整个供应链上，从而获得竞争优势。从企业运作分工上来看，供应链管理主要承担整理和处理企业相关的物流需求情况，通过整体化协调和管理与产品或服务以及相关原材料相关的供应商、制造商、经销商甚至零销商和最终用户，来实现企业常规业务的开展。从企业管理模式上来看，供应链管理是以企业中各种需求的供应为中心的一种管理活动，通过将企业的不同需求的信息传递到社会相关企业主体，然后以相应的合作来实现自身需求的满足和经营的常态化运作。这其中除了一些原材料的采购以外，还包括技术、资金方面的支撑，是企业借助市场丰富的资源来发展自己的重要手段和方式。通过供应链可以将企业的供应商、制造商、经销商和终端客户进行统一管理协调，方便产品和服务的生产与销售。

供应链管理使得企业管理信息不仅仅局限于企业内部，同时向供需市场两个方面延伸和扩张，实现管理信息系统的整体规划。

3. 供应链管理的特征

（1）整体性。供应链管理本身是供应链上的各个参与者相互依赖、相互联系、相互协调的若干部分组成的整体，所以供应链的整体功能是每一个个体都不能拥有的，需要企业集中来体现整体功能，从而充分发挥企业竞争优势，实现多赢的局面。

（2）目的性。供应链管理为了达到某一目标而进行的管理，所以具有一定的目的性，在市场竞争中，它通过独有的方式降低成本、提高质量，为顾客提供优质的服务，从而引起顾客对企业的兴趣，供应链中的参与成员都希望在市场竞争中获得优势。

（3）动态性。随着科技的不断进步，供应链管理因为市场参与主体的众多，根据市场供求的变化，对所提供的原材料、产品或者服务以及这些内容的提供者进行动态化管理，是一项系统化、复杂化的工作。

10.1.2　供应链物流管理的概念和特征

1. 供应链物流管理的概念

物流是供应链活动的一部分，主要是为了满足客户需要而对商品、服务以及相关信息从生产地到消费地的高效、低成本流动的储存进行的规划、实施与控制的过程。对供应链物流管理进行深入的了解和认识，从以下 3 个层次着手。第一层次主要是物流的定义，物流主要是指物品在地理范围及时间上的移动。第二层次主要是物流服务，在现代物流业的发展之下，物流服务突显出以人为本、个性化服务，所以物流能力的体现尤为重要。一方面，物流企业应立足于长远发展，通过对成本的精准控制，强化对企业经济效益的优化；另一方面，优化服务质量，建立多样化、人性化的服务机制。第三层主要是物流管理，物流管理涉及多方面内容，而管理的优化与调整，主要依托于管理理念及技术的不断创新，以推动物流管理的不断发展。总的来说，物流是包括运输、搬运、储存、保管、包装、装卸、流通加工和物流信息处理等基本功能的活动，它是由供应地流向接收地以满足社会需求的活动，是一种经济活动。

一般物流管理的主要对象是采购、生产和销售，目的是追求局部利益最大化；而供应链物流管理的范围不仅包括采购物流、生产物流和销售物流，还包括回收物流、退货物流、废弃物流等反向物流。并且，采购/销售物流不仅是单阶段的物流（如供应商到制造商、制造商到批发商、批发商到零售商、零售商到消费者的相对独立的采购/销售物流活动），而且包括供应链渠道内成员从原材料获取到最终客户产品分销整个过程的采购、销售物流活动。

供应链物流管理是指运用供应链管理思想对供应链物流活动的组织、计划、协调与控制。供应链物流管理强调供应链各个成员组织不再独立地对自身的物流活动进行优化，而是通过协作、协调与协同，达到一种共生型物流管理模式，提高了供应链物流的整体效率。

供应链物流管理由 3 个部分组成，如图 10-2 所示。

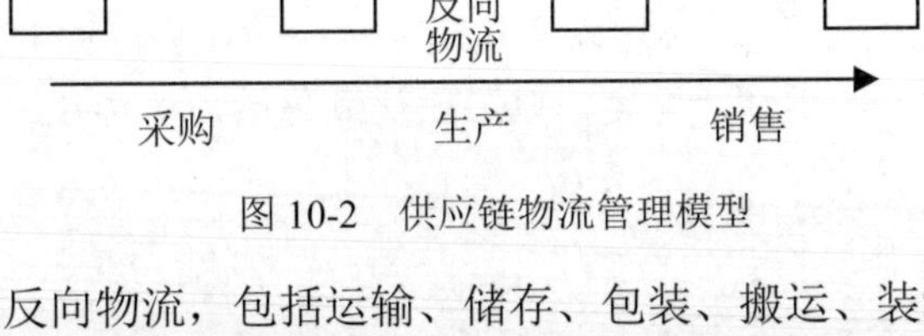

图 10-2　供应链物流管理模型

（1）正向物流与反向物流，包括运输、储存、包装、搬运、装卸、配送等。

（2）前馈的信息流与反馈的信息流，包括订单、交付、运输等活动的信息交换。既包括供应信息、需求信息，也包括共享信息，这是与传统物流管理不同处之一。在传统物流系统中，需求信息都是逐级传递，非直接合作的企业相互之间信息不畅，导致的直接后果就是客户需求反应慢、丧失市场机会、库存增加或缺货等。

（3）管理和控制，包括采购、营销、预测、库存管理、计划、销售和售后服务。

2. 供应链物流管理的特征

在现代化链式物流管理模式下，企业已经实现了对物流管理、供应链管理的全面延展和融合，将所有企业组合在一起，构成一个大的供应链系统然后进行管理。比如以追求成本最小化的精简供应链管理模式、以追求反应时间最小化的敏捷供应链管理模式。在以实现企业物流管理效益最大化目标前提下，将供应链上所有节点、关键点都一一归纳到统一的整体中，以满足现代供应链中的企业在物流系统中从供应商原料的采购、成品的运输存储、最终用户的物流配送等全程化、集成化管理。其特征主要有以下 3 点：

（1）高度集成化管理。基于供应链管理的企业物流管理，主要是采用信息技术手段对各种物流资源和信息进行传递，所有收集到的信息都集中在一起，来实现各项物流信息的快速传播、同步协调，以降低物流运作成本，提升服务满意度。在集成化供应链管理中，将“供应”“作业”“运输”“需求”等环节融入到互联网物流信息服务平台体系中，以实现对物流、信息流、资金流等链条环节的科学化、统一化、集成化管理。本质上讲，物流管理就是将各项活动信息都纳入到高度集中的物流管理体系中，这样直接的信息传递和共享极大地节约了时间和空间，降低了物流成本，实行高度集成化的管理。

（2）高度共享化管理。现代企业物流管理深化了供应链中各节点的信息化合作模式，即在信息资源共享的基础上，实现了各部门同各企业、各业务工作和各物流流程之间的通力合作。特别是以信息资源共享为基础的信息流，满足了各业务的流程、各职能部门、各环节及各企业间的相互合作，以确保信息资源准确、快速、高效运行和共享，实现信息资源价值，这样的高度共享化的管理模式，使得资源的传递速度变快，信息量变得更加丰富，信息的准确度也得到了提升。比如利用供应链管理涵盖从用户需求分析、原材料选择、采购、产品的生产、加工、仓储管理以及向终端用户的物流配送与售后服务等环节，以实现企业物流管理效益最大化目标。

（3）高度柔性化管理。供应链物流企业管理在链式模式下要确保各个环节的顺畅对接，必然需要从决策与运筹管理上来做好柔性优化和协同。从某种程度上来说，柔性化管理是通过物流管理技术和管理理念对各类资源进行柔性化的匹配，业务可以单一，但是在对客户进行服务时一定要多样化，以满足客户的不同需求，带给客户更好的服务体验，这样更利于企业与客户建立长久的合作关系。比如在原材料库存管理上，结合库存水平、生产成品库存目标、生产成品配送计划及运输耗时状态来进行动态调整，避免原材料积压而带来的物流总体效率的低下。当然，柔性化管理是在引入链式管理技术、动态管理理念过程中，对企业采购、生产、物流配送等部门进行各项业务需求的动态分析，来保障物流管理各环节的高度匹配与无缝衔接。对于现代企业供应链物流管理而言，必然需要从高度集成的业务流程上，应用高度共享的信息资源来提升物流管理各环节的柔性匹配度，以最大化满足用户多样化、复杂化的需求。

10.1.3 供应链成本的概念和特征

1. 供应链成本的概念

供应链成本是指研发、采购、生产、销售这四个环节能完成从原材料处理直至将最终产品交付到顾客手中的所有活动，这些活动产生的成本加上管理成本基本上构成了供应链成本的内容总和。其中成本主要包括商流、物流、信息流和资金流。它们分别构成是物流成本和交易成本。物流成本是由供应链物流运输过程中所产生的成本，交易成本主要是商流、信息流和资金流过程中所产生的成本。

供应链从向顾客提供产品或服务的过程所经历的各项环节出发，基于价值创造的角度，为了使供应链当中的物流成本得到全面的管理和控制，需要将一些具有共同特征的成本单独提炼出来，以便使研究对象和目标更加明确，如物流成本、信息流成本、资金流成本的归类可以为挖掘被掩盖的成本提供依据，机会成本可以用来评判供应链组成的优劣。以更好地理解供应链成本的具体构成为目的，提出了供应链成本的内容框架，如图 10-3 所示。

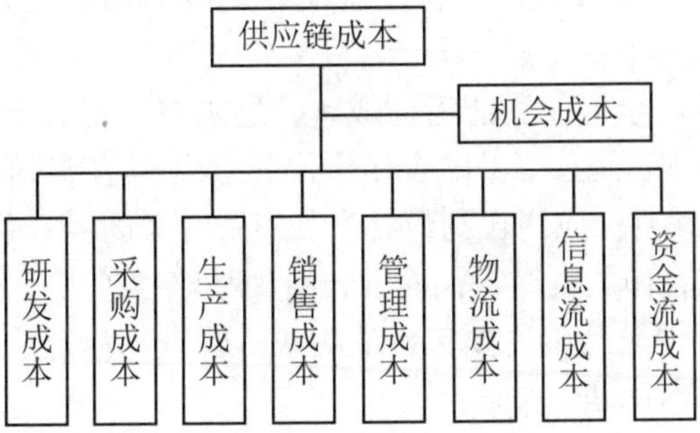

图 10-3　供应链成本的内容框架

2. 供应链成本的特征

传统的成本只局限于企业内部的消耗成本，无法对供应链成本进行详细计算。供应链管理概念发生了变化，转变为各个组织间的协调管理。所以供应链成本需要打破原有传统的界限，对供应链整体结构进行关注，对各种因素进行全面考虑，从更高层次进行运用。在三维视角来看，供应链成本具有以下 3 个特点：

（1）成员的空间变化。在传统的视角下，成本的计算只局限于企业整个生产运营过程所产生的费用成本。在供应链的视角下，成本计算要建立全局意识，要求建立新型的供求关系，供应商、制造商和零售商之间要建立共同承担风险，共同分享利益的利益共同体关系，每个节点的得失都可以直接或者间接影响整个利益共同体的得失。三方的关系发生了质的改变，从选择－被选择、接受－被接受的单一直线关系，加上了共同协商承担的合作关系。

（2）组织结构的空间变化。传统视角下成本管理中的企业组织结构是一种以专业化分工为前提的三角形结构，在一定情况下，这种结构可以维持相对稳定。但在供应链系统下，这个系统是动态多变的，需要迅速敏捷的反应。为了适应这种要求，企业组织结构需要发生变化，变成具有动态性的可重组扁平状网络结构，与之相对应的成本管理也要突破传统模式，探索新的组织结构模型。

（3）地理的空间变化。在经济全球化的今天，供应链下的企业分布全国各地，具有分布性特征，因此在进行成本管理时候，要全方位考虑分布各地的企业成本。

（4）响应状态的空间变化。传统的响应是被动的，但在供应链视角下，企业身处在一个动态多变的复杂的内部环境和外部环境，因而对于成本费用的变化需要敏捷的响应能力、敏捷的感知能力和持续的适应能力，企业的响应状态需要从被动的变成自觉敏锐的响应状态。

10.1.4　供应链物流成本管理的概念和特征

1. 供应链物流成本管理的概念

供应链物流成本管理（Cost Management in Supply Chain）包括企业在采购、生产、销售过程中为支撑供应链运转所发生的一切物料成本、劳动成本、运输成本、设备成本等。供应链物流成本管理可以说是以成本为手段的供应链管理方法，是跨越组织边界的跨企业成本管理，也是有效管理供应链的一种新思路。从定义中可以看出，供应链物流成本管理比一般的企业内部成本管理更加重视交易成本和作业成本的优化，同时要将成本管理提高到战略层面上，追求“精益管理”。供应链物流成本管理是供应链管理的一部分，是一种跨企业成本管理，它拓展了成本管理思想到整个供应链，意味着成本管理方法跨越了组织边界，与传统成本管理相比更为复杂。

供应链物流成本管理以全局的思想考虑成本，追求整个链条上的成本最优，成本管理不仅控制企业自身的制造成本，而且要考虑合作伙伴关系成本、产品的全生命周期成本、物流和服务成本等，要考虑从原材料供应商直到最终产品消费者其间一系列作业活动的成本控制，注重企业间的合作共赢，在合作的同时提高企业自身的战略地位。

供应链物流成本管理理论基础主要包括战略成本管理、精益成本管理理论、交易成本、委托代理理论和组织间成本管理。

2. 供应链物流成本管理的特征

供应链管理的作用在于通过系统的设计和管理各供应环节，使企业更好地满足客户需求，使供应链系统的总成本最优。与传统的成本管理相比，供应链中的成本管理具有以下特点:

（1）需求拉动性。将顾客需求及客户订单作为生产、采购的拉动力，以控制资金占用成本。订单经济就是通过建立 ERP、CRM 等信息技术支撑体系，设计更具弹性的生产能力，以市场需求为企业经营的向导。需求拉动生产，即有市场需求才组织生产，企业的产、供、销等经济活动都要适时适地适量，从而减少存货资金占用费用、仓储费用以及存货损失和价值损失。

（2）平衡性。传统成本理论认为提高客户服务水平必然导致成本上升，而保证安全生产和经营必须依靠大量库存，因此这种成本管理的目标就是单纯地追求企业成本与服务水平之间的平衡。但在供应链系统中，改善服务和降低成本这两个目标可同时实现。在供应链系统中，把市场风险平均分到整个供应链中，通过供应链上的各个企业之间相互合作，加强对整个供应链上的成本进行控制和协调。

（3）延展性。成本管理范围由生产领域向开发、设计、供应、销售领域拓展。传统的成本管理往往比较重视生产领域成本的控制，而将其他环节的成本视为生产和销售产品所发生的额外费用。然而，随着科学技术的进步和市场竞争的加剧，生产成本在企业中的比重呈现下降趋势，而与产品相关的设计、供应、服务、销售等引起的成本不断上升，其数额甚至超过生产成本。

（4）层次和整体性。供应链的整体性体现在企业自身流通环节的整合和与上下游企业间的整合两个方面。它要求企业必须在三个层次上权衡企业的成本：战略层次，主要包括合作伙伴的评价选择及仓库布局、数量和储存能力，以及材料在物流网络中的流动等决策；战术层次，包括采购和生产决策、库存和运输策略，其活动一般以年或季度进行重新评价；作业层次，是指日常决策如生产计划流程、估计提前期、安排运输路线等。

（5）多样化。供应链管理的有效实现主要通过利用信息技术和供求信息在企业间的整合，建立客户关系管理系统（CRM）、供应链管理系统（SCM）、全球采购系统（GPM）和电子商务系统（E-commerce）等技术支撑体系，改善企业传统的业务流程，降低系统成本。

10.2　供应链物流成本管理基本理论

10.2.1　价值链理论

价值链概念由迈克尔·波特于 1985 年在其《竞争优势》一书中首先提出，倡导运用价值链进行战略规划和管理，以帮助企业获取并维持竞争优势。价值链分析思想认为，每一个企业所从事的在经济上和技术上有明确界限的各项活动都是价值活动，这些相互联系的价值活动共同作用为企业创造价值，从而形成企业的价值链。比如，每一种产品从最初的原材料投入至到达最终消费者手中，要经历无数个相互联系的作业环节——作业链。这种作业链既是一种产品的生产过程，也是价值创造和增值的过程，从而形成竞争战略上的价值链。

价值链分为三种：企业内部价值链、行业价值链和竞争对手价值链，在此，主要探讨前两种价值链。企业内部在运作过程中可以分解为多个单元价值链，每个单元价值链既会产生价值，也会消耗成本。某一个价值链单元是否创造价值，关键是看它是否提供了后续价值链单元的所需，是否降低了后续价值链单元的成本。同时，任何一个企业均处于某行业价值链的某一段，价值链的上游是它的原材料或产品的供应商，下游是其分销商或最终顾客。这种价值链的相互联系成为降低价值链单元的成本及最终成本的重要因素，而价值链中各个环节的成本降低则是企业竞争优势的来源。

价值链分析对于成本管理理论的最大贡献就在于它拓展了成本管理的视角，将成本管理的重心延伸到了组织边界，不只是局限于企业内部，而是包括了价值链伙伴。

10.2.2　委托代理理论

委托代理理论的核心是解决在利益相冲突和信息不对称情况下，委托人对代理人的激励问题，即代理问题，包括提高代理效果和降低代理成本。从广义上说，存在合作的地方就存在委托代理关系，而供应链成本管理强调的就是关系管理，也就是合作与协调，因此委托代理理论为其提供了分析的理论基础和方法框架。

根据委托代理理论来分析处于供应链中的企业，处于上游的企业所扮演的是代理方的角色，而下游企业是委托方角色。存在委托代理关系就必然要发生代理成本，包括激励成本、协调成本和代理人问题成本等。供应链成本管理中就需要对这些成本进行分析，以期降低代理成本，优化代理效果，使链条间企业的关系成本最低的同时达到良好的合作效果。

10.2.3　交易成本理论

交易成本（Transaction Costs），又称交易费用，最早由罗纳德·科斯在研究企业性质时提出，是指交易过程中产生的成本。交易成本包括“发现相对价格的工作”、谈判、签约、激励、监督履约等的费用。毫无疑问，利用外部资源将带来大量的交易成本。这就需要一种“围绕核心企业，通过信息流、物流、资金流的控制，从采购原材料开始，制成中间产品以及最终产品，最后由销售网络把产品送到消费者手中的，将供应商、分销商、零销商，直到最终用户连成一个整体的功能性网链结构模式”，这就是供应链。

根据交易成本理论对供应链成本进行分析，供应链企业之间的交易成本大致包括以下几个方面：

（1）寻找价格的费用。

（2）识别产品部件的信息费用。

（3）考核费用。

（4）贡献测度费用。

另外，供应链企业之间的长期合作建立在利益共享的基础上，利益共享的一个重要依据是各企业在供应链整体运作中的贡献。由于分解和考核各企业的贡献是困难的，这时会存在索取价格超过应得价格的情况，以至于代理人的仲裁必不可少，这也是供应链交易成本的内容之一。因此，为了降低整个供应链的交易成本，企业之间应该建立紧密的合作伙伴关系，彼此信任，通过信息网络技术实现信息共享。

10.2.4 组织间成本管理

组织间成本管理（Inter-organizational Cost Management，ICM）是对供应链中有合作关系的相关企业进行的一种成本管理方法。目标是通过共同的努力来降低成本。为了完成这个目标，所有参与的企业应该认同“我们同坐一条船”这个观点，并且要鼓励他们增加整个供应链的效率而不是他们自身的效率。如果整个供应链变得更加效率，那么他们分得的利润也就更多。因此，组织间成本管理是一种增加整个供应链利润的方法。由于它在很大程度上依赖于协调，所以它只适用于精细型供应链，因为在精细型供应链中，买卖双方互相影响，信息共享程度也很高。为了使组织间成本管理行之有效，任何改进措施取得的超额利润应该让所有参与的企业共享。这种共享可以刺激所有参与企业更好地共同合作。

在供应链中，企业可以有 3 种途径来应用组织间成本管理协调降低成本的活动。

（1）它可以帮助企业、它的顾客和供应商寻求到新的方法来设计产品，以使得它可以在较低的成本下生产产品。

（2）它可以帮助企业和它的供应商寻求方法在生产的过程中更进一步地降低产品成本。

（3）它可以帮助企业寻求方法使得企业间的交接更有效率。

当然，供应链成本管理理论基础除了上述的理论之外，还包括博弈论、约束理论、生命周期成本理论等。

10.3 供应链物流成本管理模式和方法

10.3.1 供应链物流成本管理模式

供应链成本管理可以说是以成本为手段的供应链管理方法，这是因为，一是成本能真实地反映供应链活动的实态；二是成本可以成为评价所有活动的共同尺度。就第一点而言，一旦用成本去掌握供应链活动，供应链活动方法上的差别就会以成本差别的形式明显地表现出来。就第二点而言，用成本这个统一的尺度来评价各种活动，可以把性质不同的活动进行比较，是有效管理供应链的一种新思路。

供应链成本管理按其目的和方法可分为供应链成本控制和供应链成本降低，依此原理，可引入供应链成本预算管理与供应链无形成本动因管理两种新模式，分别对其进行分析。需要说明的是，这两种模式，并不代表成本控制与降低的所有模式。供应链成本管理的模式结构如图 10-4 所示。

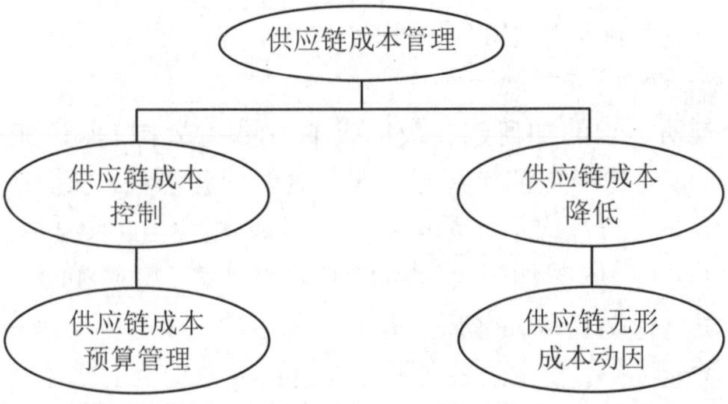

图 10-4　供应链成本管理的模式结构

1. 供应链成本预算管理模式

供应链管理的目的是要使整个供应链产生的价值最大，也就是要通过对供应链各组织之间信息流、物流、资金流的管理来获得最大的供应链盈利，而目标的完成需要在方案实施过程中进行有效控制。控制包括事前、事中、事后控制，系统要发挥协同化带来的优势，就必须在控制的过程中加强与预算的结合。在供应链成本管理中加强预算管理，是保证企业沿正确供应链总体目标方向运动的重要因素，有助于表达供应链活动中所追求的增值作业最大和非增值作业最小的管理思想。

供应链是一个链状结构，一个企业就是其中的一个节点。通过实行工作协调和并行化经营，追求供应链价值最大化这个目标。对供应链成本进行预算管理就应该让预算的作用内化到各个角色节点之中，把每个节点企业内化成一个综合性的责任中心，可增加供应链成本流动过程中的可视性。由于节点企业同时也处于不同的供应链之中，成本可视性的增加可以减少产生于当前链条中的观望损失，充分让其发挥在所在链中的节点作用，增加竞争优势的稳定性。

供应链企业成本的信息是沿着供应链不同节点方向传递。一个节点企业成本支出的大多数组成部分都要受到其他节点企业成本支出的影响。因此，只有在供应链条之外再虚列出一份“预算成本表”，指导供应链企业之间以及企业内部之间保持一致的步调，供应链真正的同步化才能实现。这份“预算成本表”不仅可以加强运作中的默契度，而且同时会提升对系统的信任和忠诚。尤其是当不同渠道的信息流、现金流被用于供应链节点企业的成本支出决策时，有效的预算信息会更有助于正确决策的产生。

在供应链中，一个企业的生产计划与库存控制不但要考虑该企业内部的业务流程，更要从供应链的整体出发进行全面优化控制，跳出以单个企业资源需求为中心的管理界限，以最终的顾客化需求驱动顾客化运作，获得敏捷的市场响应能力。供应链管理的基本概念是建立在这样一个合作理念之上的，即通过分享信息和共同计划能使整体目标与竞争优势得到提高。供应链成本管理环境下的预算制定过程是纵向和横向预算的集成过程，纵向指供应链由下游向上游的预算信息集成，横向指生产同类或类似产品的节点企业之间的预算信息集成。预算信息的纵横结合可以产生统筹兼顾的效应。因而，要建立分布的、透明的成本管理预算信息集成系统，采用并行化的信息传递方式，保持成本信息渠道的畅通和透明，从而保证节点企业之间成本工作的同步化。

由此可见，在供应链成本控制的全过程加强预算管理模式的运用，并找准切入点，将两者有机结合起来，是建立新型供应链成本预算管理控制模式，完善供应链成本控制的必由之路，从而也就成为未来企业竞争优势增强的重要途径。

2. 供应链无形成本动因管理模式

与供应链成本控制所追求的如何建立最优成本不同，成本降低更加倾向于追求最小化支出这个直接目标，经济活动的产生都伴随着不同程度的资源消耗，从而产生成本。在供应链中要降低成本，就必须将非效用性成本尽量压缩，分析成本产生的原因并有目的地加强管理。

20 世纪 80 年代后期，美国芝加哥大学的青年学者罗宾 • 库伯和哈佛大学教授罗伯特 • 卡普兰教授在对美国公司进行调查研究之后，提出了著名的“成本驱动因素”理论。成本驱动因素，就是成本动因，即导致成本发生的各种原因。根据成本动因的基本含义，成本动因可以分为两个层次：一是微观层次的与单一节点企业自身具体生产运作相关的成本动因，如要完成的作业量，生产所消耗物料等经营性成本动因；二是宏观层次的成本动因，如外界存在的各种环境影响，上下游节点企业相关经济活动等。微观层次的成本，其产生大多具有相关的物质载体，比较容易识别和掌握，相反，宏观层次产生的成本动因，不能在财务报表中得到反映，兼之相对比较模糊，比较难以把握，也往往被忽视。理论上我们将前者称为有形成本动因，后者称为无形成本动因。

从传统定义上的生产企业来看，非常注重有形成本的降低，也能够取得比较好的成效，但作为整体的系统的范畴，供应链环境有别于单一的个体企业环境，无形成本动因对供应链成本的影响也远大于有形成本动因的影响。无形成本动因与供应链企业的一体化战略密切相关，对供应链模式的架构影响更长期、更持久、更深远，对供应链成本的影响比重较大，可塑性也大。以无形成本动因作为突破，进行更为优化的供应链成本管理，减少非效用性成本动因的产生，不仅可以降低供应链中存在的潜在成本问题，而且更有利于供应链整体竞争优势的持续。无形成本动因包括结构性无形成本动因和执行性无形成本动因两个方面。

（1）结构性无形成本动因，也就是决定供应链基础经济结构的成本动因。结构性无形成本动因表现在供应链整体中包括规模经济（即增加使用供应链中共享资源的规模可以降低成本）、整体程度（加强供应链上端与下端的整体，保持高效运作）、学习与溢出（供应链可以通过学习提高运作效率从而使整体成本下降，学习成果还可以通过供应链条从一个企业流向另一个企业，这对保持供应链间的相对成本优势至关重要）。对结构性无形成本动因而言，并非程度越高越好，对结构性无形成本动因分析就是以上各项成本驱动因素对供应链活动成本的直接影响以及它们之间的相互作用对供应链成本的影响，也就是怎样选择并建立供应链中成本的“地位”问题。

（2）执行性无形成本动因，也就是与供应链执行程序相关的成本驱动因素，它是在结构性成本动因决定以后才成立的。执行性无形成本动因反映出整个供应链是如何运用信息流、物流、资金流等系统资源去完成供应链战略目标。执行性无形成本动因表现在供应链中包括联系（节点企业的内部联系和垂直联系，内部联系指节点企业内部的协同运作，垂直联系指链条不同流向节点企业之间的一体化联系）、TQM、CRM 和各节点企业对供应链条的向心力问题等。对于执行性无形成本动因而言，一般的观点是越高越好，因为 TQM、CRM 等都对持续降低成本有利，而协调整个供应链的联系及增强节点企业对供应链条的向心力，会增加有效产出，提高效益。

从以上可以看出，分析结构性无形成本动因，就是要解决怎样选择才是建立“最小化”供应链成本的问题，而执行性无形成本动因就是如何强化“最小化”的效果目标。前者可以解决供应链资源成本优化问题，是夯实成本的结构基础；后者解决供应链成本整体绩效的持续提高问题，是追求更大程度地降低成本。供应链无形成本动因不仅是解决供应链成本降低的理论基础，而且对如何作出供应链目标决策有重大启示。

对这两类无形成本动因进行管理，要认识到它们可能产生的结果：相互加强或相互对抗。例如规模经济或学习效应可以强化供应链在时机选择上的优势，纵向整体的优势也有可能会被某个环节生产能力的不足所抵消。因此，对于上述两种成本动因的相互作用要进行策略性引导，以避免两者之间的抵触，并充分利用成本动因之间的加强效果来架构持续性的比较优势。

10.3.2　供应链物流成本管理方法

1. 供应链目标成本法

目标成本法是丰田（TOYOTA）在 20 世纪 60 年代开发出的成本管理方法，这一方法目前已经得到了广泛采用。目标成本法的目的在于将客户需求转化为所有相关流程的强制性竞争约束，以此来保证将来的产品能够创造出利润。

对于整个供应链。供应链目标成本法可以概括为市场驱动成本、产品目标成本和组件目标成本三个成本过程。供应链目标成本管理的目的在于通过确定整个供应链的价值成本关系，实现既定的市场目标价格。对允许成本（市场价格减边际利润），供应链的合作伙伴尽力完成目标成本。供应链上游企业扮演的是代理方角色，下游企业扮演的是委托方角色。共同合作进行成本工作管理。这种合作关系对目标成本法很重要，并且合作战略的供应链目标成本采用的是激励和信任机制，是以合作的买卖关系为基础，是一种合适的供应链成本管理方法。企业间的成本合作主要表现在以下 3 个方面：第一，采购方必须设定可以完成的组件层次的目标成本；第二，采购方必须选择适当的方法对供应商应用目标成本法；第三，采购方可以设置激励措施刺激供应商的创新力和降低成本花费。

2. 供应链作业成本法

作业成本法（Activity-based Costing）的成本核算对象是作业，供应链作业成本法是从供应链的视角，通过分析作业成本和交易成本来优化产品总成本。基于这样的理念：作业消耗资源，产品和服务耗费作业。其目标是将成本动因引起的资源消耗，更合理地分配到产品或服务中去。企业可以通过作业成本法识别出那些与最终顾客的效用无关的作业，并通过减少或完全剔除这类无增值作业来降低成本，这样企业就可以更好地对市场需求做出反应并增强自身的竞争力。

供应链作业成本主要是供应链成员中单个企业内部职能部门的职责，这意味着他们在共同的供应链中确认、讨论和分析交易成本动因，双方的关系应该是合作，主要的合作机制是信任和协调，整个供应链的关系以信任为基础，目标是实现双赢。

供应链成本主要包括企业内部发生的直接成本、间接成本以及企业间的交易成本。因此，供应链作业成本法应该站在供应链的视角上，以作业和交易为基础分析间接费用来优化产品或服务的总成本。企业内部的间接成本以作业为成本动因进行分析，而企业间的间接成本就需要以企业间发生的各种交易行为，如谈判、买卖等为基础进行分析。

3. 生命周期成本法

目前，生命周期成本（LCC）是指产品在整个生命周期中所有支出费用的总和，包括原料的获取、产品的使用费用等，即企业生产成本与用户使用成本之和。对于生命周期成本法还没有达成统一的理解，目前的主流定义是“生命周期成本是指在系统的生命周期中与该系统相关的所有成本”。在生命周期成本法系统中，产品使用者承担的成本（包括使用成本和供应链成本）。

随着价值工程、成本企划等先进管理模式的诞生，生命周期成本法在成本管理中越来越多地被运用，它可以满足企业定价决策、新产品开发决策、战略成本管理、业绩评价等的需要。生命周期成本法是一种计算发生在生命周期内的全部成本的方法，通常被理解为产品生产周期成本法，以此来量化产品生命周期内的所有成本。值得一提的是，企业生产体系设计的中心环节是系统地衡量产品、资产和劳动力等生产要素，并组合成一体化的功能单元。因此，对于资产和劳动力，同样可以采用生命周期成本法来分析其成本构成。

4. 周期结束成本

负责补充传统上由产品生产商所承担的成本。并且除了考虑实物流程及其相关物资和能源流动（LCI）的成本外，还要考虑劳动力和使用知识（如专利）的成本以及交易成本（如信息流）。例如，在生命周期中需要考虑产品的开发成本。

在生命周期成本法下，就可以确定产品开发、生产、使用、周期结束所产生的所有成本，并据此识别生命周期和供应链中的成本驱动因素和其悖反关系，以开发和生产最小总成本的产品。

小　结

本章主要内容有供应链和供应链管理、供应链物流管理、供应链成本和供应链物流成本管理。

供应链和供应链管理。供应链是生产及流通过程中，为了将产品或服务交付给最终用户，由上下游企业共同建立的需求链状网。供应链管理是对供应链涉及的全部活动进行计划、组织、协调与控制。供应链管理的特征有整体性、目的性和动态性。

供应链物流管理。供应链物流管理强调供应链各个成员组织不再独立地对自身的物流活动进行优化，而是通过协作、协调与协同，是一种共生型物流管理模式，提高了供应链物流的整体效率。供应链物流管理的特征是高度集成化管理、高度共享化管理和高度柔性化管理。

供应链成本和供应链物流成本管理。供应链成本是指研发、采购、生产、销售这四个环节能完成从原材料处理直至将最终产品交付到顾客手中的所有活动，这些活动产生的成本加上管理成本基本上构成了供应链成本的总和。供应链成本的特征主要有成员的空间变化、组织结构的空间变化和地理的空间变化。供应链物流成本管理包括企业在采购、生产、销售过程中为支撑供应链运转所发生的一切物料成本、劳动成本、运输成本、设备成本等。供应链物流成本管理的特征是需求拉动性、平衡性、延展性、层次和整体性、多样化。供应链物流成本管理模式主要有供应链成本预算管理模式和供应链无形成本动因管理模式。供应链物流成本管理方法主要有供应链目标成本法、供应链作业成本法、生命周期成本法和周期结束成本法。

习　题

一、名词解释

1．供应链管理
2．供应链成本
3．供应链成本管理
4．价值链理论

二、选择题

1．供应链的概念是在（　　）提出来的。
A．20 世纪 60 年代　　B．20 世纪 70 年代
C．20 世纪 80 年代　　D．20 世纪 90 年代
2．供应链物流成本管理的特征有（　　）。
A．需求拉动性　B．平衡性　C．延展性　D．层次和整体性
E．多样化
3．ERP 是集成化管理的代表技术，其核心管理思想就是实现对整个（　　）的有效管理。
A．供应链　B．流程　C．企业　D．社会
4．供应链成本管理按其目的和方法可分为（　　）
A．供应链成本控制　　B．供应链成本降低
C．供应链成本预测　　D．供应链成本决策

三、简答题

1．供应链管理与传统管理模式的区别何在？
2．供应链成本管理基本理论有哪些？
3．供应链成本管理所包含的主要方法有哪些？
4．供应链成本管理具有几种管理模式？

参考文献

[1] 关高峰．物流成本管理[M]．北京：北京大学出版社，2014.

[2] 鲍新中．物流成本管理[M]．北京：人民邮电出版社，2017.

[3] 古全美，程凤菊，肖鸟鸟．物流成本管理[M]．2 版．北京：北京理工大学出版社，2018.

[4] 周云霞．仓储管理实务[M]．北京：电子工业出版社，2007.

[5] 李万秋．仓储管理[M]．北京：高等教育出版社，2005.

[6] 潘迎宪．物流仓储管理[M]．成都：四川大学出版社，2006.

[7] 王辛平．成本会计学[M]．北京：清华大学出版社，2004.

[8] 蒋兰芝．成本会计[M]．南京：东南大学出版社，2004.

[9] 何开伦．物流成本管理[M]．武汉：武汉工业大学出版社，2007.

[10] 易华．物流成本管理[M]．北京：北京交通大学出版社，2005.

[11] 傅桂林．物流成本管理[M]．北京：中国物资出版社，2004.

[12] 倪凤琴．物流成本管理[M]．北京：电子工业出版社，2005.

[13] 吴清一．现代物流概论[M]．2 版．北京：中国物资出版社，2005.

[14] 陈宏．物流企业财务会计[M]．北京：中国物资出版社，2002.

[15] 邓凤祥．现代物流成本管理[M]．北京：经济管理出版社，2003.

[16] 方芳．运输管理[M]．北京：高等教育出版社，2005.

[17] 谢瑞．财务管理[M]．北京：清华大学出版社，2005.

[18] 王永富，李二敏．物流管理概论[M]．北京：对外经济贸易大学出版社，2006.

[19] 高金平．税收筹划谋略百篇[M]．北京：中国财政经济出版社，2002.

[20] 易华，李伊松．物流成本管理[M]．3 版．北京：机械工业出版社，2017.

[21] 张远．物流成本管理[M]．北京：北京大学出版社，2017

[22] 包红霞.物流成本管理[M]．2 版．北京：科学出版社，2018.

附录　练习题答案

第 1 章

一、选择题

1．ABCD　2．ABD　　3．BD　　4．ACD　　5．C

二、判断题

1．×　　2．×　　3．×　　4．√　　5．×　　6．×

三、简答题

略。

第 2 章

一、选择题

1．ABC　　2．AC　　　3．ABC　　4．ABCD　　5．AC

二、判断题

1．×　　2．√　　3．×　　4．√　　5．√

三、简答题

略。

四、计算题

1．答：（1）制造费用以生产工人工资为标准分配入叉车和起重机中，制造费用的分配情况见附表 1：

附表 1　直接人工分配表

<table>
<tr><th>产品品种</th><th>直接人工费/元</th><th>分配率</th><th>分配额/元</th></tr>
<tr><td>叉车</td><td>2000.00</td><td rowspan="2">14000÷7000=2.00</td><td>2000×2.00=4000</td></tr>
<tr><td>起重机</td><td>5000.00</td><td>5000×2.00=10000</td></tr>
<tr><td>合计</td><td>7000.00</td><td>2.00</td><td>14000.00</td></tr>
</table>

（2）根据生产费用凭证及汇总表和制造费用分配表登记叉车和起重机生产成本明细账和生产成本比较见附表 2、附表 3。

附表 2　叉车生产成本明细账　　单位：元

品种	直接材料费	直接人工费	制造费用	合计
叉车	3000	2000	4000	9000

附表 3　集装箱运输车生产成本明细账　　单位：元

品种	直接材料费	直接人工费	制造费用	合计
起重机	4000	5000	10000	19000

（3）最后，编制叉车成本、起重机运输车成本计算表，见附表 4 和附表 5

附表 4　叉车成本计算表　　单位：元

成本项目	总成本	单位成本
直接材料费	3000	600
直接人工费	2000	400
制造费用	4000	800
合计	9000	1800

附表 5　起重机运输车成本计算表　　单位：元

成本项目	总成本	单位成本
直接材料费	4000	2000
直接人工费	5000	2500
制造费用	10000	5000
合计	19000	8500

2．答：

答：（1）制造费用以生产工人工资为标准分配入小货车和集装箱车中，制造费用的分配情况见附表 6。

附表 6　直接人工分配表

产品批次	直接人工费/元	分配率	分配额/元
第一批次	1000	14000÷7000=2.00	1000×2.00=2000
第二批次	2000		2000×2.00=4000
第三批次	4000		4000×2.00=8000
合计	7000.00	2.00	14000.00

（2）根据生产费用凭证及汇总表和制造费用分配表登记第一批次、第二批次、第三批次生产成本明细账，生产成本比较见附表 7 至附表 9。

附表 7　第一批次生产成本明细账　　单位：元

批次	直接材料费	直接人工费	制造费用	合计
第一批次	1500	1000	2000	4500

附表 8　第二批次生产成本明细账　　单位：元

批次	直接材料费	直接人工费	制造费用	合计
第二批次	2500	2000	4000	8500

附表 9　第三批次生产成本明细账　　单位：元

批次	直接材料费	直接人工费	制造费用	合计
第三批次	3500	4000	8000	15500

（3）最后，编制第一批次、第二批次、第三批次成本计算表，见附表 10 至附表 12。

附表 10　第一批次成本计算表（5 辆）　　单位：元

成本项目	总成本	单位成本
直接材料费	1500	300
直接人工费	1000	200
制造费用	2000	400
合计	4500	900

附表 11　第二批次成本计算表（5 辆）　　单位：元

成本项目	总成本	单位成本
直接材料费	2500	500
直接人工费	2000	400
制造费用	4000	800
合计	8500	1700

附表 12　第三批次成本计算表（5 辆）　　单位：元

成本项目	总成本	单位成本
直接材料费	3500	700
直接人工费	4000	800
制造费用	8000	1600
合计	15500	3100

3．答：

（1）第一步半成品成本：5000+500+1500=7000 元

（2）完工产品的成本：7000+1000+2000=10000 元

4．答：【作业成本法的解题过程】

（1)选择成本基础，确定作业内容。根据题目所示资料，该企业本期间发生间接费用 50000 元，各自的所耗用的作业资源不同。经研究，发现本企业间接费用的成本动因有 5 个：材料领用数量、包装批次、质量检验小时、设备维修时数和装卸搬运次数。其他有关资料见附表 13。

（2）选择适当的成本动因分配资源费用。

依据如下计算公式进行计算：

$$\text{成本动因分配率}=\frac{\text{某作业中心发生的作业成本}}{\text{该作业中心可提供的作业量}}$$

附表 13 作业类别和相关作业量

作业类别	成本动因	作业量		
		甲产品	乙产品	合计
材料领用	材料领用数量	5	10	15
包装	包装批次	2	3	5
质量检验	质量检验小时	2	3	5
设备维护	设备维护时数	7	8	15
装卸搬运	装卸搬运次数	4	6	10

某成本计算对象应分配的某项作业成本=该成本计算对象耗用的该项作业的成本动因数×成本动因分配率

1）成本对象为材料领用，其成本动因为材料领用数量：
成本动因的分配率：15000÷15=1000
甲产品应分配：1000×5=5000 元
乙产品应分配：1000×10=10000 元

2）成本对象为包装，其成本动因为包装批次：
成本动因分配率：5000÷5=1000
甲产品应分配：1000×2=2000 元
乙产品应分配：1000×3=3000 元

3）成本对象为质量检验，其成本动因为质量检验小时：
成本动因分配率：10000÷5=2000
甲产品应分配：2000×2=4000 元
乙产品应分配：2000×3=6000 元

4）成本对象为设备维护，其成本动因为设备维护时数：
成本动因分配率：15000÷15=1000
甲产品应分配：1000×7=7000 元
乙产品应分配：1000×8=8000 元

5）成本对象为装卸搬运，其成本动因为装卸搬运次数：
成本动因分配率：5000÷10=500
甲产品应分配：500×4=2000 元
乙产品应分配：500×6=3000 元

甲、乙两种产品作业成本分配表见附表 14。

附表 14 甲、乙两种产品作业成本分配表

作业	作业成本/元	分配率	甲产品		乙产品	
			消耗动因量	金额/元	消耗动因量	金额/元
材料领用	15000	1000	5	5000	10	10000
包装	5000	1000	2	2000	3	3000
质量检验	10000	2000	2	4000	3	6000

续表

作业	作业成本/元	分配率	甲产品		乙产品	
			消耗动因量	金额/元	消耗动因量	金额/元
设备维护	15000	1000	7	7000	8	8000
装卸搬运	5000	500	4	2000	6	3000
合计	50000			20000		30000

（3）计算产品或劳务成本。按作业成本计算法进行计算，过程如下：

1）甲产品作业成本计算如下：

直接材料项目　总成本：30000 元　单位成本：30000÷100=300 元；

直接人工项目　总成本：4000 元　单位成本：4000÷100=20 元；

间接费用项目　总成本：20000 元　单位成本：20000÷100=200 元；

甲产品

单位成本：300+20+200=520 元

总成本：30000+4000+20000=54000 元

2）乙产品作业成本计算如下：

直接材料项目　总成本：50000 元　单位成本：50000÷200=250 元；

直接人工项目　总成本：6000 元　单位成本：6000÷200=30 元；

间接费用项目　总成本：30000 元　单位成本：30000÷200=150 元；

乙产品：

单位成本：250+30+150=430 元

总成本：50000+6000+30000=86000 元

第 3 章

一、单项选择题

1．B　2．B　3．A　4．D　5．B　6．A　7．A　8．D

9．A　10　A　11．A　12．D　13．A　14．B　15．C　16．C

17．C　18．A　19．C　20．D　21．D　22．C　23．A　24．B

25．B

二、多项选择题

1．ACE　2．CD　3．BCD　4．ABDE　5．ABCD　6．ABC

7．BDE　8．ABDE　9．ADE　10．ADE　11．ABCD　12．ABCDE

13．ABC　14．BCDE　15．ABC　16．ABCE　17．ABCDE　18．ABE

19．ACE　20．ABE　21．ABE　22．AD　23．ABCD　24．ABCE

25．ABD

三、判断题

1．×　2．×　3．×　4．×　5．×

6. × 7. × 8. √ 9. √ 10. ×

四、计算题

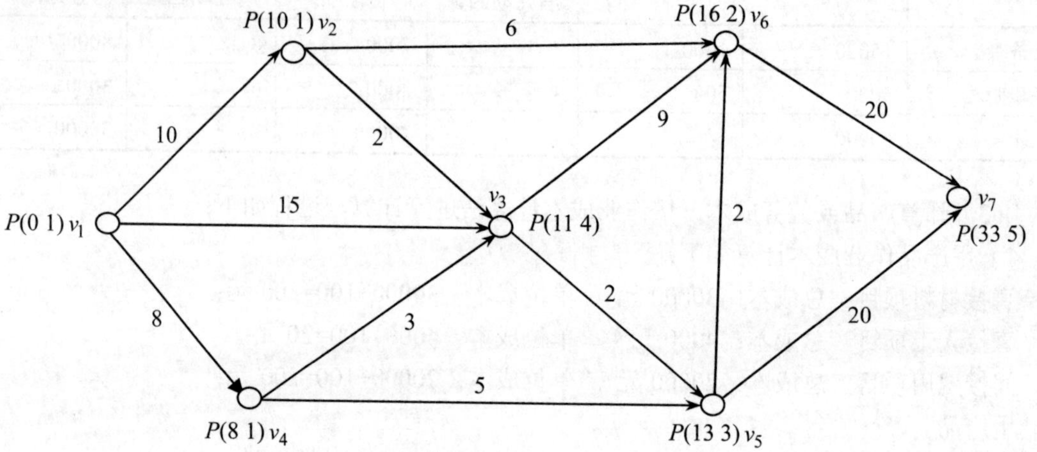

（1） v_1 到 v_2 最短路径为 10，路经：$v_1 \to v_2$。

（2） v_1 到 v_3 最短路径为 11，路经：$v_1 \to v_4 \to v_3$。

（3） v_1 到 v_4 最短路径为 8，路经：$v_1 \to v_4$。

（4） v_1 到 v_5 最短路径为 13，路经：$v_1 \to v_4 \to v_3 \to v_5$。

（5） v_1 到 v_6 最短路径为 16，路经：$v_1 \to v_2 \to v_6$。

（6） v_1 到 v_7 最短路径为 33，路经：$v_1 \to v_4 \to v_3 \to v_5 \to v_7$。

第4章

一、选择题

1. B 2. A 3. D 4. B

二、判断题

1. × 2. √ 3. × 4. √ 5. √ 6. ×

三、简答题

略。

四、计算题

答：期末在产品定额成本：

直接材料成本=100×20=2000（元）

直接人工成本=100×40×0.05=200（元）

制造费用=100×40×0.02=80（元）

期末在产品定额成本=2000+200+80=2280（元）

完工产品成本=1500+35000−2280=34220（元）

第5章

一、判断题

1. √　2. ×　3. √　4. √

二、选择题

1. B　2. B　3. D　4. A

第6章

一、选择题

1. AC　2. AD　3. ABCD　4. ABCDE　5. AB

二、判断题

1. ×　2. ×　3. √　4. √　5. ×

三、简答题

略。

四、核算题

1. 借：销售费用——包装费用　4800
　贷：包装物　3000
　　应付职工薪酬　1000
　　累计折旧　500
　　银行存款　300

2. 借：银行存款　15000
　贷：其他业务收入　15000

3. 借：应收账款　20000
　贷：主营业务收入　20000

第7章

一、选择题

1. ABCD　2. AC　3. ABCD　4. ABC

二、判断题

1. ×　2. ×　3. ×　4. √　5. √　6. √

三、简答题

略。

四、核算题

1. 借：银行存款　40000
　贷：主营业务收入　40000

2．借：销售费用——装卸搬运费 3900
贷：低值易耗品 2000
应付职工薪酬 1500
银行存款 400

3．（1）借：销售费用——包装费用 1500
贷：包装物 1500

（2）借：销售费用——装卸搬运费 2240
管理费用——商品损失 100
贷：低值易耗品 600
库存商品 340
累计折旧 1400

（3）借：银行存款 10000
贷：主营业务收入 10000

第8章

一、选择题

1．AC　2．ABCD　3．BCD　4．ABCD　5．ABCD

二、判断题

1．×　2．√　3．×　4．×　5．√

三、简答题

略。

第9章

1．答：计算各月预测值，如附表16所示。

附表16　各月预测值计算

月份	实际值	预测值
1	500	–
2	510	500
3	490	506
4	440	496
5	430	463
6	470	443
7	510	459
8	564	490
9	526	534

续表

月份	实际值	预测值
10	533	529
11	573	532
12	580	556
–		571

根据附表 16 可知，2008 年 1 月份的物流成本预测值为 571 万元。

2．

cmR 甲=(900–720)/900×100%=20%

cmR 乙=(2000–1800)/2000×100%=10%

cmR 丙=(1000–600)/1000×100%=40%

cmR 丁=(3000–2100)/3000×100%=30%

销售收入=900×40+2000×80+1000×20+3000×60=396000（元）

cmR=20%×36000/396000+10%×160000/396000+40%×20000/396000
+30%×180000/396000=21.5%

综合保本销售额=30000/21.5%=139535（元）

甲物流项目保本销售额=139535×36000/396000=12698（元）

乙物流项目保本销售额=139535×160000/396000=56372（元）

丙物流项目保本销售额=139535×20000/396000=7047（元）

丁物流项目保本销售额=139535–12698–56372–7047=63418（元）

第 10 章

一、名词解释

略。

二、选择题

1．D　2．ABCDE　3．A　4．AB

三、简答题

略。